KB062680

미래 유망직업을 위한 학생부 완성

의·치·한의학계열 진로 로드맵_심화편

안계정·배득중·정유희 지음

미래 유망직업을 위한 학생부 완성

의·치·한의학계열 진로 로드맵_심화편

펴낸날 2021년 2월 10일 1판 1쇄

지은이 안계정·배득중·정유희
펴낸이 김영선
책임교정 이교숙
교정·교열 양다은
경영지원 최은정
디자인 박유진·현애정
마케팅 신용천

펴낸곳 (주)다빈치하우스-미디어숲
주소 경기도 고양시 일산서구 고양대로632번길 60, 207호
전화 (02) 323-7234
팩스 (02) 323-0253
홈페이지 www.mfbook.co.kr
이메일 dhhard@naver.com (원고투고)
출판등록번호 제 2-2767호

값 16,800원
ISBN 979-11-5874-104-4 (43370)

이 도서의 국립중앙도서관 출판예정도서목록(CIP)은 서지정보유통지원시스템 홈페이지(http : //seoji.nl.go.kr)와 국가자료공동목록시스템(http : //www.nl.go.kr/kolisnet)에서 이용하실 수 있습니다.(CIP제어번호 : CIP2020054185)

미래 유망직업을 위한 학생부 완성

의·치·한의학계열 심화편

진로 로드맵

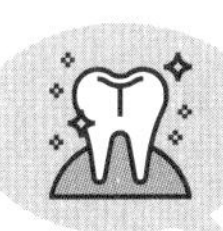

안계정
배득중
정유희
지음

미디어숲

추천사

입학사정관 활동을 하면서 눈길이 가는 생활기록부와 자기소개서가 있는가 하면 활동이 부족한 경우도 많았습니다. 대학에서는 많은 것을 원하는 것이 아니라 학생들이 고등학교에서 학업 외에 열심히 노력한 열정을 보고 있습니다. 2~3개의 심화 활동에서 진로역량을 나타내어 지원대학의 관심을 사로잡을 필요가 있습니다. 이 책은 학생들이 관심 있게 읽을 최근 기사 및 도서를 활용하여 심화활동을 잘 제시하고 있어 적극 추천합니다.

국민대학교 입학사정관팀 조은진 사정관

학력 수준이 비슷한 학생들이라도 대학입학 후 전공과목을 소화해내는 능력에서는 차이가 납니다. 고등학교 때 자신의 진로에 맞는 다양한 심화활동을 한 학생은 어려운 프로젝트가 주어져도 재미있어 하며 발전하는 모습을 보입니다. 학생들이 쉽게 접할 수 있는 시사나 도서, 학교활동 등에 '관심이 있다'에서 그치지 않고 심화 역량을 키운다면 자신의 꿈을 좀 더 쉽게 이룰 수 있습니다. 이 책에 실린 솔루션들이 그 꿈에 다가설 수 있도록 도와줄 것입니다.

경상대학교 물리학과 정완상 교수

〈진로 로드맵 시리즈〉는 단순한 입시 서적이 아니다. 자신의 적성에 맞는 진로 로드맵을 체계적으로 그려가는 것이다. 이번에 출간되는 〈진로 로드맵_심화편 시리즈〉는 학생들의 지적 호기심을 충족시키는 데 있어서 한 걸음 더 나아가는 모습을 보인다. 학생들의 진로 도우미로서 이 책은 한층 더 많은 인사이트를 제공할 것으로 확신한다.

서정대학교 대외협력처장 조훈 교수

미래 비전과 함께 학생들이 선호하는 의·치·한의학계열의 경쟁률은 치열할 것이라 예상합니다. 진로 로드맵을 짤 때, 다른 학생들과의 차별화된 학생부와 면접, 자기소개서 준비를 어떻게 구성할지 한 번 정도 생각해볼 필요가 있습니다. 학교활동에 시사, 논문 그리고 노벨수상자까지 탐구하여 심화된 역량을 나타낼 수 있다면 보다 수월하게 자신을 표현할 수 있을 것입니다. 심화학습이 필요한 학생들은 꼭 참고해야 할 책입니다.

호서대학교 정남환 교수

이과 최상위권 학생들이 지원하는 의치한 계열은 수능도 중요하지만 수능만으로 합격의 당락이 결정되는 구조가 아니다. 학교 교과 내신 최상위권 학생들이 집중 지원하므로 비슷한 교과 성적대가 집중돼 결국 전공 적합성에 맞는 비교과 활동을 얼마만큼 수준 높게 갖췄는지가 결정적 변수가 될 것이다. 학생부 기재글자수가 줄어들면서 다른 학생들과 차별화된 심화활동이 꼭 필요하다. 입시를 여러 해 동안 겪어본 교육컨설턴트로서 이 책은 정말 유용하게 활용할 가치가 높다고 평가한다.

종로하늘교육 임성호 대표

이번에 출간되는 〈진로 로드맵_심화편〉은 사회 이슈 기반의 탐구, 논문 기반의 탐구, 노벨상 수상자 탐구를 시작으로, 학생부와 독서, 마지막으로 자소서와 면접으로 마무리되는 학생부종합전형을 위한 종합서이다. 의학 및 치의학, 한의학 관련 학생들의 전공에 대한 역량이 이 책을 통해 한층 높아질 것으로 기대한다.

오늘과 내일의 학교(봉사단체) 정동완 회장

대학입시에 큰 변화가 생기는 이 시점에서 학생들이 가장 집중해야 하는 부분은 바로 학생 개인의 특성과 탐구능력을 잘 나타내는 학생부를 만드는 것이다. 이러한 측면에서 〈진로 로드맵_심화편〉 책을 잘 활용한다면 차별적이면서도 심화된 전공적합성과 탐구능력을 나타낼 수 있는 유용한 활동을 진행할 수 있을 것이다. 또한 이를 잘 녹여내 학생부에 나타낸다면 최상의 학생부를 만들 수 있을 것이다.

대구 영남고 진로부장 김두용 교사

"꿈을 정하래서 정했는데, 그다음엔 어떻게 해야 할지 모르겠어요." 진로진학의 중요성은 계속해서 강조되고 있지만, 맞춤형 진로진학은 교사에게도 학생에게도 어려운 일이다. 잘 짜인 진로 로드맵은 이런 학생들에게 단비와 같은 책이 될 것이다. 아직도 진로에 대한 방향성이 불투명하다면 오아시스와 같은 이 책을 읽고 꼭 꿈을 이룰 수 있기를 바란다.

청주외고 김승호 교사

최근 약학대 전형의 변화와 의대 정원 증가, 그리고 코로나 백신 등 변화의 움직임에 따라 이공계열, 약대, 의대계열에 대한 관심이 그 어느 때보다도 높아지고 있습니다. 이 책은 코로나로 인한 등교일 감소와 학생부 기재 축소로 어떤 부분의 역량을 채워야 할지 고민인 학생, 학부모, 교사들의 좋은 지표가 될 수 있을 것이라 기대가 되는 책입니다.

거창고 손평화 교사

학생부종합전형을 준비하면서 학부모, 학생이 겪는 가장 큰 어려움은 '어떻게 준비하지?'라는 것입니다. 누구도 자세히 알려주지 않기 때문입니다. '언제 무엇을 어떻게' 해야 하는지에 대한 명쾌한 매뉴얼인 이 책을 통하여 학종을 준비하기 바랍니다. 특히 학생들에게 선호도가 높은 의치한계열에 대하여 탐구활동, 학생부관리, 독서, 자기소개서, 면접까지 완벽하게 안내해주는 〈의치한의학계열 진로로드맵_심화편〉을 적극 추천합니다. 이 책은 제가 컨설팅을 맡은 학생들에게 처음 선물해 주고 싶은 책이 될 것 같습니다.

코스모스과학학원 원장, 위즈컨설팅 컨설턴트 이범석

현장에서 진로 진학지도에 실질적인 도움을 주었던 〈진로 로드맵 시리즈〉의 '심화편'이 출간된다니 매우 반가웠다. 교내에서 다양한 활동을 진행하지만 학생 개인이 갖는 의미와 후속활동은 자신의 진로에 따라 다를 수밖에 없다. 이 시리즈는 학생 자신의 진로를 대한 활동의 스토리텔링을 엮어줄 수 있는 진짜 지도와도 같은 책이 될 것임을 믿어 의심치 않는다. 또한 여러 관점과 입장에서 연구를 통해 아직 진로를 정하지 못한 학생이나 학부모에게 미래사회 핵심 역량과 결부된 진로 선택의 동반자 역할까지 해줄 것이라 생각된다.

벌교고 고호섭 교사

과학고등학교에서 근무하면서 가장 어려운 업무가 학생들의 입시지도였습니다. 대부분의 아이들이 학생부전형으로 가기 때문에 수업을 할 때에도 아이들에게 발표를 시킬 때 어디까지 심화한 내용을 제시해야 할지 몰라서 난감한 적이 많았습니다. 이 책이 조금만 더 빨리 나왔다면 조금 덜 고생했을 것 같고 아이들에게 좋은 정보를 줄 수 있었을 것이라는 생각이 듭니다. 특히 최신 뉴스와 논문 소재로 트렌드에 맞춘 면접문항을 제시한 것이 정말 좋았습니다.

대전동신과학고 전태환 교사

의생명을 희망하는 학생들에게 직접 진로 관련 심화 내용을 찾아 탐구하는 것은 갈수록 어려워지고 있습니다. 이 책에서는 그런 학생들에게 필요한 자료를 바로 찾아 활용할 수 있도록 신문기사, 논문, 노벨상 수상자 탐구활동, 권장도서 등을 엄선하여 제시하고, 그에 따른 학생부 기록 사례, 자기소개서, 면접문항까지 학생들에게 필요한 모든 것을 담았습니다. 이 책은 진로 로드맵 심화편으로 학생들이 성장할 수 있도록 돕는 정말 좋은 길잡이가 될 것으로 기대합니다.

경북교육청 교육과정컨설턴트 노병태 교사

한국창의재단 교사 및 컨설턴트로 중·고등학교 의생명·바이오·공학 관련 강의 시 심화된 활동을 하고 싶다는 질문들이 쏟아졌지만 1:1로 솔루션을 주기에는 한계가 있었습니다. 이 책을 읽어보니 생명과학 교사로서도 흥미로운 부분들이 많았고, 학생들 스스로 심화된 내용을 찾아 수행평가나 과제탐구보고서를 쓸 수 있을 것 같습니다. 학생, 교사, 학부모님께 도움이 되는 책을 출간해 주셔서 감사합니다.

고성고 생명과학 정재훈 교사

이 책은 의치한계열을 희망하는 학생들에게도 도움이 되겠지만 과학고를 진학하고자 하는 학생들이 진로를 탐색하고 면접을 대비하는 데도 도움이 되는 책입니다. 학교생활기록부의 중요성이 날로 커져가고 있는 이때 〈진로 로드맵_

심화편〉 책은 교과별 특기사항을 메타인지 독서 및 시사와 연계하여 다양한 수행평가 보고서를 작성하는 데 크게 도움이 될 것입니다. 또한 특성화고등학교 학생들이 공사나 대기업 취업 면접 대비할 때에도 도움이 되는 매우 좋은 책이라 적극 추천합니다.

항동중 진로진학상담 노성빈 교사

미래정보사회에서는 학생 스스로 자아정체성과 자신감을 가지고 자신의 삶과 진로에 필요한 기초적 능력과 자질을 갖추어 자기 주도적으로 살아갈 수 있는 자기관리 역량이 필요하다. 자연계열에 적합한 진로 로드맵 안내서는 학생들의 교내외 활동을 통한 폭넓은 기초 지식을 바탕으로 다양한 전문 분야의 지식, 기술, 체험을 체계적으로 활용할 수 있도록 도와줄 것이다. 학생들의 장점을 잘 이끌어내는 기록이자, 학생의 꿈과 끼가 최대한 잘 드러나도록 성장을 담는 구체적이고 신뢰성 있는 이력서를 갖출 수 있도록 훌륭한 길잡이가 될 것이다.

익산 남성여고 진로부장 이용환 교사

2015개정 교육과정이 학교현장에 정착되고 실제 자신들이 진로에 맞는 과목을 선택하면서 느끼는 가장 큰 고민은 교과별 관심있는 학습단원을, 전공하고자 하는 학과와 관련하여 어떻게 참고문헌을 검색하고 활용할 것인지에 있다고 볼 수 있습니다. 이러한 현장의 목소리에 부응하여 이 책은 실제 학생부종합전형을 준비하는 많은 수험생들과 학부모님들에게 탐구활동을 하는 데 매우 유용하면서도 질적으로 높은 수준의 자료들을 가이드하고 있습니다. 또한 이러한 자료들을 활용하여 기재되는 학교생활기록부 예시와 자기소개서 작성까지 보여주어 진로선택에 따른 입시로드맵을 찾는 분들에게 필독을 권하고 싶습니다.

강대마이맥 입시전략연구소장 전용준

프롤로그

빠르게 변화하고 있는 시대
진로를 정하기 막연하고 두려운 이 시기,
어떤 진로 교육이 필요한가

인구수가 줄어들고 있다. 누구나 대학을 갈 수 있는 시대가 되었다. 이제는 대학을 가는 것이 중요한 게 아니라, 비정형화되고 복잡한 문제를 어떤 역량으로 해결할 수 있는지 보여줄 수 있는 '창의융합형 인재'가 필요한 때다.

학교, 학원에서 정해진 내용을 배우고 외우는 기존의 학습방식에서, 궁금한 점은 스스로 찾아보고 학습하며 보고서를 쓰거나 친구들과 스터디를 구성하여 탐구하는 활동을 통해 지적능력을 확장해 나가는 시대로 변화하고 있다. 이에 따라 교육부에서는 학생중심수업, 프로젝트형 수업, 거꾸로 수업(플립러닝) 등 다양한 수업을 진행하고 있다.

'100세 시대'라는 말을 넘어 지금 태어나는 아기들은 '150세 시대'를 살아갈 것이라는 연구결과가 나오고 있다. 여기에 발맞춰 정부에서는 학생들이 자신이 배울 과목을 선택하여 스스로 생애 전반에 걸쳐 삶을 설계하고 관리할 수 있는 역량을 키우기 위해 '2015 개정 고등학교 교육과정'을 운영하고 있다. 특히, 자신의 진로와 흥미에 맞는 과목을 선택할 수 있도록 진로선택 과목과 전문교과 과목을 개설하여 미래사회에서 요구하는 인재로 성장하는 다양한 기회를 제공하고 있다.

학생들에게 진로에 대한 폭넓은 이해를 돕고자 '계열별 진로 로드맵' 시리즈가 나오게 되었다. 이번엔 보다 전문적인 내용을 알고 싶다는 독자들의 요청에 따라 '진로 로드맵 심화편' 시리즈를 집필하였다. 이번 '진로 로드맵 심화편'을 통해 학생부부터 면접과 취업까지 포괄적으로 대비하여 변화하는 미래 사회를 이끌어가는 리더로 성장하기를 바란다.

『의·치·한의학계열 진로 로드맵_심화편』은 학생들이 막연하게 의사를 꿈꾸기 보다는 'AI시대는 어떤 의사를 원하는지', '치과전문의가 되기 위해 어떤 지식이 필요한지', '재생의학이 우리 삶에 어떤 변화를 가져올지', '미래 의료의 변화를 대비하여 의사들에게 앞으로 필요한 역량은 어떤 것이 있는지' 등을 학생들과 같이 고민해 본다.

대부분의 학생들은 본인이 원하는 직업을 갖기 위해 대학 입학에 초점을 맞춰 고등학교 시기부터 중요하게 생각한다. 그런데 진로 설계는 현명한 대학생활을 위해 초·중등 때부터 어떤 진로 탐색을 하고 있는지에 따라 그 로드맵이 달라진다.

현재 특수목적고나 자율형 사립고를 진학하는 학생들은 중학교 때부터 다양한 활동을 통해 생활기록부를 관리하지만, 보통의 학생들은 그렇지 않은 경우가 많다. 그러다가 고등학교에 진학하면 어떤 활동을 해야 할지 모르고 수시 원서를 쓴다.

이런 학생들이 대학에서 원하는 역량들을 어느 정도나 준비할 수 있을까? 대학에서는 학업 역량도 중요하지만, 전공에 대한 이해도와 관심을 바탕으로 본인의 진로를 스스로 결정하기를 원한다. 이 책은 앞으로 유망한 계열별 진로를 더욱 심층적으로 살펴보고자 한다.

- 약대바이오계열 진로 로드맵
- 의·치·한의학계열 진로 로드맵
- 간호·보건계열 진로 로드맵
- AI·SW·반도체계열 진로 로드맵
- 화공·에너지·로봇계열 진로 로드맵

위 5가지 계열별 진로 로드맵은 진로·진학 설계를 위한 최근 시사 및 논문을 활용한 탐구, 노벨상 수상자의 탐구활동, 합격한 선배들의 창의적 체험활동과 교과 세부능력 및 특기사항 엿보기, 독서, 영상, 다양한 참고 사이트 등을 소개하여 진로를 결정하고, 선택된 진로를 구체화할 수 있도록 자세하게 안내한다.

저자 안계정, 배득중, 정유희

일러두기

이 책에 실린 내용들을 다 공부해야 하는 것은 아닙니다. 관심 있는 분야 2~3개를 심화학습해 전공적합성을 드러내면 됩니다. 또한 이 책을 통해 추가적으로 관심을 가지고 있는 분야를 확장시킬 수 있는 여러 사이트를 살펴보고 이를 활용한다면 충분히 우수한 학생으로 평가받을 수 있을 것입니다.

신문을 활용한 탐구활동

관심 있는 기사는 읽어보고, 인터넷을 이용하여 추가된 기사를 더 찾아보고, 이 사건이 지금은 해결이 되었는지, 연구결과는 나왔는지 확인해보면서 더 심화된 학습을 할 수 있습니다.

논문을 활용한 탐구활동

아직도 논문을 이용한 활동은 어렵다고 생각하나요? 논문은 심화활동을 할 때 활용하면 좋습니다. 또한 가고 싶은 대학의 학과 실험실에서 본인이 하고 싶은 연구가 어느 정도 진행되고 있는지도 확인할 수 있습니다. 우선 이 책에서 관심 있는 논문을 읽어보고 궁금하거나 더 알고 싶은 내용은 논문을 더 찾아보는 것도 좋은 방법입니다.

노벨상 수상자 탐구활동

의치한의학 계열의 친구들은 2011년부터 지금까지의 노벨상에 관심을 가져야 합니다. 학생부 연관 활동에도 많이 쓰이고, 노벨상 수상자의 강연을 직접 듣고 활용하는 학생들이 이미 많이 있습니다. 특히 면접에서도 그해 노벨상 수상자 질문은 많이 등장합니다. 수상한 연구의 논문이라면 원문 전체를 찾아보고 깊이 있는 학습을 하는 것도 추천합니다.

창의적 체험활동 기록

나의 생활기록부에 있는 활동을 확인하고, 이전 학년에 했던 활동을 심화활동으로 확장시킬 수 있습니다. 더 알아보고 싶은 점은 다음 학년 탐구활동의 주제로 활용합니다. 이 책에 그 질문하는 방법과 심화 내용들이 잘 구성되어 있으니 이를 활용한다면 자신이 전공하고 싶은 분야와 연계할 수 있을 것입니다.

교과 세특 기록 사례

대학에서 학업 역량을 확인할 때 교과 세특을 많이 반영합니다. 특히 교과별 위계성이 있는 과목들은 학년이 올라갈수록 심화 있는 활동이 필요합니다. 선배들의 학생부 기록을 참고해 본인의 학생부 세특을 확인하여 질문을 통한 심화학습으로 연계하여 탐구하면 좋습니다.

독서로 심화

독서활동은 학생들이 활용할 수 있는 가장 좋은 방법입니다. 교과와 진로에 관련된 독서를 하고, 발표나 토론, 프로젝트에 활용하면 좋습니다. 요즘은 독서 후, 심화활동으로 또 다른 독서를 하거나 논문, 대학강의를 시청하는 학생들도 많아졌습니다. 독서활동 후 반드시 궁금한 내용을 질문으로 만들어 스스로에게 물음을 던지는 과정이 필요합니다.

자소서를 통한 활동

선배들의 합격 자소서를 확인하여 본인의 활동을 점검하는 시간으로 활용할 수 있습니다. 그리고 학생들의 부족한 활동들을 보완하는 시간을 확보할 수 있습니다. 특히 대학에서 할 수 있는 활동을 확인하여 미래를 설계하는 것도 좋은 방법이 될 수 있습니다.

부록 활용법

실전 면접에서 활용할 수 있는 특급 노하우를 알려줍니다. 면접 때 급하게 준비하기보다는 평소에 심화내용들을 정리한다면 실전 면접에 잘 대비할 수 있으며 좋은 결과를 얻을 수 있을 것입니다.

*이 책의 링크주소들은 블로그에 바로가기 클릭으로 편리하게 이용하실 수 있습니다.
자료 모음 블로그 : https://blog.naver.com/youhee77

차례

추천사

프롤로그

일러두기

PART 1 사회 이슈 기반 탐구

신문을 활용한 탐구활동 _024

2020 의사 파업 _024
낙태죄 개정안 입법 예고 _026
치매의 원인 물질 "치주질환 탓" _029
신종 바이러스는 왜 자꾸 발생하나? _030
빛을 내는 단백질로 암세포 사멸시키는 암 치료 기술개발 _032
결합강도 높인 인공뼈 코팅기술… 임플란트 염증 없앤다 _034
외상센터, 의사의 사명인가? 수익률인가? _036
집단 암 발생 '장점마을의 눈물' _038
코로나19가 바꾼 질병 지도(우울증 확산) _040
줄기세포 배양 이틀 만에 이식한다 _041
바이러스, 암 잡는 착한 놈도 있다 _044

논문&강연을 통한 심층 탐구활동 _045

어떻게 DNA가 변하니? 돌연변이와 정밀의학 _045
게놈 사주팔자: 내가 게놈이고, 게놈이 나 _046
문학은 의학교육에서 어떤 역할을 할 수 있는가? _048
청소년의 먹방, 쿡방 시청 행태와 식습관 간의 관련성 _050
원격의료의 도입에 관한 연구_코로나바이러스19 전염병과 원격의료 도입의 필요성 _051
천연방부제로 사용된 한약재의 항균활성에 대한 동향 분석 _054
시판 매실음료에 칼슘첨가 시 치아부식증 억제 효과 _056

살충제 계란, 발암 생리대 위해성 논란에서 배울 것들 _057
한국 학생의 손 씻기 실천과 감염병 이환과의 관련성 _059
미세먼지 노출에 의한 건강 영향과 공기청정기의 효율적 사용 _062

노벨상 수상자 탐구활동 _065
체내 면역시스템 _065
역분화 줄기세포 _066
'G단백질 연결 수용체(GPCR)'의 기능과 구조 _068
분자물질 수송 시스템 _069
뇌의 신경세포와 그 위치 확인 메커니즘 _070
말라리아 치료제 개발 _072
손상된 DNA복구시스템 _073
자가포식 메커니즘 발견 _074
생체시계 메커니즘 _076
암면역요법 _077
C형 간염 발견 _078
크리스퍼 유전자가위 _080

학생부 기록 사례 엿보기

창의적 체험활동 기록 사례 _084
자율활동 _084
동아리활동 _091
진로활동 _099

교과 세특 기록 사례 _109
국어 관련 교과 세특 _109
영어 관련 교과 세특 _114
수학 관련 교과 세특 _118
과학 관련 교과 세특 _125
사회 관련 교과 세특 _137
기타 교과 세특 _144

독서 심화 탐구

전공적합성 인재 독서 _154

성체줄기세포, 재생 기제의 열쇠 _154
진화의 배신 _156
내 몸 안의 주치의 면역학 _157
청소년을 위한 의학 에세이 _159
치과의사가 말하는 치과의사 _161
미래의료 4.0 _162
백신의 덫 _164
만약은 없다 _166
유전체, 다가올 미래 의학 _167
죽고 싶은 사람은 없다 _169

융합형 인재 독서 _171

빅데이터와 데이터 과학 _171
우리는 왜 잠을 자야 할까? _174
나를 속이는 뇌, 뇌를 속이는 나 _176
포스트바디 레고인간이 온다 _178
누가 자연을 설계하는가 _180
다시 수학이 필요한 순간 _181
우아한 방어 _184
유레카의 순간들 _186
선택된 자연: 생물학이 사랑한 모델생물 이야기 _187
통계학 빅데이터로 잡다 _189
우리 몸이 세계라면 _190
송기원의 포스트 게놈 시대 _191

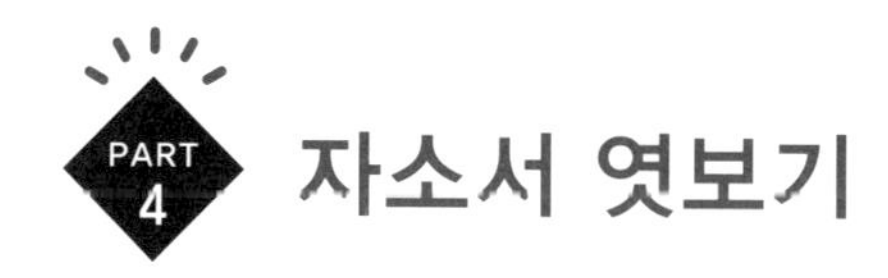

PART 4 자소서 엿보기

계열별 관련 학과 자소서 엿보기 _194

의예(학)과 관련 학과 자소서 _194

치의예과 관련 학과 자소서 _200

한의예(학)과 관련 학과 자소서 _204

부록

학과별 면접 기출문제 _216

나만의 학생부에서 면접문제 뽑아보기 _224

MMI 면접 대비하기 _231

면접 전날 정리할 사항 _238

사회 이슈 기반 탐구

신문을 활용한 탐구활동

 2020 의사 파업

2020 의사 파업 개요

의사 파업은 2020년 8월부터 9월까지 일어났던 것으로, 의사협회는 2020년 8월 1일에 '독단적인 의료 4대악 철폐를 위한 대정부 요구 사항'을 발표했다. 이 요구사항이 받아들여지지 않자 전국의사총파업에 돌입했다.

의사협회는 의사 수 증가로 인한 의료비 상승과 인구 감소, 의학교육의 중요성을 고려하지 않은 졸속 의대 정원 확대 계획을 즉각 철회하라는 등의 요구 조건을 내걸었다. 그 외 공공의료대학 설립 계획 철회, 한방 첩약 급여화 시범사업 철회, 비대면 진료 육성책 중단, 국가 감염병 대응 역량 강화 등을 요구했다.

코로나로 넘쳐나는 환자 상황에서 정부가 유보하겠다는 결정에도 의사협회는 총파업을 강행했다. 국민들은 이 사건을 두고, 파업을 강행한 의사들의 국시 재접수에 대해 반대 의견을 표출하기도 했다. 또한 의대정원 증원이 답이 아니라면 환자들이 병원 방문 시 겪게 되는 문제들에 대하여 그 대안을 제시해달라고 요구했다. 진료 지연, 외래 지연, 수술 지연 문제를 포함하여, 고작 5분 남짓한 의사 면담 시간 탓에 간호사의 설명에 의존해야 하는 진료 문제와 PA(진료 보조 간호사)라는 불법적인 직책을 만드는 등 여러 문제가 이에 해당한다.

▶ OECD 의사 수는 어떻게 되나요?

OECD(경제협력개발기구) 보건의료 인력 통계(2018년 기준) 의료계가 주목하는 임상의사는 한의사를 포함해 인구 10만 명당 238명이며, 간호 인력은 인구 10만 명당 761명으로 OECD 국가 중 적은 편에 속합니다. OECD 평균은 인구 10만 명당 임상의사 350명, 간호 인력은 890명 수준입니다. 오스트리아는

520명, 노르웨이는 480명입니다. 국민 1인당 외래 진료 횟수는 연간 16.9회로 OECD 국가 중 가장 많으며, 평균 재원일수는 19.1일로 OECD 평균(8.1일)에 비해 높습니다.(자세한 내용은 2019 보건복지통계연보에서 확인 가능합니다.)

〈보건의료인력 및 외래진료·입원〉

(단위 : 명, 회, 일)

구분	인구 1000명당 보건의료인력		국민 1인당 외래진료 횟수(회)	환자 1인당 평균 입원일수(일)
	임상의사	임상 간호인력		
2015	2.2	5.9	16.0	17.9
2016	2.3	6.8	16.6	17.4
2017	2.3	6.9	16.6	18.5
2018	–	–	16.9	19.1

출처 : 보건복지부 의료자원정책과, 정책통계담당관 '의료서비스 이용현황'

▶ 한방 첩약 급여화 사업은 무엇이며, 반대하는 이유는 무엇 때문인가요?

한방 첩약 급여화 사업이란 한의원에서 처방받는 한약을 건강보험을 통해 급여화하는 것입니다. 현재 추진 중인 시범사업은 뇌혈관질환 후유증, 안면신경마비, 월경통 등 3개 질환을 대상으로 하고 있습니다. 2019년 정부는 제1차 국민건강보험 종합계획에 이 시범사업을 포함하면서 2020년 시행계획을 밝혔습니다.

보건복지부 건강보험정책심의위원회에서 의협과 병협 등의 단체는 건강보험 급여화 원칙과 우선순위의 문제와 안전성, 유효성에 대한 검증 미비 등을 지적하며 강력하게 반대하였습니다. 의료계에서는 건강보험 급여화 원칙과 우선순위 문제로 '환자 생명에 더 시급한 것을 먼저 급여화하는 것이 중요하다'면서 면역항암제는 환자의 생존율을 상승시키고 생존기간이 늘어날 뿐만 아니라 여러 논문에서 그 효능이 입증되었는데 아직 급여화가 되지 않아 1년에 5,000만 원

가까이 드는 비용이 그대로 환자 몫으로 돌아간다며 첩약 급여화를 반대하고 있습니다.

 낙태죄 개정안 입법 예고

낙태죄 개정안 입법 예고 개요

최근 정부는 임신 14주까지는 본인 의사에 따라 낙태할 수 있고, 15~24주 이내는 조건부로 상담과 숙려기간 등의 절차를 거쳐 낙태를 허용하는 개정안을 발표했다. 또한 16살 이상 청소년은 보호자 동의 없이 낙태가 가능하다. 이는 2019년 4월 형법상 낙태죄에 대해 임신한 여성의 자기결정권을 과도하게 침해한다는 헌법재판소의 헌법불합치 결정에 따른 것이다. 헌재는 2020년 12월 31일까지 형법상 낙태죄를 개정하라고 주문했다. 이번에 정부가 낸 형법 개정안을 보면, 임신 14주 이내에 의학적으로 인정된 방법으로 낙태하면 처벌받지 않는다. 특히 합법적 허용범위 안에서 안전한 시술 환경을 조성하고 원치 않는 임신을 예방하며 낙태를 감소시킬 수 있는 사회적·제도적 여건을 모자보건법 개정을 통해 마련하는 한편, 태아의 생명권 보호와 여성의 자기결정권이 실제적 조화를 이루도록 형법 조항을 개선하기로 했다.

▶ 여성의 자기결정권으로 낙태가 가능하면 모든 의사는 낙태 수술을 시행해야 하나요?

의사의 개인적 신념에 따른 인공임신중절 진료 거부를 할 수 있으며, 여성의 시술 접근성 보장을 위해 의사는 시술 요청 거부 즉시 임신 유지 여부에 관한 정보를 제공하는 임신·출산 상담기관을 안내해주어 의사의 자기결정권도 보장하였습니다.

▶ 낙태를 꼭 병원에서 해야 하나요? 다른 방법은 없나요?

아닙니다. 약국에서 자연유산 유도약물을 사용할 수 있습니다. 모자보건법에 의해 약물이나 수술 등 의학적 방법으로 시술 방법을 구체화해 시술 방법의 선택권을 확대하였습니다. 따라서 정부에서는 약사법 개정을 통해 형법과 모자보건법에서 허용하는 의약품에 대해 낙태 암시 문구나 도안을 사용할 수 있도록 하고 불법사용 방지 등 조치를 취하고 있습니다.

▶ 진료 지원 인력(PA, Physician Assistant)이 필요한가요?

지방이나 변두리에서 1차 진료를 담당하는 진료의가 부족해 1차 진료의로서 역할을 수행하는 진료 지원 인력이 필요하다고 합니다. 하지만 2006년 건강보험심사평가원 자료에 의하면 의료기관에서 종사하는 전체 의사가 68,143명이며, 이들 중 4,925명(7.2%)이 일반의이고 50,959명(74.8%)이 전문의입니다. 전문의 중 55.2%인 28,107명이 의원에서 근무하고 있습니다. 또한 우리나라는 공중보건의로 군복무를 대신하는 제도가 있어 많은 공중보건의가 지방에서 1차 진료를 담당하고 있습니다. 따라서 우리나라에서는 진료 지원 인력이 필요하지 않습니다.

또한 수련의들의 업무부담을 덜어주는 일을 대신할 수 있는 진료 지원 인력이 필요하다고 합니다. 전공의 근무 여건에 대한 병원협회 실태조사를 보면 주당 평균 근무시간(당직제외)이 인턴의 경우 104(82)시간이었고, 레지던트의 경우 102(79)시간이었습니다. 평균 주당 근무시간이 100시간을 초과하는 과가 9개과나 되었습니다. 즉 전공의 인력은 부족한 실정입니다. 그런데 진료 지원 인력은 의사 업무를 수행하는 것이 아니라 보조하는 것으로 위법적인 의사 업무를 수행하고 있는 것이 문제입니다.

출처 : 우리나라에서 바람직한 진료 지원 인력 제도, 김재중, 울산대학교 의과대학 서울아산병원 내과
https://synapse.koreamed.org/upload/SynapseData/PDFData/0119jkma/jkma-54-1240.pdf

관련 단원

생명Ⅰ_1단원 생명과학의 이해_생명과학의 특성
통합사회_4단원 인권 보장과 헌법_현대 사회에 새롭게 등장한 인권, 인권 보장을 위한 헌법의 역할
생활과윤리_2단원 생명, 성, 가족윤리_삶과 죽음의 윤리
사회문화_1단원 사회문화현상의 탐구_사회문화현상의 탐구방법
정치와법_1단원 민주주의와 헌법_정치와 법, 헌법의 의의와 기본원리

보도자료

보건복지부_정부, 낙태죄 관련 입법 개선 절차 착수
https://c11.kr/jspd

인공임신중절 실태조사(2018년) 주요 결과
https://c11.kr/5shb

관련 영상

'태아생명권' vs '여성 자기결정권'...팽팽한 낙태죄 줄다리기의 역사_비디오머그
https://www.youtube.com/watch?v=EnQzS7_WMe0

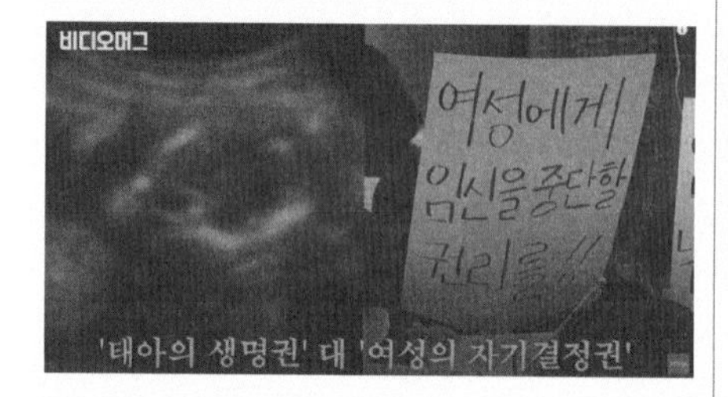

대학강의

세계인구성장(23)–낙태에 대한 생물학과 역사_숙명여자대학교
http://www.kocw.net/home/search/kemView.do?kemId=1231395

세계인구성장(23)-낙태에 대한 생물학과 역사
숙명여자대학교 로버트 웨이먼

주제분류 | 자연과학 >수학 · 물리 · 천문 · 지리 >기타
등록일자 | 2017.10.20
제공처: 예일대학

치매의 원인물질 “치주질환 탓” 개요

치주질환의 원인균이 몸속에 침투해 치매의 원인 물질이 뇌에 쌓여 기억장애가 일어난다는 것이 밝혀졌다. 치매의 70%를 차지하는 알츠하이머병은 베타아밀로이드(Aβ) 등의 비정상적 단백질이 오랫동안 뇌에 쌓이면서 발병하거나 증상 진행으로 이어지는 것으로 알려졌다.
최근 치주질환의 원인균이나 그 독소가 혈관을 통해 몸속에 침입함으로써 Aβ가 몸속에서 만들어져 뇌에 쌓인다는 사실이 밝혀졌다. 쥐의 복강 안에 3주간 치주질환 원인균인 포르피로모나스 진지발리스(Pg·Porphyromonas gingivalis)를 직접 투여해 감염되게 한 뒤 정상적인 쥐와 비교 분석했다. 그 결과, 치주질환 원인균에 감염된 쥐의 뇌혈관 표면에는 Aβ를 뇌 안에 옮기는 ‘수용체’라고 불리는 단백질의 수가 거의 2배로 늘어났다. 그로 인해 뇌세포에 대한 Aβ의 축적량도 10배 늘었다.
이후 어두운 방에 들어가면 전기충격을 받게 되는 실험에서 정상 쥐는 5분 동안 밝은 방에 계속 머물러 있었지만, 치주질환 원인균에 감염된 쥐는 약 2분만 밝은 방에 머물고 다시 어두운 방에 들어갔다.
이번 연구에서는 또 Aβ를 운반하는 수용체의 기능을 저해하는 약제를 사용하면 감염된 세포 안을 지나는 Aβ의 양을 40%까지 줄일 수 있다는 사실도 확인했다.

▶ 치매의 발생 원인으로는 무엇이 있나요?

치매는 크게 알츠하이머병으로 인한 치매, 혈관성 치매, 그리고 기타 질환으로 인한 치매로 분류할 수 있습니다. 알츠하이머병은 치매 원인의 60~80%를 차지하며, 이는 베타 아밀로이드 단백질이 뇌에 침착되어 생기거나 타우 단백질의 염증반응, 산화작용에 따라 발생합니다. 혈관성 치매는 치매의 10% 정도로 나타나며 뇌졸중, 뇌경색, 뇌출혈 등 뇌에 공급되는 혈류량 감소로 나타납니다. 혈관성 치매는 증상이 급격히 나빠지는 특징이 있으며, 안면 마비, 시력 소실, 보행 장애 등의 신경학적 증상이 초기부터 나타나는 경우가 많습니다.

▶ 치주질환이 치매에 어떻게 영향을 주나요?

만성 치주염이 말초에서 염증 전구성 사이토카인을 제공하는 통로로 작용합니다. 잇몸병의 주 원인인 진지발리스 세균으로부터 추출한 DNA가 알츠하이머로 사망한 환자의 뇌 조직에서 90% 이상 발견되었습니다. 또한 치주질환에 의한 면역 염증반응이 치매에 직·간접적 영향을 미친다는 연구 결과도 있습니다. 치주질환으로 인해 혈중 각종 염증성 물질들(종양괴사인자 TNF-α, IL(interleukin)-1, IL-6 등)이 증가하면 온몸의 염증반응에 영향을 주어 인지장애, 알츠하이머의 발병 위험이 커집니다. 특히 치주질환을 일으키는 세균에 대한 항체가 혈액 속에 많을수록 대동맥에 죽상 형성을 가속화시켜 혈관성 치매의 발병률이 1.7배 증가합니다. 또한 환경적 요인들이 치매와 치주질환을 동시에 발현하는 데 작용합니다. 이를 통해 둘 사이 연관성이 있다는 것을 알 수 있습니다.

▶ 상실한 치아의 개수가 많아지면 인지기능이 저하되나요?

치아 상실로 인한 저작능력의 감소는 학습과 기억능력의 저하로 이어집니다. 또한 상실 치아가 많은 사람의 경우 음식 섭취 기능이 떨어지기 때문에 영양 불균형까지 일으킵니다. 그리고 인지기능에 영향을 주는 비타민 B 등의 영양분 감소로 치매가 나타날 수도 있습니다. 치주염 환자는 치주질환에 저항하기 위한 방어기전인 염증 전구물질들이 혈관을 통해 전신을 순환해 뇌에 이르게 되면, 혈관성 질환을 야기하는 염증반응을 일으켜 치매가 발생할 수 있습니다.

신종 바이러스는 왜 자꾸 발생하나?

신종 바이러스 반복 발생 개요

최근 인류를 위협하는 감염병은 대부분 바이러스에서 기인했다. 바이러스는 아주 작은 크기의 감염성 입자로 막대나 공 모양의 모습을 하고 있다.

바이러스는 핵산(DNA 또는 RNA)과 그것을 둘러싼 단백질 껍질로 이루어져 있으며 생물과 무생물의 중간 형태로, 스스로의 힘으로 자라지 못하기 때문에 다른 생명체에 들어가야만 살아갈 수 있다. 따라서 숙주에 침투한 바이러스는 똑같은 모습의 후손을 복제하게 된다. 이 과정에서 세포를 파괴해 병을 일으키는데 이것을 '감염'이라고 한다.

바이러스는 아주 오래전부터 다양한 형태로 존재해왔다. 여기서 일부 바이러스들이 변이를 거듭해 바이러스성 감염병으로 인류를 위협하고 있는 것이다. 최근에는 변종 또는 신종 바이러스가 인류의 보건환경과 방역체계를 무너뜨리며 감염병을 야기하고 있다. 1918년 스페인독감에서부터 1956년 아시아독감, 2003년 사스, 2009년 신종플루, 2012년 메르스 등이 대표적이다. 인류는 감염병 연구에 전념해 끊임없이 바이러스를 극복하기 위해 노력해왔다.

그렇다면 신종 바이러스가 자꾸 등장하는 이유는 무엇 때문인가? 전문가들은 '인간의 무분별한 개발로 인한 동식물 서식지의 파괴'를 들었다. 무분별한 개발로 산림과 습지 등 자연생태계가 파괴되면서 야생동물들이 인간의 거주지역으로 침투하게 된 것을 한 원인으로 보고 있다.

▶ 신종 바이러스 숙주로 박쥐가 자주 거론되는 이유는 무엇 때문인가요?

박쥐는 습한 동굴에 살아 기생충이 몸에 득실거리는데 무리 생활까지 해 바이러스를 퍼뜨리기에 이상적인 환경입니다. 그런데 박쥐는 하늘을 날 때 온도가 40도까지 상승하는데 체온이 높기 때문에 실제 바이러스가 몸 안에서 너무 많은 양으로 증식되지 않고 억제됩니다. 그래서 정작 박쥐 자신은 바이러스에 끄떡없습니다. 또한 특이한 면역체계로 바이러스를 죽이기보다는 공존하며 살아갑니다.

▶ RNA 바이러스에서 돌연변이가 자주 발생하는 이유는 무엇 때문인가요?

DNA보다 RNA는 화학적으로 불안정하고 RNA 분해효소가 많이 존재해 변형이 쉽게 일어납니다. 또한 리보스 당에 -OH가 많아서 다른 원자나 분자와의 반응성이 커 중합체를 이루기 쉬운 특징이 있습니다. DNA는 복제과정에서 이상 현상이 발생하면 복구시스템이 작동하는데, RNA는 돌연변이가 발생하더라도 이를 복구하는 시스템이 없습니다. 따라서 제대로 복제되지 않는 등 여러 원인으로 돌연변이가 자주 발생합니다.

빛을 내는 단백질로 암세포 사멸시키는 암 치료 기술개발

빛을 내는 단백질로 암세포 사멸시키는 암 치료 기술개발 개요

스스로 빛을 내는 단백질로 암세포를 사멸시켜 암을 치료하는 새로운 개념의 기술개발에 성공했다. 이번에 개발된 기술은 생체물질이 스스로 빛을 내는 생물발광(Bioluminescence) 현상을 응용해 외부에서의 빛 자극 없이 치료 과정을 유도하고, 암세포 사멸 후에는 치료에 사용된 단백질이 빠르게 체내에서 분해되므로 부작용이 매우 적다는 장점이 있다.
'3차원 홀로토모그래피 현미경' 기술이 세포 수준에서 일어나는 치료 과정을 분석하는 데 중요한 역할을 했다. 이 기술은 빛에 대한 굴절률을 이용해 살아 있는 상태의 세포를 전 처리 과정 없이 실시간으로 분석할 수 있다. 기존의 분석기술과 장비로는 치료제의 작용 과정을 단계별로 각각 분석하고 일부 과정은 유추할 수밖에 없는 단점이 있지만 3차원 홀로토모그래피 현미경 기술로 치료 기작과 암세포의 변화를 정확히 관찰함으로써 동물모델을 이용한 약물의 효과 검증도 빠르게 확인할 수 있다. 또한 퇴행성 뇌질환 등 여러 질환의 발병 기작을 이해하고 치료방법을 개발하는 데 응용될 수 있다.

▶ 생물발광을 인간과 자연에 어떻게 활용하나요?

심해 생물의 75% 이상이 스스로 빛을 만들어내고 있는데 이는 포토 박테리아(Photobacterium)에 의해 생산됩니다. 이를 활용해 발광 낚시미끼를 제조합니다. 포토 박테리아는 미끼 안에 있는 물고기와 공생해 사는 박테리아입니다. 얕은 물속에 사는 야행성 하와이 칵테일 오징어(Euprymna scolopes)는 생물발광 세균인 알리비브리오 피쉐리(Aliivibrio fischeri)와 공생관계에 있습니다. 밤에는 박테리아가 빛나기 시작해 오징어는 밤하늘을 위장하기 위해 빛을 사용합니다. 또한 생물발광을 오염물질에 노출시켜 물에서 나오는 광 출력이 감소하면 오염 여부가 심하다는 것을 확인하는 데에도 활용할 수 있습니다.

▶ 홀로토모그래피 현미경의 원리는 어떻게 되나요?

3차원 홀로그래픽 현미경 또는 광회절 단층촬영(optical diffraction tomography, ODT)의 기본 원리는 엑스선 전산화 단층촬영(X-Ray CT)의 원리와 유사합니다. X-Ray CT의 경우, 시편에 여러 각도로 X-Ray 빔을 조사하고, 촬영된 여러 장의 2차원 영상을 복원해 3차원 흡수율 분포 영상을 얻을 수 있습니다. 물리적인 관점에서 ODT기술은 여러 입사각에 따른 시편에 의한 광 산란을 측정합니다. 시편에 의해 회절된 광학장의 2차원 푸리에 스펙트럼(Fourier Spectrum)은 3차원 푸리에 공간상에서 변환해 3차원 굴절률 분포를 얻을 수 있습니다.

▶ 홀로토모그래피 현미경을 활용할 수 있는 분야는 어떻게 되나요?

3차원 홀로그래피 현미경 측정을 통해 시편의 부피, 질량, 단백질 농도, 그리고 감염단계에 따른 감염 적혈구와 기생충의 부피, 질량 변화 등을 정량적으로 측정 또는 추출 가능합니다. 향후 말라리아 감염 여부 진단, 말라리아 치료제 개발 등에 활용될 수 있습니다. 또한 핸드폰 등에 내장되어 있는 카메라 렌즈는 광학 고분자(optical polymer)를 사출 성형해 제작되는데 렌즈를 사출 성형할 때 플라스틱을 용융하고 금형 내에서 고체화하는 동안 금형 온도의 비균일성, 플라스틱 원료의 순도 등이 변할 수 있는데 3차원 홀로그래피 현미경을 이용하면 렌즈에 발생한 흠집, 불량 등을 확인할 수 있습니다.

관련 단원	보도자료
화학Ⅰ_4단원 닮은꼴 화학반응_생명 속의 화학 생명과학Ⅰ_1단원 생명과학의 이해_생물의 탐구 과정 생명과학Ⅱ_2단원 유전자와 생명공학_생명공학	한국기초과학지원연구원_빛을 내는 단백질로 암세포 사멸시키는 암 치료기술 개발 https://www.kbsi.re.kr/pro01/articles/view/tableid/press/id/8475 암 줄기세포만 콕 집어 빛 밝히는 형광물질 개발 https://c11.kr/jspg

관련 영상

녹색 형광 단백질의 비밀_KBSI 사이언스 스토리

https://www.youtube.com/watch?v=MRHsQc_Oaww

대학강의

미래의료의 발전과 한계_포항공과대학교

https://postech.edwith.org/futuremedicine

결합강도 높인 인공뼈 코팅기술… 임플란트 염증 없앤다

결합강도 높인 인공뼈 코팅기술… 임플란트 염증 없앤다 개요

급속한 인구 노령화와 함께 골질환 치료를 위한 치과·정형외과용 임플란트 사용이 증가하고 있다. 임플란트는 체내 뼈조직과 결합이 빨리 이루어지지 않아 헐거워지거나 염증이 생겨 2차 수술을 해야 하는 등의 문제가 발생한다. 뼈와 동일한 성분으로 이루어진 인공뼈를 임플란트 소재에 코팅할 때 별도의 합성 공정과정과 장시간의 코팅 공정시간이 필요하다. 또한 모재와 인공뼈 코팅층 간의 결합력이 약해 쉽게 손상되거나 뜯겨 나가는 경우가 많아 실제 임상에서 환자에게 사용될 수 있을 만큼 강한 코팅방법이 부족한 상황이었다.

생체 이식용 재료 표면에 기존보다 세 배 이상 우수한 결합강도를 갖는 세라믹 인공뼈 코팅 기술을 개발했다. 연구팀은 공정단계와 시간을 단축하면서도 강력한 코팅을 구현하기 위해, 뼈의 주성분인 칼슘과 인으로 이루어진 용액 속에서 레이저를 조사하는 방법을 사용한다. 이때 레이저의 초점 영역에 국소적으로 온도가 증가하면서 칼슘과 인 성분이 반응해 세라믹 인공뼈가 합성되고 동시에 코팅층이 형성되는 장점이 있다. 나노초 레이저를 이용한 하이드록시아파타이트 코팅기법은 골융합을 필요로 하는 다양한 의료기기로 확대 적용이 가능하다.

▶ 임플란트 표면에 인공뼈 합성과 코팅을 동시에 하면 좋은 점은 무엇인가요?

인공뼈 물질 합성과 코팅 시술에 하루 이상의 시간과 수십 단계의 공정이 필요했던 기존 인공뼈 코팅기술 대신, 단 하나의 공정만으로 한 시간 안에 합성과 코팅까지 동시에 한다면 시간과 비용을 절약할 수 있습니다. 특히 인공뼈 원료 물질인 인산이온과 칼슘이온 용액 속에 코팅한 임플란트용 금속이나 고분자를 넣고 나노초 레이저를 쪼이면 세라믹 인공뼈(하이드록시아파타이트) 합성과 동시에 코팅층이 형성됩니다. 실제 임플란트 소재와 인공뼈 코팅의 결합강도를 비교한 결과 기존 플라즈마 분사 코팅법의 경우 약 11N이었으나 이번에 개발한 기술은 47N으로 3~4배 강한 결합을 이루어 더 오랫동안 사용할 수 있는 장점이 있습니다.

▶ 하이드록시아파타이트를 임플란트 이외 다른 곳에 활용할 수 있는 곳이 있나요?

치아우식증을 예방하기 위한 용도로 사용할 수 있습니다. 나노 하이드록시아파타이트는 연마력이 없어 비침습적이고 치면의 미세한 흠집을 수복해 에나멜층을 다시 형성해 윤기나는 치아를 만드는 데 활용됩니다. 이는 불소를 대체하는 충치 예방 물질로 사용할 수 있습니다.

▶ 하이드록시아파타이트의 생체적합성이 우수한 이유는 무엇 때문인가요?

하이드록시아파타이트의 표면에 알데하이드와 같은 작용기가 있어 유기합성 방법을 이용해 표면을 개질합니다. 이후 키토산수용액과 섞어서 겔화시키고 동결건조해 인공뼈 스펀지를 제조한 것으로 뼈와 뼈, 뼈와 연골, 뼈와 조직, 뼈와 인대 사이에서 충분한 접착력을 나타내어 생체적합 소재로서 우수한 성능을 가질 수 있습니다.

관련 단원	보도자료
화학Ⅰ_4단원 닮은꼴 화학반응_생명 속의 화학 화학Ⅱ_1단원 다양한 모습의 물질_물질의 상태, 용액 화학Ⅱ_5단원 인류복지와 화학_의약품과 녹색 화학 생명과학Ⅱ_2단원 유전자와 생명공학_생명공학	한국생산기술연구원_염증 우려 줄인 생체친화적 임플란트 나온다 https://www.kitech.re.kr/webzine/view.php?idx=82&m=13 한국연구재단_임플란트 표면 감염균 부착 막아줄 코팅 기술 개발 https://c11.kr/jsph

관련 영상

임플란트 후 염증–무서운 "임플란트 주위염"에 대해 꼭 알아두셨으면 해요_치카TV
https://www.youtube.com/watch?v=MRHsQc_Oaww

대학강의

치과임상학 및 실습(2)_신한대학교
http://www.kocw.net/home/search/kemView.do?kemId=1124289

치과임상학 및 실습(2)
신한대학교 이경희

주제분류 의약학 >의료 >치의학
조회수
강의학기 2015년 2학기
강의계획서 강의계획서 >
치과용 임플란트와 관련된 제반 지식과 기술을 습득하기 위해 개설된 강좌이다.

외상센터, 의사의 사명인가? 수익률인가?

외상센터, 의사의 사명인가? 수익률인가? 개요

외상센터를 운영할수록 병원은 적자라는 이유로 환자를 받지 말라는 병원장과 외상센터장과의 문제가 있었다. 주된 갈등 원인으로는 외상센터의 수익성 문제가 꼽힌다. 우리나라에서는 외상센터 설치를 희망하는 민간병원이 국가로부터 운영권을 넘겨 받아 관리하고 있다.

외상센터는 운영에 투입되는 인건비와 설비 비용 대비 수익률이 저조한 편인 탓에 이런 이야기가 지속적으로 나오고 있는 것이다. 많은 환자를 받지 못하도록 의사와 간호사 수가 부족하더라도 인원을 보충해주지 않고 있다.
대형 병원들이 돈을 버는 주된 방법은 특실이나 1인실 또는 로봇수술과 같은 비급여 시술을 늘리는 방법이다. 그런데 외상환자는 해당이 되지 않고, 소독을 한 번 해도 서너 시간씩 소독해야 하고, 치료하게 되면 간호사, 의사, 의료지원 인력이 훨씬 더 많이 들어가게 되므로 수익이 나지 않는다고 생각한다.

▶ 외상센터가 환자 한 명을 치료할 때마다 평균 145만 원이 손해라고 하는데 사실인가요?

아닙니다. 병원에서 국가지원금은 당연히 받는 것이라 생각하고 손익계산에 포함하지 않는 경우가 많습니다. 부산대병원 권역외상센터의 진료 수익면에서 센터가 번 돈과 쓴 돈이 얼추 비슷했다는 결과가 있습니다. 이는 국가지원금이 남는다는 의미입니다. 따라서 적자가 눈덩이처럼 엄청나게 불어나는 것은 아니라는 뜻이 됩니다. 2017년 기준 아주대병원의 중환자실 병상가동률은 175.4%였지만 다른 곳이 50~80%대인 수준을 감안한다면 많은 이익을 내지 못하는 것이지 손해가 발생하는 것이 아님을 알 수 있습니다. 특히, 수가도 인상되었고 중증외상 환자가 되면 암처럼 본인 부담이 5%로 줄어들어 국가지원금도 늘었습니다.

▶ 운영할수록 적자인 외상센터를 민간병원에서 유치하는 이유는 무엇 때문인가요?

처음에는 지역 대표병원으로 부각되어 선전효과를 얻을 수 있기 때문입니다. 또한 지정되면 국가에서 80억 원의 지원금을 받아 관련된 장비와 센터를 구축할 수 있습니다. 반면에 닥터헬기가 내리는 외상센터의 인근 지역주민들로부터 헬기로 인해 시끄럽다는 것과 집값이 떨어지는 것에 대한 민원으로 눈총을 받기도 합니다. 따라서 외상센터를 유치하는 것이 중요한 게 아니라 운영에 대한 심층적인 고민을 먼저 하고 유치하는 것이 중요합니다.

▶ 외상센터를 국가에서 전담으로 운영하면 안 될까요?

외상센터병원만을 독립적으로 운영하는 것은 힘듭니다. 중증외상은 한두 곳만 다친 게 아니기에 여러 과의 의사와 협업을 통해 수술의 우선순위를 정해야 합니다, 또한 감염 우려로 내과 협진도 필요하며, 가지고 있는 지병이 있다면 해당 전문의도 필요합니다. 따라서 독립적인 운영은 힘든 것이 현실입니다.

집단 암 발생 '장점마을의 눈물'

집단 암 발생 '장점마을의 눈물' 개요

90여 명이 사는 이 마을에서는 22명이 암에 걸려 14명이 사망했다. 환경부의 '장점마을 환경오염 및 주민건강 실태조사' 결과에 따르면 장점마을 인근 비료공장은 연초박(담뱃잎 찌꺼기)을 퇴비로만 사용해야 하지만 불법적으로 유기질 비료로 만들었다. 그 과정에서 발암물질인 다환 방향족 탄화수소와 담배 특히, 나이트로사민이 배출되었다. 법으로 엄격히 금지되는 것인데 이를 어긴 것이다. 퇴비보다 유기질 비료값이 훨씬 비싸기 때문에 이윤 극대화를 위해 불법을 서슴지 않은 인재였다.
이 사건 후 담배 제조공정에서 발생하는 연초박을 비료 원료에서 삭제하는 내용의 농촌진흥청 '비료 공정규격 설정 및 지정' 고시 개정안이 공고됐다. 개정안은 '연초박이 장점마을 주민 암 발생의 원인'이라는 환경부 역학조사 발표에 따른 것이다.

▶ 나이트로사민은 어떻게 합성되며 어떤 역할을 하는가요?

고무제품의 탄성을 높이기 위해 넣는 첨가제로 아민류와 공기 또는 침(타액) 속의 아질산염이 반응해 발암물질인 나이트로사민류(N-nitrosamines)가 생성됩니다. 또는 식이를 통해 섭취한 전구체로부터 위장관 내의 세균들도 질산염과 아민류로부터 나이트로사민류를 합성할 수 있습니다. 나이트로사민류는 발암

물질로 분류됩니다. 간, 신장, 폐 질환과 피부, 코, 눈 등에 자극을 유발하며, 간부전과 함께 발작을 일으킬 수 있습니다.

▶ 나이트로사민류는 어느 정도 노출되었을 경우 암을 유발할 수 있나요?

나이트로사민류는 발암성에 대한 동물자료가 충분한 데 비해 인간에 대한 자료는 제한적입니다. 국제암연구소에 따르면 NDMA를 기준으로 쥐(rat)에서 130μg/kg, 더 작은 생쥐(mouse)에서 10μg/kg으로 낮은 노출 수준에서 종양이 발생할 정도로 위험한 물질임을 알 수 있습니다. 나이트로사민류 중 N-나이트로소디메틸아민(NDMA)과 N-나이트로소디에틸아민(NDEA)은 인체 발암 추정물질로 분류되고 있으며, N-나이트로소부틸아민(NDBA), N-나이트로소피페리딘(NPIP), N-나이트로소모르포린(NMOR), N-나이트로소메틸에틸아민(NMEA)은 인체 발암가능물질로 분류됩니다.

▶ 탄 음식을 먹을 경우 암을 유발할 수 있다는 기사를 본 적이 있는데 이것도 비슷한 경우인가요?

감자, 곡류 등 탄수화물 함량이 높고 단백질 함량이 적은 식품을 주로 섭취하는 우리나라 사람은 고온에서 조리한 음식을 섭취하는 경우가 많은데 이때 아크릴아마이드 함량이 높게 나타납니다. 전분이 많은 식품을 높은 온도(120℃ 이상)에서 가열할 때 아크릴아마이드뿐만 아니라 벤조피렌, 퓨란, 헤테로사이클릭아민 등 유해물질이 생성됩니다. 그래서 고기를 구울 때 태우지 말고, 탄 고기를 먹지 말라는 것입니다. 특히 고기를 태울 경우 나이트로사민류가 발생합니다.

코로나19가 바꾼 질병 지도(우울증 확산)

우울증 확산 개요
코로나19로 인해 생활에 여러 제약을 받으면서 '코로나 블루'가 사회 전반에 확산되고 있다. 건강보험공단 조사결과 우울증 등 기분 장애로 진료를 받은 환자 수는 2020년 3~7월 71만 명으로 전년 동 기간 66만 명 대비 7.1% 증가했다. 특히 젊은 여성에게서 우울증이 두드러졌다. 19~44세 여성이 21.6%로 가장 높은 증가율을 나타냈다. 이는 같은 연령대의 남성이 11.2% 증가한 것과 비교해도 2배에 가까운 증가율을 보인 것이다. 스트레스로 인한 연관 및 신체형 장애의 경우는 2020년 3~7월 68만 명으로 전년 동 기간 67만 명 대비 3.5% 증가하였으며, 성별로 접근하면 19~44세 여성에서 9.4% 증가해 가장 높은 수치를 보였고, 같은 연령대의 남성이 5.2% 증가한 것과 비교하면 2배에 가까운 증가율을 보였다.

▶ 코로나 블루가 남성보다 여성에게 더 많이 나타나는 이유는 무엇 때문인가요?

세계보건기구(WHO)는 감염에 대한 불안감뿐만 아니라 사회적 거리두기로 인한 외로움이 개인 정신건강을 크게 해칠 수 있다고 경고했습니다. 보건복지부 자살예방 상담전화 접수 건수는 11만 8,006건으로 지난해 같은 기간(4만 8,656건)에 비해 3배 가까이 늘었습니다. 코로나19가 여성의 돌봄 부담을 높인 것과 가족 모두가 집에 머무는 시간이 늘어나면서 스트레스도 증가한 것으로 파악됩니다. 남녀가 같이 재택근무를 해도 여성이 가사나 양육 부담이 증대되어 큰 좌절감을 느끼는 것이 주요 원인으로 분석되었습니다.

▶ 코로나 블루로 인해 젊은 여성이 극단적인 선택을 하는 경우가 더 많은 이유는 무엇 때문인가요?

젊은 여성은 이제 막 사회생활 시작으로 취업도 해야 하고, 경제적으로 독립도 해야 하는데, 취업 환경은 남성들에 비해 노동시장에 진입하기가 더 어렵습니다. 젊은 기혼 여성의 경우는 가족들과 다 함께 집에 머무는 시간이 늘어나

돌봄과 가사부담이 증가하였으며, '집콕'하는 시간이 길어지면서 타인과의 소통 또한 줄어들었습니다. 이들 중에는 노동시장에서 설 자리를 잃거나 자신의 능력을 인정받지 못해 극단적인 선택을 하는 경우도 있습니다.

▶ 우울증을 효과적으로 치료할 수 있는 방법이 있나요?

우울증과 조울증은 꾸준한 약물치료에도 자주 재발하는 질환으로 기존의 약물치료만으로는 한계가 있습니다. 약물치료와 더불어 스마트밴드와 스마트폰을 이용한 디지털 치료제(스마트폰 앱)를 통해 생활습관 관리를 할 때 우울증, 조울증의 재발을 현저히 감소시킬 수 있었습니다. 연구팀은 약물치료와 디지털 치료제를 병행하는 집단(CRM군) 14명과 통상적인 약물치료만 제공되는 집단 59명을 대상으로 1년간 재발 양상을 추적 관찰한 결과, CRM군의 재발은 연평균 0.6회로 현저히 적어진 것을 확인할 수 있었습니다. 특히, CRM군에서는 자신의 생활습관 점수 및 기분변동 예측 피드백과 생활 리듬 악화에 대한 경고 알람이 제공되면서 연평균 재발 횟수를 4배 정도 줄일 수 있었습니다. 또한 증상 재발 기간도 비CRM군의 경우 연간 평균 84일인 반면에, CRM군은 연간 평균 22일로 증상을 겪는 기간도 획기적으로 줄어든 효과가 있었습니다.

줄기세포 배양 이틀 만에 이식한다

줄기세포 배양 이틀 만에 이식한다 개요

국내 연구진이 줄기세포를 단 이틀 만에 만들어내 치료에 이용할 수 있는 기술을 개발했다. 또한 줄기세포를 손상 부위에 이식할 때 면역 거부반응이 일어나지 않도록 세포배양 틀을 제거할 수 있도록 했다. 연구진이 기존 7일 이상 걸리던 시간을 2일로 줄인 것이다. 현재까지 개발된 기술로 줄기세포를 '시트'화하는 데 가장 짧게 걸린 수확 시간이다.

온도에 따라 물과 결합하거나 물을 밀어내는 성질이 변하는 고분자인 '폴리나이팜'에 주목했다. 기존 연구에서는 폴리나이팜을 세포 배양용기에 코팅방식으로 도입해 세포 시트를 수확해왔으나, 시트로 수확 가능한 세포의 종류가 한정적이어서 그 활용범위가 제한적이었다.
이번 연구는 세포 시트의 직접적인 활용 가능성을 높이고자, 조직재생에 효과적인 줄기세포를 짧은 시간 안에 시트화하는 데 집중했고, 3차원 형상의 폴리나이팜 표면상에 400nm 크기의 나노포어(나노기공)가 배열된 일정한 방향의 패턴을 입혔다. 그 결과, 폴리나이팜의 나노구조에서 인간 골수 유래 중간엽줄기세포의 형성과 성숙이 빨라졌을 뿐만 아니라 임계온도 1보다 낮은 상온에서 폴리나이팜 나노구조의 표면 거칠기가 빠르게 변화되어 세포 시트의 탈착을 효과적으로 유도할 수 있었다. 이로써 인간 골수유래 중간엽줄기세포 시트의 빠른 수확이 가능했다.

▶ 줄기세포치료제를 개발하는 데 있어 가장 중요한 것은 무엇인가요?

순수한 줄기세포를 얻는 것입니다. 기존 줄기세포 분리 배양방법으로는 순수한 줄기세포를 얻기 힘듭니다. 여러 세포가 뒤섞인 기질세포(Stromal cell)를 추출할 수밖에 없어 강력한 줄기세포의 효능이 제대로 발휘되지 못하기 때문입니다. SCM생명과학이 개발한 층분리배양법(Subfractionation Culturing Method, SCM)은 세포를 총 7단계를 이동시켜 줄기세포만을 골라내는 기술입니다. 마지막으로 각종 테스트를 통해 줄기세포를 제대로 선별했는지를 확인한 결과 99% 순도의 성체줄기세포를 추출할 수 있게 되었습니다. 이처럼 복잡한 과정을 거쳐야 순수한 줄기세포를 얻을 수 있습니다.

▶ 성체 줄기세포를 면역질환 치료제로 사용하는 이유는 무엇 때문인가요?

성체줄기세포는 다른 줄기세포에 비해 면역거부반응이 없는 세포이면서, 배아줄기세포와 역분화줄기세포 등과 비교해 암 발생 가능성도 없다는 장점이 있습니다. '사이토카인', '케모카인'과 같은 다양한 성장인자들에 의한 주변 분비효과(paracrine effect)를 통해 특정 조직으로 분화를 유도할 수 있을 뿐만 아니라 면역관용이나 면역억제 능력을 가지고 있어 다양한 치료제로 활용되고 있습니다. 또한 신경계와 면역계는 긴밀하게 연결되어 있는데 외부의 스트레스나 자극 요인들이 뇌의 시상하부로 전달되면 자율신경계를 매개로 면역반응을 조절할 수 있습니다. 따라서 성체줄기세포를 아세틸콜린을 분비하는 세포로 분화시켜 면역 저하 질환자에게 적용하면 아세틸콜린을 분비하는 신경세포와 동일한 기능을 가지게 된 성체줄기세포로 인해 림프구의 증식과 활성화를 도와 치료 효과를 높일 수 있기에 면역질환 치료제로 사용됩니다.

관련 단원	보도자료
화학Ⅰ_4단원 닮은꼴 화학반응_생명 속의 화학 화학Ⅱ_1단원 다양한 모습의 물질_물질의 상태, 용액 화학Ⅱ_5단원 인류복지와 화학_의약품과 녹색 화학 생명과학Ⅱ_2단원 유전자와 생명공학_생명공학	생명공학정책연구센터_줄기세포 배양 '나노바늘구조 지지체' 개발 https://www.bioin.or.kr/board.do?num=290898&cmd=view&bid=research 제약산업정보포털_줄기세포 배양 나노바늘구조 지지체 개발 https://c11.kr/jspi
관련 영상	**대학강의**
과학자들이 실험실에서 진짜 심장을 배양합니다_밝은 면 Bright Side Korea https://www.youtube.com/watch?v=VEt_26_xcDY 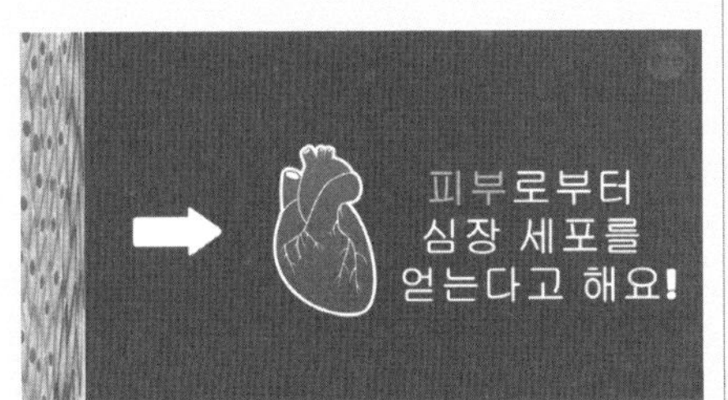 	StemCells Engineering_단국대학교 http://www.kocw.net/home/search/kemView.do?kemId=170280  StemCells Engineering 단국대학교 Dr. Ivan  주제분류 의약학 >의료 >의학 등록일자 2010.11.25

바이러스, 암 잡는 착한 놈도 있다

바이러스, 암 잡는 착한 놈도 있다 개요

바이러스의 성질을 가져와 바이러스를 약물 전달체로 이용해 암 치료를 한다. 연구팀은 구제역 바이러스를 이용해 췌장암을 치료하는 연구를 발표했다.
구제역 바이러스의 단백질에서 뽑아낸 펩타이드가 췌장암 세포를 집중적으로 찾아간다는 사실을 여러 실험을 통해 발견했다. 이 펩타이드에 함암제를 담아 췌장암에 걸린 실험쥐에 주입했더니 특이한 단백질이 퍼져있는 췌장의 암세포가 파괴되는 것을 확인했다. 실험쥐를 통한 테스트에서 펩타이드를 주 3회 투여하자 암세포 성장이 멈추는 것을 확인했다. 이외에도 식물 바이러스인 담배 모자이크 바이러스를 사용해 인체에 단백질을 옮기거나 약물을 전달하는 연구가 진행되고 있다.

▶ 바이러스로 암을 치료할 수 있다는데 그것이 가능한가요?

네, 가능합니다. 유전자 조작 바이러스를 이용해 암세포를 없애는, 이른바 '암 살상 바이러스(oncolytic viruses)'를 이용한 연구가 활발하게 이뤄지고 있습니다. 미국 식품의약품안전국(FDA)은 유전자를 조작한 헤르페스 바이러스를 이용해 암에 대한 면역반응을 일으키는 치료법을 승인했습니다. 바이러스 항암제는 '면역치료'의 성격이 강하며, 몸에 들어온 세균과 이물질을 파괴하는 T세포를 활성화시켜 줍니다. 또한 변종 우두바이러스(JX-594)를 활용해 면역체계를 활성화해 암세포를 제거하는 기술이 개발되고 있습니다.

▶ 바이러스처럼 나노단위 기술을 활용해 치료하는 기술이 발전하고 있나요?

진단과 치료를 겸해 수행하는 새로운 의료기술을 의미하는 테라노시스 기술이 큰 성과를 거두고 있습니다. 나노바이오기술 및 의료용 미세소자의 발전으로 약물분자를 체내의 국소적 목표지점에 정밀하게 제어할 수 있는 약물전달시스템입니다. 또한 줄기세포를 이용해 원하는 조직을 재생할 수 있는 재생의학 기술이 테라노시스와 결합되어 발전하고 있습니다.

논문&강연을 통한 심층 탐구활동

어떻게 DNA가 변하니? 돌연변이와 정밀의학(김상우 교수, 연세대 의과대학 의생명시스템정보학교실 교수)

돌연변이와 정밀의학 개요

DNA는 부모의 형질을 자식에게 대물림할 수 있을 정도로 튼튼하지만, 반대로 우리가 숨 쉬며 살아가는 매 순간 변화할 만큼 취약하다. DNA는 아데닌(A), 티민(T), 구아닌(G), 시토신(C) 네 개의 염기(base)가 배열된 순서를 통해 우리 생명현상 전체의 청사진을 그리는데, 이 서열이 변화하는 것을 돌연변이라고 한다. 특히 태어날 때 사람이 만들어지는 과정, 그리고 살아가는 과정에서 부모로부터 받은 DNA가 변화하는 것을 체세포 돌연변이(somatic mutation)라고 한다. 암을 포함한 많은 질병이 이러한 체세포 돌연변이 때문에 생기며, 나아가 노화나 신체능력의 퇴행까지도 이를 이용해 설명하려는 시도가 이어지고 있다. 따라서 체세포 돌연변이를 정확히, 가능한 한 일찍 찾아내는 것은 질병을 빨리 발견하고 질병의 특징을 기술해 최적의 치료로 연결하는 데 필수적이다.

DNA는 너무 작고 가늘며 그 서열은 약 30억 개의 염기쌍을 가질 정도로 길다. 우리는 이렇게 엄청나게 긴 서열 중에서 문제가 되는 한두 개의 돌연변이가 어디인지 어떻게 찾아낼 수 있을까? 최초의 염기서열 해독에는 약 13년이라는 시간과 3조 원이라는 비용이 들었지만, 현재는 100만 원 정도면 3일 내에 해독이 가능하다. 그리고 이러한 기술발전에는 아주 엄밀한 확률 이론과 컴퓨터 기술 등이 내포되어 있다. 10년 전만 해도, DNA 서열의 분석은 생물학자나 생화학자의 일이었으나, 지금은 컴퓨터 전공자의 일이 되고 있다. 한 해가 다르게 발전하는 분석기술 덕분에, 지금은 DNA 서열이 주어지는 것만으로도 환자에 대해, 그리고 환자가 가진 질병에 대해 아주 많은 정보를 알아낼 수 있게 되었다. 기술의 발전이 바로 진단과 치료의 혁신으로 이어지는 현재의 체세포 돌연변이 분석 현황에 대해 알아보고, 이들이 바꾸어 나갈 미래의 첨단 의학의 모습을 소개한다.

▶ DNA에 돌연변이가 발생하는 원인은 무엇인가요?

DNA는 자외선, 독성 화학물질, 방사능 등 여러 외부 자극에 지속적으로 노출되어 각기 다른 방식으로 손상됩니다. 이에 대응해 우리 몸은 망가진 DNA를 고치려는 DNA 복구시스템이 작동합니다. 그러나 DNA 복구에 문제가 생기면 돌연변이가 세포에 축적될 수 있고, 이는 암을 유발하는 근본 원인이 됩니다. 돌연변이는 DNA 염기서열의 변화, 일부 서열의 손실 등 다양한 양상으로 나타나는데 이를 '돌연변이 시그니처(Mutational Signature)'라고 합니다.

▶ 돌연변이 시그니처 양상을 결정하는 메커니즘에 대해 알 수 있나요?

우선 DNA 변이를 결정짓는 유전적 요소를 찾고자 전체 게놈 시퀀싱(Genome Sequencing)을 이용해 확인할 수 있습니다. 예쁜꼬마선충(Caenorhabditis elegans)을 이용해 분석한 결과 아플라톡신(Aflatoxin)에 노출된 경우 염기인 시토신(C)이 티민(T)으로 치환되지만, 감마선에 노출된 티민(T)이 아데닌(A)이나 시토신(C)으로 치환됩니다. 또한 같은 손상물질에 노출되더라도 DNA 복구기능에 결함이 있으면, 정상인의 경우에 비해 돌연변이 시그니처 발생이 급격히 증가하였습니다. 돌연변이 시그니처는 암 발생의 근본적인 과정을 이해하고, 개인 맞춤형 암 치료법을 개발할 실마리가 될 수 있으므로 어떤 물질로 인해 암이 유발됐는지, 어떻게 DNA 복구시스템이 손상되었는지 알아내는 것이 중요합니다.

게놈 사주팔자: 내가 게놈이고, 게놈이 나(박종화 교수, UNIST 생명과학부)

게놈 사주팔자 개요

게놈은 단지 A, T, G, C의 4개의 신호들이 모인 엄청난 길이의 언어이다. 이 언어체계는 우주의 발생과 진화, 변화, 다양화의 근본 원칙을 내재하고 있다. 따라서 게놈 언어로 발설되거나 발현되는 모든 생명현상은 이 언어를 통역하고 그 의미를 정확히 알 때만 완벽히 분석된다 계속 역동적으로 변하고 비판받아야 하는 과학실행 방식의 원칙에 따라 다양한, 심지어는 비과학적으로까지 보이는 사주팔자와의 관련성 등 한국의 세속적인 측면에서 게놈이라는 것을 어떻게 봐야 하는가에 대한 내용 등도 포함한다.

궁극적으로 게놈 과학도 휴대폰처럼 일반인들이 대중화된 상태에서 활용하는 시대가 올 것이다. 그 때 개인으로서 어떻게 게놈을 이해하고 활용할지에 대해 질문하고 고민하는 기회가 되면 좋겠다.

'울산 만 명 게놈사업'은 한국에서 시작된 최초의 대형 인간 게놈사업이다. 한국인 1만 명이라는 사회적, 과학적으로 의미 있는 숫자의 일반인과 질환자의 게놈을 해독하는 것이다. 이것은 그야말로 국민 게놈사업이라 할 수 있다. 미래에 한국의 전 국민 5천만 명 게놈을 더 효율적이고 의미 있게 분석할 수 있는 기초연구와 자료, 전략을 수립하는 사업이다. 또 일반인들의 건강복지를 위한 '복지게놈(Welfare genomics)' 사업이기도 하다. 한국인 1만 명 게놈사업은 '한국인 게놈사업(Korean Genome Project)'의 일부이므로, 앞으로 정부가 시행할 1백만 명 게놈사업의 핵심 선행사업으로써 많은 한국인이 자신의 게놈을 알고 자신의 맞춤의료에 활용할 수 있는 날을 앞당기는 데 기여할 것이다. 게놈 정보는 의료정보에 앞서 자신이 주인인 개인정보이고 과학정보이다.

▶ 게놈분석을 통해 질병 유전자 이외 확인할 수 있는 것은 무엇인가요?

질병 유전자뿐만 아니라 혈당, 혈압, 탈모, 피부 노화, 콜레스테롤, 식습관, 개인 특성, 혈통 등을 확인할 수 있습니다.

▶ 복지게놈이란 무엇인가요?

복지게놈이란 비용과 시간을 절약해 건강한 삶을 제공하는 데 도움을 주는 것을 말합니다. 게놈 및 프로테옴 프로젝트를 통해 웰니스 트렌드에 접목해 질병 예방과 건강관리를 위한 맞춤 서비스를 제공합니다.

▶ 한국인 유전체 사업이 필요한가요?

게놈 프로젝트는 서양인을 중심으로 설계되어 있어 한국인의 특이적으로 발생하는 만성질환 원인을 규명하기에는 한계가 있습니다. 특히 단백질 기능에 영향을 주는 유전변이는 약 20만 개, 유전체를 대표하는 유전변이는 약 60만 개로 매우 많은 유전변이가 있습니다. 따라서 한국인 유전체 정보를 반영한 한국인 칩을 활용해 개인 맞춤형 최적화 연구를 통해 질병을 예방하고 효과적으로 치료할 수 있는 물질을 개발할 수 있습니다.

문학은 의학교육에서 어떤 역할을 할 수 있는가?(이영미, 고려대학교 의과대학 의학교육학교실)

문학은 의학교육에서 어떤 역할을 할 수 있는가? 개요

오랫동안 문학은 눈에 보이지 않는 인간의 감성을 다루는 인문예술 분야로, 의학은 눈에 보이는 인간의 신체 즉, 과학적 사실을 연구하는 분야로 인식되어 왔다. 문학과 의학은 다루는 분야뿐만 아니라 접근방법 역시 상이하기에 공통점이 없다고 여겨져 왔으나 실상 이 두 분야만큼 밀접한 공통의 문제를 다루는 것도 흔치 않다. 의학과 문학은 모두 '인간을 대상으로 하는 예술(humanistic arts)'이라는 철학적 기조를 공통으로 하기 때문이다. 의학은 인간의 생명에 관한 연구를, 문학은 인간 자체를 그 대상으로 한다(Shapiro, 2001).

의학교육에서 '의학과 문학' 과정의 중요성이 높아지고 있는 이유는 의료인으로서 전문성 개발과 습득에 있어 문학이나 예술이 '강력한 학습도구'로 인식되고 있기 때문이다(Calman, 1997; Downie etal, 1997; Sweeny, 1998). 문학은 의학도들에게 지금까지 경험하지 못하였거나 앞으로도 결코 직접 접할 수 없을지도 모르는 다양한 진료 상황에 대한 간접 경험을 가능케 했다.

문학과 의학 과정은 의학교육의 전 단계에 걸쳐 시행될 수 있으며, 각 시기에 따라 교육의 목적이 다르다(Charon, 2000). 의예과 과정에서 이러한 교육이 시행될 경우 의사가 될 꿈을 가지고 있는 학생들에게 의학과 인문학 사이의 연관성에 대한 가이드 역할을 하게 된다. 문학작품을 통해 학생들은 질문과 상실의 문제에 대해 접하게 되고 의료와 관련된 내러티브 기술에 익숙해지기 때문에 이 과정은 학생들을 의료라는 문화에 좀 더 가까워지게 하고 조기 임상경험을 할 수 있게 한다. 즉, 예비 의학도들에게 의사로서의 삶에 대한 청사진을 구축하는 데 도움을 준다. 의예과 과정에서 문학을 도입한 예는 미국 아칸사스 대학의 작품을 통한 질환과 치유과정이 있는데 의과대학 교수와 영문학과 교수들이 함께 교육과정을 운영하였다.

▶ **의대생이 문학 교육을 통해 얻을 수 있는 이점은 무엇인가요?**

문학작품을 통해 환자의 관점에서 서술된 질병과 고통에 대한 공감 능력을 배양할 수 있습니다. 인간의 삶에 대해 이해 불가능해 보이는 가치에 대한 곤혹스러움, 인간의 나약함, 실패, 그리고 도덕을 받아들이기 위한 내용을 간접적으로 이해하는 데 문학이 도움을 줄 수 있습니다.

▶ **의료 인문학이 필요한 이유는 무엇인가요?**

의료 인문학은 의료의 비인간화와 질병으로부터 환자의 소외현상을 줄일 수 있습니다. 또한 문학작품을 통한 인문학적 사고와 환자를 돌보는 데 필요한 감수성을 높이기 위해 의료 인문학이 필요합니다.

▶ **개별 과목이었던 의료 인문학이 최근에는 간학문적 입장에서 통합 강의가 진행되고 있다고 하는데, 좀 더 자세히 설명해주세요.**

의료 인문학은 행동과학, 의사학, 의철학, 의학 면담(임상 의학입문), 의료 사회학 그리고 의료 윤리학 등의 개별 과목을 통증과 고통(pain and suffering), 몸과 육체(body), 건강과 질환 그리고 질병(health, sickness, illness and disease), 죽음과 죽어감(death and dying) 등을 주제로 생물학적인 사실일 뿐만 아니라 심리적, 문화적, 사회적 혹은 철학적인 의미를 함께 진행합니다. 간학문적 의료 인문학 교육을 통해 진정한 의사로 성장할 수 있습니다.

 청소년의 먹방, 쿡방 시청 행태와 식습관 간의 관련성(김수경, 이화여자대학교 융합보건학과)

청소년의 먹방, 쿡방 시청 행태와 식습관 간의 관련성 개요

우리나라 10대 청소년의 인터넷 먹방, 쿡방 시청 행태를 파악해, 청소년의 식습관과 어떠한 관련이 있는지 확인하였다. 주요 결과는 일주일에 한 번 이상 매일 한 번 미만으로 먹방 및 쿡방을 시청하는 사람이 39.6%로 가장 높았으며, 한 달에 평균 12.09시간 시청하고 있었다. 절반 정도(47.5%)가 심야 시간대에 시청하였으며, 거의 모든(95.0%) 사람들이 영상을 혼자 시청하였다. 시청 이유로는, 지루한 시간을 해소하기 위해 시청한다는 비율이 51.3%로 가장 높았다.
먹방 또는 쿡방이 자신의 식품 선택 및 섭취에 미치는 영향에 대해서는 영향이 없다는 비율이 54.7%로 절반 이상이었다. 회귀분석 결과, 먹방, 쿡방 시청 빈도와 시청 이유가 청소년의 전반적인 식습관과 관련 있는 요인이었다. 전반적으로 시청 빈도가 높을수록 식습관이 좋지 않았으며 시청 이유로는 '영상이 재미있어서' 시청한다고 한 사람일수록 식습관이 좋지 않고 '대리만족하기 위해서' 시청한다고 한 사람일수록 식습관이 양호하였다. 이외에 거주상태, 거주 지역과 주관적 건강 상태, 스트레스 및 우울 수준, 건강 식습관 친화적인 주변인 요인이 식습관과 관련성을 보였다.

▶ 대리만족으로 먹방이나 쿡방을 시청하는데 오히려 먹고 싶은 욕구를 더 불러일으키는 것은 아닌가요?

네, 욕구를 더 불러일으킵니다. 음식 콘텐츠 이용이 많을수록 일일 외식 및 간식 비용이 유의미하게 증가하였습니다. 식욕을 돋우는 음식 이미지를 보면 배가 고프지 않더라도 음식을 먹고 싶은 욕구가 일어납니다. 또한 음식 콘텐츠는 간접적으로 과소비를 촉진합니다.

▶ 음식 콘텐츠를 이용하면 질 좋은 음식을 소비하는 비율도 높아지나요?

음식 콘텐츠 이용이 많을수록 식습관 총 점수가 낮았습니다. 야식을 자주 먹으며, 간식으로 단 음식을 자주 섭취하고, 스트레스를 받을수록 충동적으로 음식을 먹는 경우가 많았습니다. 이는 음식 콘텐츠 이용이 청소년의 식습관, 특히

부적절한 식행동에 영향을 주는 것으로 해석할 수 있습니다.

▶ 음식 콘텐츠 이용 수준이 높을수록 식이자기효능감에는 어떤 영향을 미칠 수 있나요?

음식 콘텐츠 이용 수준이 높을수록 식이자기효능감에도 간접적으로 영향을 줍니다. 음식 콘텐츠 이용시간이 많을수록 식이자기효능감이 감소합니다. 음식 콘텐츠는 이미 대중화되어 많은 사람이 이용하기 때문에 음식 콘텐츠의 이용을 줄이거나 통제하는 것은 사실상 어렵습니다. 식이자기효능감을 관리하는 방안으로 식품의 영양소와 열량을 함께 표시하면 식습관을 개선할 수 있습니다.

참고문헌 : 서울 및 경기지역 고등학생의 음식 콘텐츠 이용 수준, 식습관 및 식이자기효능감의 관계(오민환, 숙명여자대학교 영양교육전공), https://url.kr/jcXEza

원격의료의 도입에 관한 연구_코로나바이러스19 전염병과 원격의료 도입의 필요성(최연석, 제주대학교 법과정책연구원)

코로나바이러스19 전염병과 원격의료 도입의 필요성 개요

원격의료의 비대면성과 원격기술 의존성으로 인해, 원격의료가 도입되면 의료사고가 급증할 것이라는 우려가 있다. 그러나 원격의료를 도입함에 있어 진료과목의 특성상 대면하지 않더라도 의료행위가 가능한 영역에 한해, 안전성이 확보된 원격의료장비를 사용하는 방법으로 단계적으로 도입한다면, 원격의료 때문에 발생하는 의료사고를 사전에 충분히 예방할 수 있을 것이다. 또한 이러한 과정에서 원격의료 과오사건이 발생한다 하더라도 이미 살펴본 바와 같이 기존의 의료 과오책임의 법리 내에서 해결할 수 있을 것이므로 원격의료의 도입으로 인한 책임법제의 부재 등의 문제는 발생하지 않을 것이다. 오히려 의료과 오소송 측면에서 볼 경우 의사의 재량성이 완화되고 밀실성이 해소될 것이며, 의료행위의 전산화·기록화로 인해 소송자료 편중문제도 해결될 것이다.

이는 의료사고의 책임소재를 명확히 하는 데 큰 도움을 줄 것으로 보인다. 책임법제의 측면에서 보면 종래의 의료행위보다 원격의료의 경우 오히려 의사의 책임 영역을 명확히 할 뿐만 아니라, 환자의 피해를 구제하기 쉽다는 장점도 있다. 원격의료의 도입을 반대하는 측에서는 원격의료가 도입될 경우 비대면성과 원격기술의존성 때문에 의료사고가 급증해 국민건강을 해칠 것이라고 주장한다. 하지만 의료법 개정안에서도 살펴보았듯이 의학적 안전성과 원격의료기술의 안전성 양 측면을 모두 고려해 단계적으로 도입할 경우 원격의료로 인한 안전성 문제는 크지 않을 것이다.
우리나라에서는 의료계 등의 반발로 인해 원격의료의 시행이 늦어지고 있다. 의료기술 및 정보통신기술·IT기술의 발달로 인한 원격의료는 세계적인 흐름이며, 격지·오지환자, 만성질환자, 전염병으로 인한 긴급한 상황 등에서 원격의료의 필요성은 더욱 커지고 있다. 따라서 안전성을 문제 삼아 언제까지나 원격의료의 도입을 미루는 것은 바람직하지 않다.

▶ 외국에서 원격의료를 도입하고 있는데 그 이유는 무엇 때문인가요?

미국, 호주와 같이 면적이 넓은 나라에서 의료접근성을 향상시키고 부족한 의료인력을 대체할 목적으로 원격의료가 도입되었습니다. 특히, ICT(information and communications technology)기술의 발달로 환자의 상태를 스마트워치 등 다양한 웨어러블 디바이스를 통해 정보를 제공해 진보된 의료서비스를 제공할 수 있게 되었습니다. 또한 빠른 시간 내에 환자의 건강모니터링 정보를 받아 빠르고 정확한 분석이 가능해 원격의료의 효율성을 증대시킬 수 있습니다. 그리고 적은 시간 내에 더 많은 환자를 진료할 수 있으며 이동시간과 비용까지 줄일 수 있어 앞으로 더욱 발전할 것으로 기대됩니다.

▶ 원격의료의 종류에는 어떤 것이 있나요?

2013년 보건복지부에서는 의사-환자 간 원격(비대면)의료를 추진하기 위해 원격의료의 종류를 원격진료, 원격모니터링, 원격자문 3가지로 분류하였습니다.

원격진료 : 원격으로 환자의 상태를 진단하고, 처방전을 발행하는 등 진료합니다.

원격모니터링 : 의료인이 환자의 질병 상태를 지속적으로 모니터링하고 상담 및 교육을 통해 관리합니다.

원격자문 : 의사가 멀리 떨어진 의료인의 의료과정에 대해 지식이나 기술을 자문합니다.

▶ 코로나19와 같은 바이러스 감염병이 유행할 경우를 대비해 원격의료를 도입해야 하는 것은 아닌가요?

원격의료는 코로나19 이후 이와 유사한 바이러스 대유행 상황에서 의료기관에 쉽게 접근할 수 없는 상황이 발생할 경우를 대비해 환자와 의료진 양측 모두 바이러스에 감염될 위험으로부터 안전하게 지킬 수 있습니다. 이런 장점에도 불구하고 의료진에게 충분한 정보제공을 하지 못해 양질의 비대면 의료서비스를 제공하는 데 한계가 있습니다. 이를 보완할 수 있는 첨단 의료기기와 웨어러블 디바이스 등 다양한 첨단기술이 도입되어야 합니다.

관련 단원	보도자료
화학II_5단원 인류복지와 화학_의약품과 녹색 화학 생명과학II_2단원 유전자와 생명공학_생명공학 공통사회_9단원 미래와 지속 가능한 삶 사회문화_5단원 현대의 사회변동	해양수산부_원격의료로 공공의료 실현, 만족도 83~88%, 임상적 유효성도 확인 https://url.kr/QOSBit 전국경제인연합회_중국·일본 원격의료 현황과 시사점 https://url.kr/XCH2gU
관련 영상	**관련자료**
비대면 진료 임시 허가가 떨어졌다? 원격 의료에 대해_테크카페 https://url.kr/jdcQTG	한국의 원격의료에 대한 생각과 그 생각에 대한 생각_최윤섭의 헬스케어 이노베이션 https://url.kr/1qPJiY • [MBC 시선집중] "병원 대신 전화상담 13만 명, 비대면 의료 문이 열렸다."

- [전자신문 이슈분석] 최윤섭 DHP 대표 '원격진료 금지냐, 허용이냐 보다 넓은 범주 논의 필요'
- [청년의사] 코로나19로 주목받는 디지털헬스케어와 건강보험제도
- [중앙일보] 코로나 이후의 뉴노멀, 헬스케어의 세 가지 새로운 트렌드
- [한국무역협회] 의료·헬스케어 산업의 현재와 미래
- [신과 함께 삼프로tv] 한국에서 원격의료가 유독 논란이 되는 이유는 무엇인가?

천연방부제로 사용된 한약재의 항균활성에 대한 동향 분석(김정훈, 부산대학교 한의학전문대학원 약물의학부)

천연방부제로 사용된 한약재의 항균활성에 대한 동향 분석 개요

전 세계적으로 시장에서 유통되는 식품, 의약품, 기능성건강식품, 화장품 등 많은 제품에는 그 품질을 유지하기 위해 오염 및 부패를 막아주는 방부제가 필수적으로 첨가되어 있다. 특히 유통기한이 비교적 길며 글리세린, 솔비톨, 아미노산 유도체, 단백질 등 미생물의 영양원이 풍부한 화장품제제들의 경우 특히 세균과 곰팡이 등의 오염에 노출되기 쉽기 때문에 오염방지 및 사용기간 연장을 위해서는 방부제가 필수적이다.

현재 대부분의 화장품제제들은 화학적으로 합성된 방부제에 의존하고 있으며, 파라벤류, 쿼터늄-15, 이미다졸리디닐우레아, 클로페네신, 페녹시에탄올 등을 주로 사용하고 있다. 그러나 범용적으로 사용되는 이러한 합성방부제들은 장기간 동안 고농도로 사용 시 피부 알러지, 내성균 유발, 환경호르몬 발생 등의 다양한 문제들이 나타날 가능성이 높다. 예를 들면, 가장 널리 사용되는 합성방부제인 파라벤류(parabens)의 경우 여성 호르몬의 일종인 에스트로겐과 유사한 작용을 하는 것으로 알려져 있는데, 이는 기준치 내의 사용이라도 장기간 사용에 따른 지속적 체내 축적 시 내분비계 교란물질로 작용할 수도 있음을 시사한다.

확대된 글로벌 유통시장에 따라 방부용 첨가물의 사용이 지속적으로 증가하여 이러한 화학적 합성방부제의 부작용을 극복할 수 있는 합성방부제 대체제 개발의 필요성이 증가하면서 다양한 항균스펙트럼을 지니며 안전성과 경제성이 높으며 제품화 개발이 가능한 천연방부제 개발의 필요성이 대두되었다. 이에 따라서 alkaloids, flavonoids, phytoalexin 등과 같은 천연항균물질을 천연방부제로 사용하기 위한 많은 연구들이 진행되어왔다. 이러한 천연항균물질을 주요 성분으로 함유하고 있는 한약재는 천연방부제 후보로서 매우 적합한 시료라 할 수 있다.

▶ 내분비 교란물질에 어떻게 노출되나요?

내분비 교란물질은 우리가 쓰는 샴푸, 컨디셔너, 데오드란트, 농약 등에 있습니다. 샴푸, 컨디셔너에는 프탈레이트가 들어있는데 고환암, 생식기 변형, 낮은 정자 수 및 불임 등을 초래합니다. 또한 항균 성분 제품에 들어 있는 데오드란트, 페이스파우더, 블레미쉬컨실러 등에는 트리클로산이 들어 있습니다. 농약으로 재배된 과일 및 채소, 공장식 사육시설에서 길러진 동물의 대부분 항생제 및 기타 산업 화학물질에도 내분비 교란물질이 들어 있습니다. 다량의 수은 및 기타 중금속에 오염된 생선(상어, 황새치, 동갈삼치, 청새치, 농어와 참치 등)은 호르몬 균형을 저해합니다. 플라스틱 용기 및 플라스틱 병에는 비스페놀 A가 들어있습니다. 특히 플라스틱에 열을 가할 경우 더 많이 나옵니다. 또한 계산대에서 발행되는 영수증에도 비스페놀-A가 포함되어 있으니 문자로 영수증을 받는 것이 좋습니다. 잘 눌어붙지 않고 얼룩이 지지 않는 방수 표면을 만들기 위해 사용되는 과불화알킬 물질(PFAs) 또한 인체 및 환경에 독성을 띠며, 높은 지속력을 지닙니다.

▶ 유방암을 일으키는 화장품이 있다고 하는데 어떤 성분 때문인가요?

방부제 성분인 파라벤이 들어있는 로션, 샴푸, 린스, 바디 클렌저, 색조화장품 등이 유방암을 일으킵니다. 파라벤은 몸속에 한번 들어오면 내장기관이나 근육 등에 쌓여서 몸 밖으로 잘 배출되지 않습니다. 이 파라벤은 여성호르몬과 유사하며, 정상조직보다 유방암조직에서 더 많이 발견됩니다. 파라벤은 에스트로겐의 효능보다 수천 배 더 강력한 작용을 합니다. 이로 인해 불임과 늦은 폐경, 유방암 위험을 높입니다.

시판 매실음료에 칼슘첨가 시 치아부식증 억제 효과(김지은, 전남대학교 치의학연구소)

매실음료에 칼슘첨가 시 치아부식증 억제 효과 개요

매실은 항산화 및 항균능력이 우수하다. 구강 미생물에 매실 추출물을 농도별로 첨가해 농도에 따른 항균효과를 보고하는 등 매실 추출물을 이용한 연구 사례가 있다. 그런데 대중이 쉽게 구매할 수 있는 시판 매실음료가 구강 내 경조직에 미치는 영향에 대한 연구 결과는 미미한 편이다.
매실음료의 경우 과실 내 유기산이 다량 함유되어 음료의 pH가 낮으며, 일반적으로 pH가 낮은 음료의 경우 치아표면에 치아부식증을 유발할 가능성이 높다. 치아부식증은 세균의 작용 없이 산의 화학적 작용에 의한 치아 경조직 손상으로 과일음료, 청량음료, 스포츠음료 등의 산성 음료, 즉 식이(diet) 요소가 주된 외인성 원인으로 알려져 있다. 이처럼 식음료의 경우 청량감과 신선감을 주기 위해 일반적으로 산성을 띠고 있으며, 산도가 높을수록 음용 시 치아표면에 부식을 일으킬 가능성이 높다.
한편, 이러한 산성음료로 인한 치아부식을 예방하기 위해 음료에 여러 물질을 첨가하는 연구가 선행되어 왔다. 그중 칼슘은 치아부식을 억제하기 위해 식품에 안전하게 첨가할 수 있는 물질로 보고되었다. 이에 따라 제조특성상 pH가 낮은 매실음료의 치아부식 가능성을 평가하고, 치아부식을 예방하는 물질을 첨가해 치아부식 억제 효과를 얻었다.

▶ 치아부식에 영향을 미치는 요인에 대해 알려주세요.

치아부식에 영향을 미치는 요인으로 음료의 pH, 불소, 칼슘, 인산의 농도 등이 있습니다. 청량음료에 4~6ppm의 불소이온을 첨가하면 치아부식 억제 효과가 있으며, 법랑질 주위의 pH가 4.5 이하일 때 치아부식이 발생할 수 있습니다.

▶ 매실음료의 치아부식증을 예방하기 위해서 어느 정도의 농도로 먹는 것이 좋나요?

매실음료는 pH 5.5 이상일 때 재광화가 일어납니다. 법랑질 자체는 재생능력이 없지만 칼슘과 인산 용액을 함께 사용할 경우 경도가 90% 정도 회복됩니다. 치아부식을 막기 위해서 불소처리를 하는데 이 불소이온은 박테리아의 대사를 막아서 법랑질 우식을 막는 작용을 합니다. 그런데 재광화가 치아부식을 예방하는 데 더 효과적입니다.

▶ 탄산음료를 마실 때 치아부식을 막을 수 있는 방법이 있나요?

수용성 칼슘을 섭취해 치아부식을 억제하는 방법이 있습니다. 수용성 칼슘으로 염화칼슘, 질산칼슘, 젖산칼슘, 구연산칼슘, 글루콘산칼슘, 초산칼슘 등이 있습니다. 이 중 식품첨가물로 사용되는 것은 젖산칼슘, 구연산칼슘, 글루콘산칼슘이 있습니다. 젖산칼슘(Calcium lactate)은 물에 쉽게 용해되고, 다른 칼슘제보다 체내 이용 및 흡수율이 좋아 식품의 칼슘 강화용으로 많이 사용됩니다. 치아부식을 억제하기 위해서 음료에 젖산칼슘을 첨가하거나 된장 등 기능성 식품에 구연산칼슘을 첨가하기도 합니다.

살충제 계란, 발암 생리대 위해성 논란에서 배울 것들(김성균, 서울대학교 보건환경연구소)

살충제 계란, 발암 생리대 위해성 논란 개요

유럽에서 시작된 살충제 계란 파동은 우리나라에서도 많은 사람을 혼란과 불안에 빠뜨렸다. 살충제 성분이 식품 기준치 이상 초과되었는데도 몇 개 정도는 먹어도 된다고 말하는 것은 앞뒤가 맞지 않는 설명이며, 식약처에서 제대로 일을 하고 있지 않다는 인상만 주는 것이다. 우리나라 계란에서도 식품 기준치 이상의 진드기 살충제 성분이 검출되었고, 일부는 산란계에 쓰면 안 되는 물질이 포함되어 있었다.

한편, 생리대에서도 VOCs라는 독성이 큰 물질이 검출되었다. 비록 일부가 오염되었고 농도가 미량이라고 해도 사람들이 자주 쓰는 생필품에서 유해물질에 지속적으로 노출될 때의 안전성은 입증되지 않고 있다. 더욱이 현행 위해성 평가가 불변의 안전성을 보장하는 것이 아니라는 점이다. 따라서 '살충제 계란'과 '발암 생리대'라는 일련의 화학물질 위해성 논란을 통해 학계의 몫(심도 있는 위해성 규명)과 관리기관의 책무(선제적이며 사전주의적으로 유해의심 물질을 차단하고 관리함)를 강조하며 더욱 안전한 사회를 만들기 위해 필요한 토론의 재료를 제공하는 데 더 큰 목적을 두고자 한다.

▶ 살충제 계란 파동은 왜 생겼나요?

집단 사육으로 생긴 닭 진드기와 벼룩 등으로 산란이 줄어드는 문제를 해결하기 위해 살충제 중 가장 강력한 피프로닐을 사용하였고, 이로 인해 계란에 살충제가 잔류하여 살충제 계란 파동이 일어났습니다. 이 약품에 대한 오염을 막기 위해 빈 축사나 축사 주변에만 사용하도록 권고하고 있으나 현장에선 이를 잘 지키지 않아 문제가 발생한 것입니다.

▶ 닭 진드기를 친환경적으로 방제할 수 있는 방법은 없나요?

친환경 구제제인 타무트가 있습니다. 타무트는 돼지감자, 백두홍, 레시틴, 님오일 등에서 추출해 제조한 것으로 약효가 최장 90일 정도 유지됩니다. 이 친환경 구제제는 화학첨가물, 발암물질, 유해물질 등이 검출되지 않는 안전한 제품입니다. 또한 시험 결과 닭 진드기 퇴치율이 최고 99%에 달할 정도로 우수한 효과를 나타내고 있습니다.

▶ 생리대에서 유해물질이 나온 이유는 무엇 때문인가요?

속옷과 생리대 간에 접착력을 높여주는 역할을 하는 것으로 스티렌-부타디엔 공중합체(SBC)가 사용되는데 이 물질이 발암물질입니다. 고흡수성 수지는 피부에 오래 접촉 시 발진이나 독성 쇼크 증후군 등과 같은 반응이 올 수 있습니다. 또한 면을 염소 표백하게 되면 퓨란, 다이옥신이 남게 되는데 이 물질 또한 발암물질입니다.

관련 단원	관련 영상
화학Ⅰ_3단원 생명의 진화_탄소화합물 화학Ⅱ_5단원 인류복지와 화학_의약품과 녹색 화학	'발암 생리대' 얼마나 위험한가? Q&A_YTN 사이언스

화학Ⅰ_3단원 생명의 진화_탄소화합물
화학Ⅱ_5단원 인류복지와 화학_의약품과 녹색 화학
생명과학Ⅰ_1단원 생명과학의 이해_생물의 탐구 과정
생명과학Ⅱ_1단원 세포와 물질대사_세포의 특성
생명과학Ⅱ_2단원 유전자와 생명공학_유전자와 형질 발현

https://www.youtube.com/watch?v=fsLvz3peK_I

관련 영상

'살충제 달걀' 얼마나 위험한가? Q&A_YTN 사이언스
https://www.youtube.com/watch?v=XPDboY9UZMs

관련자료

살충제 계란, 발암 생리대 위해성 논란에서 배울 것들_서울대 보건환경연구소
https://www.dbpia.co.kr/journal/articleDetail?nodeId=NODE07291156

유해화학물질의 공포, 친환경 기술로 극복한다_정부24
https://www.gov.kr/portal/ntnadmNews/1212251

 한국 학생의 손 씻기 실천과 감염병 이환과의 관련성(장동방, 건양대학교)

손 씻기 실천과 감염병 이환과의 관련성 개요

초·중·고등학교 학생의 손 씻기 실천과 감기, 설사, 눈병, 식중독 등의 감염성 질환 이환과의 관련성을 파악함으로써 손 씻기의 중요성을 강조하고, 학교 청소년의 손 씻기 실천율을 향상시키기 위한 목적으로 탐구되었다.
전국 16개 시도에 거주 중인 초등학교 4학년부터 고등학교 3학년까지 학생을 대상으로, 방문면접과 온라인 조사를 시행했다.

조사응답자의 일반적 특성과 손 씻기 실태 및 손 씻는 방법을 독립변수로 감기, 설사, 눈병, 식중독 등의 질병 감염 여부를 종속변수로 하여 카이제곱검정과 이분형 로지스틱 회귀분석을 실시하였다.
연구결과를 종합해보면 식중독을 제외한 감기, 설사, 눈병 등의 질병 감염 경험이 학년이 높을수록 많았다. 특히, 감기 감염 경험의 경우 남성보다 여성에서, 비누와 물을 사용한 손 씻기보다 물 또는 손 소독제만 사용한 군에서, 손등을 씻는 군보다 손등을 안 씻는 군에서 감기 경험률이 높았다.
손 씻기 실태조사 및 청소년건강행태 온라인 조사에서 학년이 높을수록 손 씻기 실천이 낮았다. 따라서 학년이 높을수록 질병 감염 경험률이 높고, 특히 감기 감염 경험의 경우 손 씻기 방법이 좋은 군일수록 경험률이 낮은 것은 기존 연구와 마찬가지로 손 씻기가 감기와 같은 감염병의 예방에 영향을 미치는 요인으로 판단된다. 청소년은 집단생활로 인한 감염병 질환의 위험이 높은 점을 고려할 때, 학교 내에서 비누를 사용한 올바른 손 씻기 교육이 필요하다는 결과를 얻게 되었다.

▶ 손만 잘 씻어도 질병을 예방할 수 있나요?

네, 손만 잘 씻어도 질병 예방뿐만 아니라 건강까지 챙길 수 있습니다. 그래서 UN에서는 10월 15일을 세계 손 씻기의 날로 지정할 정도입니다. 손 씻기는 감기는 물론 신종플루와 같은 바이러스성 질환, 식중독과 설사와 같은 소화기관 질환 등에 탁월한 효과가 있다고 보고되었습니다. 국제 의학 연구결과에 따르면, 영국 성인 2만여 명을 3년간 추적 조사한 결과 올바른 방법으로 손을 자주 씻는 사람은 그렇지 않은 사람보다 감염질환에 걸리는 비율이 15~25%가량 낮았습니다.

▶ 손에 묻은 세균이 증식하는 속도는 어떻게 되나요?

세균의 증식 속도는 20분마다 한 번씩 분열합니다. 따라서 1마리가 1시간에 8마리, 3시간이면 512마리로 증가하게 됩니다. 그런데 이보다 많은 미생물이 손에 있기에 미

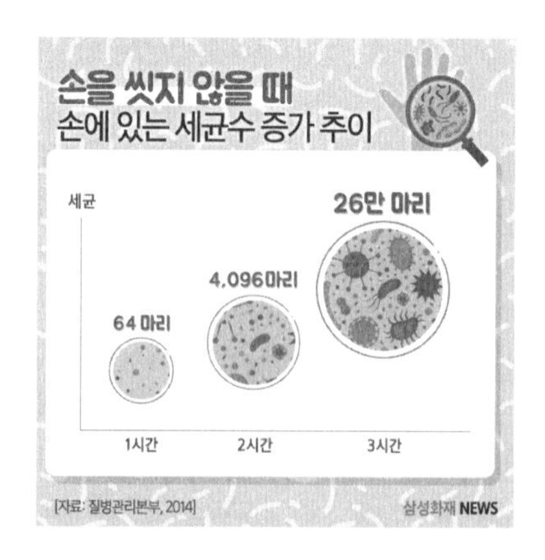

생물의 수는 가히 상상할 수 없을 만큼 많이 존재합니다. 자주 씻는 것이 얼마나 중요한지 알 수 있습니다.

▶ 세균 증식에 영향을 주는 요소는 어떻게 되나요?

세균의 생존과 증식에 필요한 요소로는 음식, 산도, 온도, 시간, 산소, 수분 등이 있습니다. 세균은 수분이 있고 단백질이 풍부한 음식(고기, 달걀, 우유 등)을 가장 선호합니다. 산성제품의 대부분이 세균의 증식을 억제하기에 세균은 pH가 7 이상인 제품들을 좋아합니다. 대부분의 병원균은 50~60℃ 사이에서 빠르게 증식합니다. 그중에서 최적의 온도는 36.5℃입니다.

관련 단원	보도자료
화학Ⅰ_3단원 생명의 진화_화학결합, 분자의 구조 화학Ⅱ_1단원 다양한 모습의 물질_물질의 상태 생명과학Ⅰ_1단원 생명과학의 이해_생물의 탐구 과정 생명과학Ⅱ_1단원 세포와 물질대사_세포막을 통한 물질의 이동	"비누로 손 씻기" 생활 속 작은 실천으로 감염병 예방하세요_보건복지부 https://url.kr/m46JjM

관련 영상	관련 영상
비누와 알코올이 코로나 바이러스를 죽이는 방법_지식은 날리지 https://url.kr/V3vxdq	마스크에 공기청정기까지 구리 열풍...실제 효과는 얼마나?_YTN 사이언스 https://url.kr/FKzQAZ

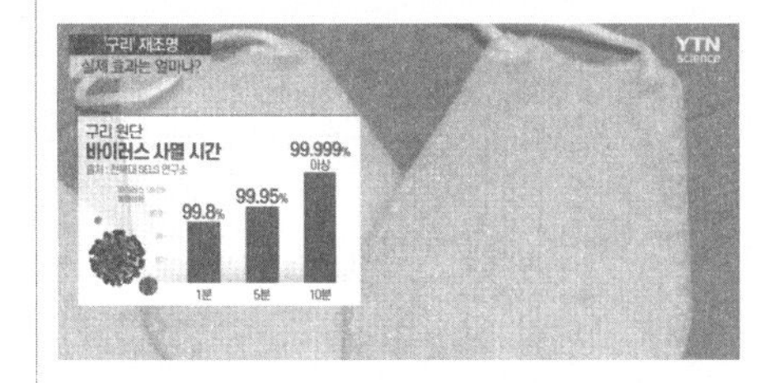

미세먼지 노출에 의한 건강 영향과 공기청정기의 효율적 사용(조용민, 고려대 환경의학연구소)

미세먼지 노출에 의한 건강 영향과 공기청정기의 효율적 사용 개요

공기청정기에 대한 수요 증가와 함께, 국내외 많은 공기청정기 제조 혹은 판매업체에서는 자사 제품에 대한 홍보와 판매에 많은 투자를 하고 있다. 특히 제품의 경쟁력을 높이기 위해 더욱 다양한 환경오염물질(바이러스, 독성화학물질, 꽃가루 등)에 대한 저감 능력이 있음을 광고한다. 필터형 방식은 미세먼지와 같은 입자상 물질을 포집하는 데 효율적이다. 공기청정기의 효율을 평가한 국내외의 연구들을 보았을 때, 미세먼지의 저감 효율은 실제로 높을 것으로 예상되었다. 하지만 입자상 물질을 제외한 환경오염 물질군(가스상 물질, 생물학적인자 등)에 있어서는 아직까지 그 효과의 검증이 미흡한 것으로 보인다. 또한 밀폐공간과 같은 최적의 실험조건에서 공기청정기는 좋은 성능을 나타내지만 실험환경이 아닌 실제 생활환경에서는 실험 조건과 같은 효율이 재연되지 않았다. 게다가 적절한 운영 보수의 미흡, 기기의 노후 등과 같은 상황에서 공기청정기는 제 효율을 기대하기 어려웠다.

따라서 공기청정기의 구매단계에서는 실내환경 중 저감하고자 하는 오염 인자에 맞는 제품군에 대한 고려가 필요하다. 또한 공기청정기가 가동되는 환경에서도 실내 환기, 외부 오염물질 전달의 차단(의복 혹은 신발 등의 오염 인자), 주기적인 청소와 소독 등의 일반적인 실내환경관리 대책이 반드시 이루어져야 한다. 또한 적절히 관리되지 않는 공기청정기는 오히려 실내공기질을 악화시키고 오염물질을 확산시키게 됨을 알아야 한다.

생활환경에서 미세먼지의 노출을 저감하고 호흡기질환을 예방하기 위해, 공기청정기의 사용은 좋은 방법이 될 수 있다. 하지만 공기청정기의 사용이 반드시 실내 오염물질의 저감 및 질병 예방을 보장하지는 않는다.

▶ 미세먼지나 초미세먼지는 모두 아주 작은데 크기 차이가 어느 정도인가요?

일반적인 먼지는 공기 중 떠다니는 입자들의 크기가 커서 코털이나 기관지 점막에서 대부분 걸러져 인체에 미치는 영향은 적은 편입니다. 그러나 건강에 문제가 되는 미세먼지는 입자의 지름이 보통 10㎛ 이하로, 보통 사람 머리털 굵기의 10분의 1 정도입니다. 미세먼지는 사람의 코, 구강, 기관지에서 걸러지지 않고 우리 몸속 깊숙한 곳에 더 잘 축적되어 질병을 야기시킵니다. 특히 2.5㎛ 이하의 초미세먼지는 폐포를 통과해 혈액을 통해 전신까지 퍼져 심혈관 질환까지

야기시킵니다.

▶ 어떻게 초미세먼지가 심혈관 질환을 유발하는지 궁금해요.

초미세먼지의 경우 혈관까지 침투해 염증반응을 일으키며 협심증, 뇌졸중 등 심혈관질환을 일으킵니다. 또한 폐포에 미세먼지가 쌓여 산소 교환이 원활하게 이루어지지 못해 심혈관 질환을 앓는 어르신들의 경우 병을 악화시키기도 합니다. 대기오염의 농도가 증가하면 심혈관질환으로 입원하는 환자가 증가할 정도로 그 위험성을 확인할 수 있습니다.

▶ 미세먼지로 인한 호흡기 및 심혈관 질환 이외에 어떤 질환이 발생하나요?

미세먼지와 피지로 인해 모공이 막혀 여드름이나 뾰루지 등의 피부 트러블을 발생시킵니다. 또한 아토피 피부염, 알러지성 피부염이 있는 경우 피부 증상이 더 악화될 수 있습니다. 미세먼지가 결막에 직접 닿으면 자극성 결막염과 알레르기성 결막염을 유발시키거나 악화될 수 있습니다. 뇌혈관, 정신질환 등 다양한 질환이 발생할 수 있습니다.

〈미세먼지가 일으키는 각종 질환〉

분류	질환 내용
호흡기 질환	• 기관지, 폐포 등에 흡착된 미세먼지는 염증을 유발해 천식, 만성기관지염, 기도폐쇄 등 발생 • 폐 조직에서 박테리아의 불활성화 혹은 제거작용을 방해함으로써 기관지염, 폐렴 등 호흡기 감염 유발 가능
심혈관 질환	• 미세먼지는 혈액을 타고 전신을 돌아다니며 염증반응을 유발하고 혈액응고반응을 통해 혈전 증가 • 심혈관에 문제가 생기면 부정맥, 동맥경화 등이 발생

뇌혈관 질환	• 미세먼지 농도가 높은 곳에 사는 사람일수록 뇌인지 기능, 퇴화 속도가 빠름 • 노인의 인지기능 저하는 치매로 이어질 가능성이 높음 • 뇌혈관에 문제가 생기면 뇌경색, 뇌출혈, 치매 등이 발생
정신 질환	• 뇌혈관에 염증을 유발해 손상시키고 중금속 성분이 중추신경계에 영향을 미쳐 우울증과 자살률 증가
안 질환	• 눈의 염증 유발로 가려움증, 눈 시림, 충혈 등이 발생 • 특히, 안구건조증에 더 치명적
피부 질환	• 대기 중 미세먼지, 벤젠 등 오염물질 농도가 높을 경우 아토피 피부염 악화
기타	• 미세먼지 농도가 올라가면 저체중아 출산위험이 증가, 사산 위험 증가

출처 : 미세먼지가 건강에 미치는 영향과 우리나라 정부 R&D동향, 한국보건산업진흥원

관련 단원

화학Ⅰ_1단원 화학의 언어_화학, 물질의 과학
지구과학Ⅰ_3단원 위기의 지구_환경오염
생명과학Ⅰ_3단원 항상성과 건강_방어작용
지구과학Ⅱ_3단원 대기와 해양의 운동과 상호작용_대기의 운동과 순환
화학Ⅱ_1단원 다양한 모습의 물질_물질의 상태

보도자료

'미세먼지' 해결을 위한 법률안 등 국회기록물 한눈에 보기_대한민국 국회_국회도서관
https://url.kr/WHSFey

미세먼지 범부처 프로젝트 2018 시행계획 수립_보건복지부
https://url.kr/kSRjW5

관련 영상

우리의 삶에 위협이 되는 미세먼지, 어떻게 해야 할까? 대체 미세먼지란 무엇일까?_과학쿠키
https://www.youtube.com/watch?v=rpdr51esS1Q

관련 영상

미세먼지, 잿빛 연기의 경고, 특집기획_KBS순천
https://www.youtube.com/watch?v=GcXFRmuKx-0

노벨상 수상자 탐구활동

체내 면역시스템(2011년 노벨 생리의학상)

체내 면역시스템 개요

2011년 노벨 생리의학상은 체내 면역시스템의 비밀을 밝힌 3명의 다국적 연구팀에 돌아갔다. 이 중에서도 전체 상금의 절반을 차지한 랄프 M. 슈타인만 박사는 체내 면역시스템을 총괄하는 '수지상세포'의 존재를 처음으로 규명한 공로를 인정받았다.

수지상세포는 선천성 면역을 후천성 면역으로 연결시키는 핵심 항원전달세포다. 이 세포는 인체에 바이러스나 병원균이 침입했을 때, 또는 종양과 같은 비정상적인 세포가 생겼을 때 이를 포식하고 분해한 후 임파절의 T-세포에 침입균 항원이나 암항원의 정보를 전달하는 역할을 한다. 이와 함께 T-세포를 활성화시켜 활성화된 T-세포(CTL;세포독성임파구)가 감염된 세포를 제거하거나 암을 공격하도록 함으로써 몸의 건강을 유지해주는 핵심면역세포 역할도 한다. 이 세포는 나뭇가지 모양으로 생겼다고 해서 수지상세포(樹枝狀細胞, dendritic cell)라고 부른다. 수지상세포는 외부의 환경과 접하는 조직(피부·코·폐·위·장 등)에 소량으로 분포돼 있으며, 혈액 내에 미성숙한 상태로 전체 면역세포의 1% 이하로 존재한다.

수지상세포를 이용한 암 치료는 암 환자의 혈액면역세포에서 수지상세포를 분화시킨 뒤 이를 환자의 암조직 파쇄물이나 암 항원과 섞어 면역기능을 강화시킨 다음 다시 환자의 몸에 주입하는 방식이다. 강화된 수지상세포는 투여 후 몸의 임파절로 이동한 뒤 암을 제거할 수 있는 T-세포를 활성화시킴으로써 암 치료에서 가장 큰 난제로 알려진 전이(metastasis)문제를 근원적으로 제거할 수 있을 것으로 의료계는 기대하고 있다.

▶ 수지상세포를 이용한 항암 백신 기술이 궁금해요.

수지상세포를 이용한 항암 백신 기술은 환자 본인의 혈액에서 분리한 단핵구세포를 수지상세포로 분화시켜 암 항원에 대한 정보를 인식시키는 배양과정을 통해 수지상세포를 만듭니다. 이 수지상세포로부터 항암 백신을 통해 환자의 면역체계를 활성화시키고, 항원 특이적 면역반응을 유도해 암의 치료나 예방을 가능하게 합니다.

▶ 수지상세포를 이용한 항암 백신의 특징은 어떻게 되나요?

우선 환자의 세포를 이용하기 때문에 독성이나 부작용이 낮고, 암에 대한 기억 면역 유도를 통해 암 전이, 재발이 방지될 수 있습니다. 화학적 치료와 병행하면 치료 효과가 더 좋아집니다. 또한 암 특이적 항원(종양 단백질, 추출물, RNA, cDNA 등)을 선별해 암세포의 선택적 제거가 가능합니다.

학부모 질문

Q 노벨상 수상내역까지 확인해야 하나요?

A 꼭 읽을 필요는 없습니다. 그러나 자신의 전공과 관련된 분야의 노벨상이 나온 경우 이 내용을 알고 있는지 질문을 받을 수도 있습니다. 그리고 평소 관심 있는 분야라면 그 내용을 쉽게 이해할 수 있습니다. 왜냐하면 노벨상을 수상하기 위해서는 그 분야의 연구를 10년 이상 해야 하고, 많은 과학자가 그 논문을 인용하기 때문에 관련 내용을 여러 매체를 통해 접했을 수 있습니다.

역분화 줄기세포(2012년 노벨 생리의학상)

역분화 줄기세포 개요

역분화 유도 만능줄기세포는 생체시계를 거꾸로 돌려 성인의 세포(성체세포)를 원시 세포로 만드는 과정에서 얻어진 줄기세포를 말한다. 분화형 세포가 미성숙한 세포로 재설계되어 인체의 모든 조직으로 발전가능하다는 점을 밝혀내어 그 공로를 인정받았다.
야마나카 박사는 놀랍게도 소수의 유전자만으로 성숙한 세포를 유도만능세포로 바꿨다. 이러한 미성숙 세포는 인체의 모든 종류의 세포로 분화가 가능하다고 알려져 있다.

노벨상위원회는 "이제 우리는 성숙한 세포라 할지라도 그 상태에서 영원히 머물러 있지 않다는 사실을 알게 됐다."라며 "교과서 역시 이러한 발견으로 다시 써야 하며 새로운 연구 분야로 정립되어야 할 것"이라고 밝혔다. 또 "사람의 세포를 재설계함으로써 과학계는 앞으로 질병 그 자체는 물론 이를 진단하고 치료하는 방법을 발전시킬 수 있는 새로운 기회를 얻었다."고 평가했다.
현재까지 치료약이 없는 수많은 여러 질환들의 세포치료제 및 신약개발로서 많은 난치성 질병 환자들의 치료에 크게 기여할 것으로 기대하고 있다. "유도만능줄기세포를 개발함으로써 기존 줄기세포 연구와 달리 윤리적인 면에서도 자유롭고, 안정적으로 줄기세포를 연구할 수 있도록 했다는 점에서 진일보한 성과를 거뒀다."고 그 의미를 설명했다.

▶ 역분화 줄기세포를 이용한 다른 연구 사례를 소개해주세요.

파킨슨병을 치료한 연구 사례가 있습니다. 환자의 피부세포를 도파민 신경세포로 만드는 '역분화 줄기세포' 기술을 이용해 면역체계의 거부반응 없이 파킨슨병 환자를 치료했습니다. 심혈관질환의 근본 원인으로 혈관 소실이 있는데 혈관 재생을 유도하는 세포 치료법이 있습니다. 기존의 성체줄기세포를 이용한 치료는 주변 분비효과(paracrine effect)에만 의존해 세포치료 효과가 매우 제한적이었지만 역분화 줄기세포를 활용해 치료 효과 및 메커니즘을 규명하고자 누드 마우스를 이용한 실험을 진행하고 있습니다.

▶ 오가노이드를 만들 때도 역분화 줄기세포가 활용되나요?

네, 활용됩니다. 유도만능줄기세포로부터 분리한 세포들을 배양하고 3D로 재조합해, 체내 장기와 비슷한 미니 장기를 만들 수 있습니다. 현재 위, 소장, 대장, 췌장, 간, 침샘, 뇌, 신장, 뼈 등을 만들 수 있습니다. 오가노이드는 특정 장기에 발생하는 유전질환의 모델링을 하는 데 유용합니다. 환자 유래의 유도만능줄기세포나 조직검사 혹은 수술 시 얻어진 조직으로부터 분리한 성체줄기세포를 이용해 환자의 유전적 특성을 그대로 보유한 질환 모델을 만들 수 있는 장점이 있습니다.

 'G단백질 연결 수용체(GPCR)'의 기능과 구조(2012년 노벨 화학상)

G단백질 연결 수용체(GPCR)의 기능과 구조 개요

인체 세포가 외부 신호에 반응하도록 하는 단백질의 존재와 구조를 밝힌 공로로 수상했다. 레프코위츠와 코빌카의 연구로 'G단백질 결합 수용체(GPCR)가 어떻게 작동하는지' 알게 되었다. 사람은 아드레날린, 도파민, 히스타민 등 호르몬이나 신경전달물질에 의한 생리활동을 통해 생명을 유지한다. 그러나 이들 단백질은 크기가 너무 커 세포막을 통과하지 못해, 과학자들은 어떻게 이들이 분비됐는지를 세포 안에서 알아채 그 정보를 세포핵에 있는 DNA까지 전달하는지를 규명했다.
레프코위츠는 1968년 방사성물질을 이용해 세포막에 GPCR이 존재함을 밝혀냈다. GPCR이 외부의 신호를 받으면 세포 안의 지단백질이 이 신호를 받아 핵 속의 특정 유전자를 발현하도록 한다. 1980년대 연구팀에 합류한 코빌카는 유전자 분석을 통해 30여 개의 GPCR을 찾아내 기능을 밝혀내고, 2011년에는 실제 세포 안에서 GPCR이 작동하는 순간의 이미지를 포착해 과학저널 〈네이처〉에 논문을 게재했다. 포유류에는 700~800여 종의 GPCR이 존재하는 것으로 알려져 있다.

▶ GPCR의 구조분석이 어려운 이유는 무엇 때문인가요?

GPCR 발현의 어려움, GPCR 분리·정제의 어려움, GPCR crystal 생성의 어려움 등 세 가지로 요약할 수 있습니다. 하지만 최근 이러한 장애들을 극복할 수 있는 기술의 발전으로 2000년 최초의 GPCR 구조인 rhodopsin 구조 규명 이후 현재까지 16개의 GPCR의 구조를 밝혀냈습니다. 그 결과 구조생물학적 방법과 접목해 더 효과적으로 선택성이 높은 신약개발을 할 수 있게 되었습니다.

▶ GPCR의 신호는 어떻게 전달되나요?

GPCR이 약물 또는 리간드와 결합하면, GPCR의 입체구조가 변하면서 G단백질과 결합합니다. G단백질의 종류에 따라 생리적 반응이 다르며, G단백질은 크게 4종류가 있습니다. 즉 Gαs, Gαi/o, Gαq/11, Gα12/13입니다. G단백질은 다음과 같이 신호를 전달합니다.

〈G단백질 의존성 신호전달〉

G단백질	효과기/작용	2차 전령	2차 효과기
Gαs	adenylate cyclase, 활성화	cAMP, 생산 증가	PKA 활성화
Gαi/o	adenylate cyclase, 억제	cAMP, 생산 억제	PKA 억제
Gαq/11	phospholipase Cβ, 활성화	inositol(1,4,5) trisphosphate(IP3)와 diacylglycerol(DAG) 생산증가	IP3수용체 자극하여 Ca^{2+}유리, protein kinase C (PKC) 활성화
Gα12/13	RhoGEFs(p115–RhoGEF, PDZ–RhoGEF, LARG), 활성화	GTP–Rho GTPase	Rho–kinase(ROCK) 활성화
Gβɣ	G단백질 조절 내측 정류성 K^+통로(GIRKs), P/Q, N형 전압의존성 Ca^+통로, AC, PLC, phosphoinositide –3–kinase(PI3K)	–	–

출처 : GPCR 신호전달의 연구 동향, 김인겸, 경북대 의전원 약리학교실

file:///C:/Users/master/Downloads/pdf_0002780.pdf

분자물질 수송시스템(2013년 노벨 생리의학상)

분자물질 수송시스템 개요

각 물질들이 세포 내 적절한 장소로 이동하고 도착하는 메커니즘을 밝혀내어 수상했다. 이 연구는 세포 내 유통이 원활하지 않아서 생길 수 있는 질병의 원인을 규명하는 데 크게 기여했다. 특히 인슐린 등 생명활동에 필요한 핵심물질을 적시에 정확한 곳으로 운송하는 원리를 규명했다. 물질 운송과정에서 세포 속의 거품 모양 구조체인 소포는 일종의 용기 역할을 하면서 호르몬, 효소, 사이토카인(면역제어물질), 신경전달물질 등을 옮겨 우리 몸에서 신경 활성화, 면역, 물질대사 등을 주도한다.

또 세포가 어떻게 분자나 단백질을 적시적소에 전달하는지에 대한 메커니즘을 밝혀낸 것이다. 당뇨를 비롯해 퇴행성 뇌질환이나 신경질환의 예방과 치료에 기여할 것으로 기대한다.

뇌의 신경전달은 신경세포 말단 시냅스에서 신경전달 물질을 저장하는 주머니가 세포막에 융합되면서 일어나는데, 이 과정에서 스네어 단백질은 신경전달 물질의 분출을 조절해 퇴행성 뇌질환이나 신경전달 예방과 치료에 기여했다.

▶ 보톡스 연구를 기반으로 한 분자물질 수송시스템을 설명해주세요.

스네어 단백질이 바로 보톡스의 타깃입니다. 스네어 단백질을 공략함으로써 전체 세포 수송, 즉 신경세포 전달을 멈추게 할 수 있었습니다. 보톡스를 맞은 사람의 얼굴 표정이 굳어지는 것도 바로 이러한 이유 때문입니다.

▶ 소포 수송시스템에 대해 설명해주세요.

바이러스가 만든 단백질 중 하나를 소포 시스템을 추적하기 위한 표지(marker)로 사용했습니다. 소포는 다른 표적막(membrane targets)과 융합하는 데 없어서는 안 되는 것입니다. 소포의 막에 박혀 있는 단백질들은 자물쇠-열쇠와 같은 방식(lock-and-key mechanism)으로 도착지의 막에 박혀 있는 다른 단백질을 인식합니다. 두 단백질이 시너지 효과를 내어 서로 의사소통을 합니다. 뉴런들은 신경전달물질을 이용해 서로 의사소통을 합니다. 신경전달물질은 소포 속에 포장되어 작용하는데, 칼슘이 관여한다는 것을 밝혀냈습니다.

뇌의 신경세포와 그 위치 확인 메커니즘(2014년 노벨 생리의학상)

뇌의 신경세포와 그 위치 확인 메커니즘 개요

'뇌 속 GPS'로 불리며 뇌가 장소를 인지해 다른 장소로 찾아갈 수 있게 만드는 '장소세포(place cell)'를 찾아낸 공로로 수상했다. 뇌 속 해마에 존재하는 장소세포가 현재 위치를 기억할 수 있게 한다.

장소세포는 출근길에 만나는 가로등과 같은 특정 지표를 기억했다가 가로등을 마주쳤을 때 작동하는 방식으로 현재 위치를 인지할 수 있게 해준다.
"오키프 교수의 발견으로 해마는 기억뿐만 아니라 장소 정보를 처리한다."는 사실을 처음 알게 됐다. 공간을 제대로 인식하기 위해서는 특정 위치 파악 외에 전체 공간에서 현재 위치가 어디쯤인지도 알아야 한다. 지도에서는 위도와 경도가 이런 역할을 한다. 뇌에서 위도와 경도 역할을 담당하는 '격자세포(grid cell)'를 내후각피질에서 찾아내었다.
해마 전문가인 김진현 한국과학기술연구원(KIST)은 '장소세포는 특정 위치에 있을 때 활성화되는 신경세포'이며 '알츠하이머 환자는 장소세포와 격자세포가 오작동을 일으켜 공간지각 능력이 망가지면서 길을 잃는 만큼 관련 질환 연구에 도움이 될 것'이라고 말했다.

▶ 장소세포와 격자세포로 어떤 질병 연구가 가능할까요?

치매 치료법을 개발하는 데 도움이 됩니다. 장소세포와 격자세포를 활용한 전기 생리학 실험을 하면서 세포들이 어떻게 장소 정보가 담긴 신경신호를 만드는지, 또 장소 기억은 해마 시냅스에 어떻게 저장되는지 확인하는 연구를 진행하였습니다. 또한 알츠하이머에 걸린 장소세포와 격자세포의 전기신호가 어떻게 변형되는지 알츠하이머의 원인을 찾아 연구하고 있습니다.

▶ 장소세포와 격자세포의 발견을 통해 또 다른 분야를 발전시킬 수 있나요?

장소세포와 격자세포의 발견은 뇌의 언어를 어떻게 처리하는지에 대한 인지 및 행동 심리학과 계산신경과학 연구(Computational neuroscience) 분야에 많은 발전을 가져왔습니다. 뇌의 언어를 해석할 수 있게 되면 신경전기신호만으로 우리의 생각을 읽을 수 있는 디코딩 기술 개발에도 많은 공헌을 해 뇌-컴퓨터 인터페이스(BCI) 기술과 인공지능 기술 발전에 도움을 줍니다. 또한 임상적으로는 알츠하이머 환자의 뇌에서 가장 먼저 손상이 오는 뇌 영역 중 하나가 내비피질이고, 알츠하이머 환자들의 대표적인 초기 증상이 길 찾기 능력 상실 등인 것을 활용해 조기에 치매 여부를 파악하는 데 쓰입니다.

말라리아 치료제 개발(2015년 노벨 생리의학상)

말라리아 치료제 개발 개요

해마다 수억 명의 사람들을 고통에 빠트리는 기생충 관련 질병에 맞설 강력한 약을 인류에게 제공해 세계 보건에 지대한 공헌을 남겨 수상했다. 투유유 교수는 말라리아 환자의 사망률을 획기적으로 줄이는 데 효과적인 약물인 '아르테미시닌(Artemisinin)'을 개발했다. 그는 중국 전통의학에서 쓰이던 국화과식물인 '개똥쑥'에서 이 성분을 추출하였다. 이렇게 개발된 약물은 개발도상국에도 쓰일 수 있을 만큼 가격이 합리적이어서 말라리아의 피해를 줄이는 데 기여하고 있다.

사상충증과 림프사상충 등 기생충 감염질환에 효과적인 성분인 '아버멕틴(Avermectin)'을 개발하였다. 토양에서 '스테렙토마이세스' 속(屬)의 새로운 박테리아를 추출하고 대량 배양하는 기술을 개발했다. 또한 항생제 후보물질로 쓰일 수 있는 배양물 50종도 추려냈다.

▶ '개똥쑥'에서 아르테미시닌을 어떻게 추출할 수 있었나요?

개똥쑥을 끓는 물에 넣어주면 열에 약한 아르테미시닌이 파괴될 수 있습니다. 그래서 저온의 용매를 사용했지만 에탄올은 실패하였고 에테르를 사용해 추출에 성공할 수 있었습니다. 그러나 추출물질은 독성이 있었고, 추출물의 산성 부분을 제거할 경우 항말라리아 효과가 사라지는 문제가 있었습니다. 끈질긴 연구로 수백 개의 약초와 반복되는 실험 끝에 독성을 약화시킨 추출물로 항말라리아 효과를 얻는 아르테미시닌을 얻을 수 있었습니다.

▶ 기생충이 고열에서도 쉽게 죽지 않는 이유가 궁금해요.

기생충은 숙주의 적혈구를 먹으면서 끊임없이 번성합니다. 기생충이 고열에서도 죽지 않는 이유는 말라리아원충의 내장에서 고열로부터 자신을 보호하는 지질 단백질이 있기 때문입니다. 온도가 상승하면 말라리아원충들이 포스파티딜이노시톨 3-인산(PI3P) 지질분자를 더 많이 생산해냅니다. 이 물질들이 기생충의 세포 내부에 있는 작은 주머니의 외벽에 쌓이는데 열충격 단백질을 모집해

결합함으로써 식포의 외벽을 강화시켜 고온에서 잘 죽지 않습니다. 만약 이 같은 지질 단백질의 작용이 없다면 고열에서 식포에 빈 공간이 만들어져서 산성물질이 분출돼 말라리아원충이 소멸될 것입니다.

손상된 DNA복구시스템(2015년 노벨 화학상)

손상된 DNA복구시스템 개요

세포가 손상된 DNA를 어떻게 복구하고 유전자 정보를 보존하는지 분자 수준에서 파악한 공로로 수상했다. 스웨덴 과학자 Lindahl은 DNA 붕괴에 지속적으로 대응하는 일종의 분자 메커니즘인 염기 절제복구(base excision repair, BER)를 발견했다. 미국 연구자 Modrich는 DNA가 세포 분열과정에서 복제될 때 세포가 오류를 교정하는 방식인 부정합 복구(mismatch repair)를 발견했다. Sancar 과학자는 자외선에 의한 DNA 손상을 세포가 복구하는 방식인 뉴클리오타이드 절제 복구(nucleotide excision repair, NBR) 메커니즘을 밝혀냈다. 이 세 명의 수상자는 세포 기능에 근본적인 통찰을 이루어 새로운 암 치료법 등 실질적인 지식을 제공했다.

▶ DNA복구 원리에 대해 알려주세요.

대표적인 DNA복구시스템은 3가지가 있습니다.

염기절제복구(BER) **원리** : 손상된 염기 하나하나를 뜯어내어 새것으로 교체하는 방식입니다.

부정합복구(MMR) **방식 원리** : 세포분열의 DNA 복제과정에서, 손상된 DNA를 고치는 방식입니다.

뉴클레오티드 절제복구(NER) **원리** : 뉴클레오티드는 당, 인산 등으로 이뤄진 분자를 말하는데, 자외선 등에 의해 망가진 부분을 통째로 바꾸는 방식입니다.

▶ **뉴클리오타이드는 자외선에 의해 어떻게 손상이 되나요?**

DNA는 자외선에 과도하게 노출되면 사슬구조가 절단됩니다. 이 때문에 세포가 죽거나 복구되는 과정에서 돌연변이가 생겨 피부암을 유발할 수 있습니다. 이런 돌연변이에 의한 DNA 결함을 복구하는데 '뉴클레오티드 절제 복구'를 활용해 치료할 수 있습니다.

▶ **뉴클리오타이드 절제 복구 메커니즘은 어떻게 되나요?**

NER은 커다란 부가물이 염기에 달라붙어 DNA 나선구조의 형태를 왜곡시킬 때 작동합니다. 이 경우 여러 개의 관련 단백질이 동원되어 부가물이 포함된 부위를 통째로 제거합니다. 이후 DNA 중합효소(DNA polymerase)가 등장해 발생한 갭(gap)에 정확한 염기를 채워 넣어 복구작업을 완료합니다. 새로운 메커니즘 ALT(alkyltransferase-like proteins)는 두 개의 DNA 복구경로(BER, NER)를 연결하는 다리(bridge) 역할을 합니다.

자가포식 메커니즘 발견(2016년 노벨 생리의학상)

자가포식 메커니즘 발견 개요

자가포식은 세포가 자신을 이루는 구성물을 없애거나 재활용하는 과정으로 세포가 스스로 세포막을 닫아 세포 속 물질을 없앨 수 있다는 것을 관찰한 후 처음으로 '자가포식'이란 개념이 생겼다. 이때 닫힌 세포막은 작은 주머니를 만들어 그 안에 세포 속 물질을 담고, 그 주머니들은 세포 속의 재활용 처리장 '리소좀'으로 이동해 사라진다.

오스미 요시노리가 효모에서 자가포식에 핵심적인 역할을 하는 유전자를 알아내기 전까지 '자가포식'이란 현상을 완전히 이해하긴 어려웠다. 이후 효모의 자가포식이 어떻게 일어나는지 밝혀낸 공로로 수상했다.

이는 세포가 스스로 갖고 있는 물질을 어떻게 재활용하는지 이해하는 데 새로운 패러다임을 연 것이다.

그의 발견 이후 많은 연구자들이 생체가 기아상태에서 어떻게 적응하는지, 감염에 어떻게 반응하는지 등과 관련된 수많은 생리학적 과정에서 자가포식이 중요한 역할을 한다는 것을 알아냈다. 자가포식은 암이나 뇌질환 같은 질환과 관련돼 있어서 자가포식과 관련된 유전자에 돌연변이가 생기면 다양한 질환이 발생할 수 있다는 것을 알게 되었다.

▶ 자가포식의 과정을 소개해주세요.

막을 형성하기 시작해(Nucleation) 파괴할 물질을 감싸고(격리, sequestration) 리소좀과 결합합니다. 리소좀 안의 효소를 활용해 재활용되어 최소 단위로 쪼개버리는 과정입니다.

▶ 최근 간헐식 단식이 큰 인기를 얻고 있는데 이것도 자가포식 과정인가요?

음식을 먹지 않으면 체내 필요한 영양소를 얻기 위해 자가포식을 통해서 쓸모없는 물질을 재활용해 에너지원으로 사용하게 됩니다. 간헐적 단식은 오토파지를 촉진해 오래된 구조물들을 새로운 것으로 대체하기 때문에 건강에도 도움이 됩니다.

▶ 자가포식을 이용해 질병을 치료할 수 있나요?

감염질환은 ATG5가 부족하면 결핵균 감염률이 올라가는 특징이 있습니다. 과거 라파마이신으로 불렸던 Sirolimus는 면역억제제 또는 항암제로 분류되는 물질로 mTOR를 억제해 오토파지를 촉진해 HIV나 결핵균을 없앱니다. 그 외 감염질환에 많은 항결핵제들의 작용이 자가포식과 관련이 있습니다. 폐질환의 경우 자가포식이 늘어나면 COPD 경향이 늘어납니다. 반대로 자가포식이 방해받으면 낭포성 섬유종이 발생하기도 합니다. 대사성 질환, 심장 질환, 암 등 자가포식 관련 질병에 mTOR나 AMPK 등을 조절해 적절히 사용하면 질병 치료에 도움이 될 수 있습니다.

생체시계 메커니즘(2017년 노벨 생리의학상)

생체시계 메커니즘 개요

초파리에서 period 유전자를 분리한 후, PER 단백질이 밤에는 축적되고, 낮에는 감소하는 것을 알아냈다. 이 생체 주기가 어떻게 유지되는지를 밝힌 공로로 수상했다.
음성 피드백 기전을 세워 PER 단백질의 양이 증가하면 period 유전자의 활성이 저하된다고 생각했다. 그러나 이 가설은 PER 단백질이 어떻게 핵 속으로 들어가 유전자의 활성을 막는지는 설명하지 못했다. 이들은 밤에 핵 속에 PER 단백질이 축적되는 것은 확인하였으나, 세포질에서 생성된 단백질이 다시 핵 속으로 들어가는 메커니즘을 밝히지는 못했다. 하지만 TIM 단백질을 만드는 두 번째 생체시계 유전자인 'timeless'를 발견하면서 이 문제가 해결되었다. TIM이 PER에 가서 붙으면, 두 단백질은 세포의 핵에 들어가 period 유전자의 활성을 막을 수 있다. 'double time' 유전자의 존재를 밝혀내면서 피드백의 주기는 어떻게 결정되는지 알아냈다. 그리고 DBT 단백질이 PER 단백질의 축적을 지연시킴으로써 주기 조절에 관여한다는 것 역시 알아냈다.
생체시계의 핵심적인 메커니즘을 밝히고, period 유전자의 활성에 필요한 단백질들의 존재를 알아냈으며, 빛이 생체시계를 활성화하는 메커니즘을 밝혔다. 생체리듬 치료와 같은 새로운 치료 전략의 길을 열고, 시간생물학(chronobiology)의 새로운 패러다임을 연 것으로 평가되고 있다.

▶ 나이가 들면 잠이 잘 오지 않는 이유를 PER 단백질로 설명할 수 있나요?

네, 알 수 있습니다. 세포 내 분자이동을 방해하는 '세포질 혼잡'이 불안정한 수면 사이클을 유발한다는 사실을 수학적 모델링을 통해 연구한 사례가 있습니다. '시공간적 확률론 모형'은 시스템을 구성하는 요소의 시공간적 변화와 그 변화 도중 발생하는 무작위성을 기술하는 수학 기법으로 생체시계(시스템) 안에서 시간에 따라 PER 단백질의 위치가 어떻게 바뀌는지 확인할 수 있습니다.

세포질 혼탁은 비만, 치매, 노화 등 다양한 원인으로 발생합니다. 지방 액포 등으로 세포질이 혼탁해지면 PER 단백질이 응축되지 않습니다. 인산화도 발생하지 않아 PER 단백질이 핵 안으로 들어가는 시간이 불규칙해지고, 그 결과 수면 사이클이 불안정해집니다. 결국 비만이나 노화가 '12시간~12시간' 생체시계를 '11시간~10시간', '13시간~12시간' 등으로 무작위로 바꾼다는 사실을 알 수 있습니다.

▶ **생체시계에 대한 연구가 우리 삶에 시사하는 바는 무엇인가요?**

생체시계는 복잡한 인간 생리의 다양한 측면에 관여합니다. 모든 다세포생물들이 유사한 메커니즘을 이용해 생체리듬을 조절합니다. 유전자 중 많은 부분이 생체시계에 의해 조절되므로 생체리듬을 잘 파악해야만 우리의 생체리듬을 잘 적응시킬 수 있습니다. 생활방식과 생체리듬이 일치하지 않으면 다양한 질병의 위험이 증가할 수 있습니다. 따라서 생체시계를 이해한다면 질병을 예방할 수 있습니다.

암면역요법(2018년 노벨 생리의학상)

암면역요법 개요

면역관문억제제로 인체가 가진 면역세포를 도와 암을 치료할 수 있는 차세대 항암제를 개발한 공로로 수상했다. 흔히 수술과 화학요법, 방사선 치료(1세대)와 표적치료(2세대)에 이은 3세대 항암제로 꼽힌다. 대표적으로 상용화된 면역관문억제제는 CTLA-4라는 암세포의 면역관문 단백질을 억제하는 방식과 PD-1이라는 단백질을 억제하는 방식이 있다.
피부암인 흑색종에서 CTLA-4를 억제하는 '이필리무맙(상표명 여보이)'이 최초로 미국 식품의약국(FDA) 정식 판매 승인을 받아 2011년부터 판매 중이다. PD-1 억제제인 니볼루맙(상표명 옵디보)은 2014년 처음 승인받았다. 인체 면역세포 가운데 하나인 T세포에 붙어 있는 'CTLA-4'라는 단백질이 면역세포의 활성을 조절한다는 사실을 발견했다. CTLA-4를 억제하는 '안티 CTLA-4'를 만들어 T세포를 이용해 암 살상력을 증강시키는 방법이다.
울산의대 이대호 교수(서울아산병원 종양내과)는 "면역관문 치료제의 장점인 상대적으로 낮은 부작용과 장기간 지속되는 효과로 완치까지도 바라볼 수 있다."며 "모든 환자가 해당 약제로부터 효과를 보지는 못하지만 내성 기전에 대한 연구도 빠르게 진행되고 있다."고 말했다. 이어 "노벨 생리의학상을 수상한 두 연구자가 발견한 면역관문 수용체와 이에 대한 치료제의 개발은 암의 완치 내지는 장기 생존을 바라볼 수 있게 했다는 점에서 인류의 건강에 크게 기여했다."고 피력했다.

▶ 면역관문억제제에는 어떤 종류가 있나요?

2010년 악성 흑색종에 효과를 보인 이필리무맙(여보이), 2012년 출시돼 악성 흑색종 외에도 폐암 치료에 쓰이기 시작한 니볼루맙(옵디보), 펨브롤리주맙(키트루다)이 있습니다. 이 약들은 부작용이 적고 치료 효과도 높습니다. 그런데 대부분의 암 환우들에게 면역항암제는 '그림의 떡'입니다. 왜냐하면 약값이 워낙 비싸고 국내에서는 극히 제한된 경우에만 치료가 허가되기 때문입니다. 국내에서는 비소세포폐암(1,2차 치료), 요로상피암(1,2차 치료), 흑색종(1,2차 치료), 두경부암(2차 치료), 신세포암(2차 치료), 호지킨 림프종(2차 치료), 위암(3차 치료)의 경우에만 면역항암제 처방을 허가하고 있습니다.

▶ 면역항암제(면역관문억제제)의 효과를 높이기 위한 방법은 무엇인가요?

장내 미생물군을 이용해 면역요법의 효과를 크게 높였다는 연구가 있습니다. 면역요법과 특정 미생물 요법을 결합해 사용하면 일부 흑색종과 방광암 및 대장암에서 면역시스템이 암세포를 인식해 공격하는 능력이 향상됩니다. 즉 장내 미생물군이 항암 면역에 긍정적인 영향을 미치고 특정 암 치료에서 면역요법의 효과를 개선한다는 연구결과가 나왔습니다.

C형 간염 발견(2020년 노벨 생리의학상)

C형 간염 발견 개요
C형 간염 바이러스를 발견함으로써 간경변과 간암의 주요 원인인 혈액 매개 간염 퇴치에 기여한 공로를 인정받아 수상했다.

서울아산병원 최종기 교수(소화기내과)는 "말라리아, 결핵, 에이즈(HIV), 바이러스성 간염으로 불리는 4대 감염질환 중 하나에 C형 간염 바이러스가 속하기 때문에 그 의의가 크며, C형 간염 바이러스 규명으로 현재 95% 이상의 C형 간염 바이러스 환자가 치료 가능한 것으로 보고되었다."고 밝혔다. 우리나라의 경우 간경변증의 10%, 간암의 20% 정도가 C형 간염 바이러스 때문인 것으로 보고되었지만, 2015년 이후 C형 간염 바이러스에 대해 완치 가능한 경구 항바이러스제가 나와 걱정이 없다.
노벨상 위원회는 "세 의학자들의 공로 덕분에 바이러스에 매우 민감한 혈액검사가 가능해졌으며, 이로 인해 전 세계 여러 지역에서 수혈 후 간염을 거의 없애면서 전 세계 건강을 크게 향상시켰다."며 전 세계 인구에서 C형 간염 바이러스를 박멸하는 데 기여했다고 밝혔다.

▶ C형 간염은 어떤 질병이며 어떻게 감염되나요?

C형 간염은 주로 피어싱, 문신 등으로 'C형 간염 바이러스(Hepatitis C virus, HCV)'에 의해 감염되는 염증성 질환입니다. 이 바이러스는 간세포에 침투해 간에 염증을 일으켜 점차 간을 망가뜨립니다. 하지만 대부분 무증상으로 스스로 감염을 의식하지 못해 진단으로 이어지기가 어렵고 증상이 심해지면 병원에 방문한다는 문제점이 있습니다.

▶ C형 간염은 독감과 비슷한 증세가 있다고 하는데 어떻게 구별하나요?

C형 간염에 걸렸다는 것을 알기 힘든 이유가 처음에는 독감과 비슷한 증상으로 피로, 오심, 구토, 복부 통증 등의 증상이 나타난다는 것입니다. 차이점으로 C형 간염은 우상 복부 불쾌감과 황달 증상이 나타납니다. 처음 증상은 경미하나 C형 간염 바이러스에 감염되면 50~80%는 만성간염이 된다고 알려져 있습니다. A형 간염이나 B형 간염과 달리 만성화되는 비율이 상당히 높은 편입니다. 감염된 후 6개월 정도의 급성기가 지나면 저절로 회복되거나 만성화되거나 둘 중 하나입니다. 만성간염의 30~40%는 간경변이나 간암이 됩니다. 이 정도로 악화되기까지는 20~30년 정도의 긴 시간이 걸리기 때문에 인지를 못하는 경우가 많습니다. 하지만 간암은 5년 생존율이 20~30%밖에 안 되기 때문에 진

행 속도는 느리지만 예후가 좋지 않습니다.

 크리스퍼 유전자가위(2020년 노벨 화학상)

크리스퍼 유전자가위 개요

미국 UC버클리의 제니퍼 다우드나(Jennifer A. Doudna) 교수는 크리스퍼를 이용해 유전정보가 들어 있는 모든 DNA를 정교하게 잘라내어 유전자 질환을 치료할 수 있는 길을 열어 그 공로를 인정받아 수상했다. 현재 환자 치료에 이 기술은 다양하게 적용되고 있다. 이전에 개발된 기술들과는 달리 문제를 일으키고 있는 부위의 유전자(DNA 조각)를 지우는 능력이 탁월하기 때문에 향후 '크리스퍼 유전자' 기술을 통해 7만 5,000개 유전자 질환들을 치료해나갈 수 있을 것으로 보고 있다. 또한 난치병으로 분류됐던 질환들도 이 기술을 이용하여 치료해나갈 수 있다고 보고 있다. 그리고 동·식물에 적용해 새로운 농작물이나 가축을 생산하는 데 도움을 줄 수 있을 것으로 기대한다.
해로운 박테리아인 화농연쇄구균에서 DNA를 제거할 수 있는 'tracrRNA' 분자를 발견하고 유전자가위의 구조를 더 단순화하는 데 성공함으로써 원하는 위치에서 한 DNA 분자를 잘라낼 수 있는 기술을 완성했다.

▶ 가족력이 있는 유전자 질환에는 어떤 것들이 있나요?

가족력이 있는 질환은 다양한데, 암으로는 유방암과 난소암이 있습니다. 후천적으로 발생하기도 하지만 5~10%가량은 부모로부터 물려받은 유전자에 의해 생깁니다. 특히, 돌연변이 유전자를 가진 여성이 유방암에 걸릴 확률은 56~87%, 남소암에 걸릴 확률은 27~44%에 이르는 것으로 알려져 있습니다.

▶ 유전자가위로 활용이 가능한 분야가 궁금해요.

유전자가위로 살아 있는 세포 DNA를 추적할 수 있습니다. 유전자가위기술로 세포 속 유전자의 움직임을 추적하는 새로운 방법이 개발되었는데, 향후 암과 같은 유전체 질병에 대한 새로운 바이오마커로 활용될 수 있습니다. 이 기술을 통해 질병의 진단과 치료에 활용할 수 있을 것으로 기대됩니다.

▶ 유전자가위가 의료계에는 어떤 영향을 미쳤나요?

희귀질환을 치료할 수 있습니다. 선천성 희귀망막질환은 전 세계적으로 10만 명당 3명 정도 발병하는 유전질환으로 출생 직후 실명될 수 있습니다. 유전성 간질환도 마찬가지로 치료방법이 없어 간이식을 받아야만 합니다. 이런 질병들을 크리스퍼 유전자가위로 DNA 분자를 잘라내어 치료가 가능합니다. 낭성 섬유증, 겸상 적혈구 빈혈증 등 특정 염기 하나가 잘못돼 발생하는 대표적인 질병을 유전체 교정에 활용하면 쉽게 치료할 수 있습니다. 지금까지 치료하지 못한 다양한 질병 치료에도 희망이 보입니다.

학생부 기록 사례 엿보기

창의적 체험활동 기록 사례

 자율활동

교내 과학 캠프
자신의 진로와 관련된 화학, 생명과학 분야의 모둠장으로 활동하며 조원들을 이끎. 나일론 합성실험과 아스피린 제조 실험에 참여함. 모둠을 대표해 나일론 실험의 원리를 조사하던 중 계면 중합반응에 대해 알게 되었고, 이를 토대로 실험 계획서를 작성해 화학 선생님께 좋은 평가를 받음. 또한 밀도 차이에 의한 반응을 확인하고 보고서를 작성하는 등 실험을 체계적으로 주도하는 모습을 보임. 화학시간에 관심을 가지고 조사했던 에스터 반응을 아스피린 합성실험을 통해 확인하는 등 자신이 관심을 가진 분야의 지식을 심도있게 학습하려 노력하고 습득한 지식을 활용하려는 모습이 돋보임.

▶ **계면 중합반응이란 무엇인가요?**

계면 중합반응은 고분자 화합물 생성반응의 하나로 서로 섞이지 않는 두 액체의 경계면에서 중합체를 얻는 방법입니다. 계면 중합반응은 중합 시간이 매우 짧고, 반응 장치가 간단하다는 장점이 있습니다. 그리고 반응 온도가 낮아 실온에서도 실험이 가능합니다.

▶ **중합반응에는 어떤 종류가 있나요?**

중합반응에는 크게 4가지가 있습니다.

계면축합중합반응 : 서로 섞이지 않는 두 단량체를 각각 용제에 용해시켜 두

용액의 경계면에서 물과 같은 분자가 떨어져 나와 결합하는 반응입니다.

축합중합반응 : 반응물인 단량체를 용매에 용해시켜 두 분자가 한 분자가 되는 반응입니다.

첨가중합반응 : 2중결합이나 3중결합을 가진 한 분자가 2중결합이 끊어지면서 결합하는 반응입니다.

혼성중합반응 : 2중결합을 가진 2개의 분자가 첨가중합하는 반응입니다.

▶ 아스피린 합성실험 시 얼음 냉각을 하는 이유가 궁금해요.

실온 냉각은 온도가 낮아 결정이 천천히 만들어지면서 결정이 고르지 못하고 결정이 만들어지는 데 시간이 많이 걸리는 단점이 있습니다. 그런데 얼음 냉각은 결정체가 빨리 형성되고 고운 결정이 빠르게 만들어집니다. 예를 들어 화성암에서 심성암과 화산암이 만들어지는 원리와 비슷합니다. 땅속에서 천천히 식어서 만들어지는 화강암처럼 큰 결정이 만들어지면 심성암이 됩니다. 반면에 현무암처럼 빠르게 식어 결정이 결합할 시간이 없어 고운 결정이 만들어지면 화산암이 됩니다.

TIP 다양한 환경에서 실험을 하고, 다른 결과가 나왔을 때 '왜 그런 결과가 나왔을까?' 고민하는 태도가 필요합니다. 그리고 추가적인 탐구활동을 하는 것이 중요합니다.

관련 단원	보도자료
화학Ⅰ_3단원 화학 결합과 분자의 세계_공유 결합과 결합의 극성 화학Ⅰ_3단원 화학 결합과 분자의 세계_분자의 구조와 성질	아스피린 5년 이상 장기 복용 시 폐암 발생 감소_이화여자대학교의료원 https://url.kr/Ab3mhQ 저용량 아스피린이 난소암 위험을 줄인다._식품의약품안전처https://url.kr/N4MH3O

관련 영상	관련 영상
아스피린·비타민 D 보충제…언제 복용해야 할까?_YTN https://www.youtube.com/watch?v=qyWIn0rZN_s	아스피린_한국과학연구원(KRICT) https://url.kr/Emjvak

수학과학어울림 한마당

사회문제 탐구 수업 중 미디어 매체를 통해 SIR그래프를 접하고 관심을 가짐. 이를 심도 있게 학습하기 위해 수학, 과학 어울림 한마당에 참여하면서 SIR그래프를 프로그래밍을 통해 스스로 제작함. 제작한 SIR그래프를 통해 특정 시점의 감염자 비율 최대치를 예측해 병원의 환자 수용력 여부를 확인하고 방역의 강도를 조절할 수 있다는 점을 창의 융합 홍보전에 게시함. 프로젝트 이후에는 SIR그래프의 보완형인 SEIR그래프를 통해 SIR그래프의 문제점 및 한계에 관한 보고서를 작성함. 프로젝트를 스스로 기획하고 완성하는 모습을 통해 수학, 과학 분야에 큰 관심을 가지고 심도 있는 탐구를 하는 모습을 볼 수 있었음.

▶ SIR모델이 무엇이며 이를 통해 무엇을 알 수 있는지 궁금해요.

SIR모델은 감염병 확산세를 추적 및 예측할 수 있는 모델입니다. 감염병에 걸리지 않은 사람(Susceptible), 감염된 사람(Infectious), 회복한 사람(Recovered)으로 대상을 나눠 변동치를 시간에 따라 예측하는 수학모델링입니다. 초기에는 감염자 수가 가파르게 증가하면서 건강한 사람 수가 급격히 줄어들지만, 시간이 지나며 회복되는 사람이 천천히 늘어난다는 이론을 이용한 것입니다. 하루 신규 확진자 수와 완치자 수가 같아지면 그래프가 정점을 찍게 되는데, 이를 확산세가 꺾인 시점으로 보고 있습니다.

▶ SIR그래프에서 SEIR그래프를 보완한 이유가 궁금해요.

우선 SIR 모형에서 S는 감염대상군으로 전체 모집단 안에서 감염될 가능성이 있는 대상, I는 감염 대상군에서 감염이 된 집단, R은 감염으로 사망하거나 회복한 개체의 집단을 나타냅니다. 감염이 S에서 I로, I에서 R로 진행되는 과정을 미분방정식을 세워 추이가 어떻게 변할지 계산합니다. SIR 모형은 폐쇄된 집단의 제한적인 상황에서 세워졌던 초기 모델인 '커맥-맥켄드릭 모형'을 기반으로 발전된 형태의 SIR모델을 만들었습니다. 그런데 감염대상군 S와 감염군 I로 가기 전에 접촉군 E단계를 추가한 모형, 즉 잠복기를 고려해 보다 정확한 감염병을 예측하기 위한 모델입니다. 여기에 더 발전된 SEIRS 모델은 완치 후 일시적으로 면역체계를 가지고 있다가 일정 기간이 지나면 다시 감염될 가능성이 있는 경우의 전염병에서 감염자 수의 변화를 모델링합니다.

학부모 질문

Q 코로나 이후 감염병에 대한 수학적 모델링에 관심을 많이 보이는데 자율활동 외에도 활동이 가능한지요?

A 우선 수학교과시간과 동아리활동에는 충분히 활용해 쓸 수 있습니다. 학생이 추가로 연구한 로지스틱 모형(logistic model)은 초월함수(유리함수, 지수함수) 식으로 구성되어 있기 때문에 미적분 발표 수업이나 동아리 시간 시사 발표 활용에 가능합니다. 이때 학생들이 어려워할 수도 있으니 감염병의 감소와 증가치의 표를 이용하거나 컴퓨터 시뮬레이션을 활용해도 좋습니다.

학생부 관리 팁과 미적분학 세특 예시

수학과학어울림 한마당에서 SIR그래프 조사 발표 후, 미적분학 시간에 로지스틱 모형과 식을 이용해 감염병을 예측한 내용을 보고서로 제출한 사례

(동아리활동 또는 미적분 및 심화수학) 수학과학어울림 한마당 활동 후 수학과 관련된 로지스틱 모형에 대한 보고서를 작성함. 다른 모델링과 같이 초기에는 감염자가 많아질수록 신규도 많아지지만 변곡점이 지나면 감염자가 많아질수록 신규 감염자는 줄어듦을 알 수 있다는 내용을 수식으로 정리함.

$$f(x) = \frac{L}{1+e^{-k(x-x_0)}}$$

x는 시간, $f(x)$는 확진자 수를 의미. 시간에 따른 확진자 수 데이터가 어느 정도 쌓이면 나날이 커지던 증가세가 꺾이는 변곡점(x_0)과 최대 확진자 수(L)를 구할 수 있음을 그래프를 제공해 발표함.

4차 산업혁명 시대의 학습과 진로

4차 산업혁명의 대표적인 산물인 IoT의 쓰임새 등을 알게 됨. 새로운 시대가 요구하는 창의 융합적인 사고에 대해 알게 되었으며 이를 적용한 의료기술과 해당 기술이 의사에게 미치는 영향에 대해 탐구함. 진단 AI인 '왓슨'이 지금보다 더 안정화되고 상용화된다면 의사들이 사회에서 차지하는 비중이 줄어들 것이라고 판단함. 이에 AI의 시대에 의사 직업이 사라지지 않으려면 어떤 조건을 갖추어야 하는지에 대해 탐색해봄.

▶ IoT와 결합해 만들어진 의료기기에 대해 알려주세요.

IoT 기능이 내장된 의료기기가 많이 개발되었으며, 앞으로도 계속 개발될 것입니다. 혈당을 측정해 인슐린 펌프를 통해 혈당을 조절하는 Open APS, 다발성 골수종 환자들의 생활 패턴 데이터를 통해 진단과 치료에 도움을 주는 의료기록 자동 저장 장치, 만성폐쇄성 폐질환 환자들을 위한 약물 사용 기록 저장 장치, 약제가 위에서 녹아 작은 신호를 발생시켜 이를 스마트폰 앱으로 전송해 지속적으로 약물을 복용하고 있는지 파악하는 센서, 안구의 눈물을 이용해 혈당을 측정하고 정보를 제공하는 스마트 콘택트 렌즈, 항응고 질환을 앓고 있는 환자들이 스스로 뇌졸중이나 출혈에 대비할 수 있는 혈응고 검사기기, 류머티즘 관절염 환자들의 증상을 측정해 추적하는 Researchkit, 파킨슨의 경과 및 치료를 모니터링하는 기기뿐만 아니라 스마트 변기에 장착된 시스템을 통해 대변과 소변에 포함된 DNA를 분석하여 질병 발생 가능성을 감지하는 의료기기 등이 있습니다.

▶ **인공지능의사 '왓슨'의 활용 분야에 대해 알려주세요.**

왓슨은 암 진단에 주로 활용되고 있습니다. 영상 진단 정확도뿐만 아니라 그 암에 효과적인 치료법과 치료제까지 추천해줍니다. 또한 NGS기술을 바탕으로 유전적 돌연변이 질병에 효과적인 치료법도 추천해줍니다. 앞으로 유전자검사 후 이를 분석하고 왓슨을 통해 언제 어떤 질병에 걸릴지 파악해 예방의학을 더욱 발전시킬 것입니다. 또한 왓슨의 의견을 참고해 다학제적 진료에 대한 토의를 진행하게 될 것입니다. 지금보다 더 높은 치료 효과에 여러 영역에서 의료와 AI를 결합해 발전해 나갈 것입니다.

▶ **사물인터넷과 의료기술의 결합인 의료사물인터넷(IoMT)의 장점을 설명해주세요.**

먼저 질병과 진단의 정확성을 높일 수 있습니다. IoMT는 우리 실생활에 내재된 의료 관련 센서를 통해 수집된 환자의 건강 정보를 실시간으로 의사에게 전달합니다. 질병데이터를 실시간으로 모니터링해 환자 맞춤형 치료가 가능하며, 만성질환을 추적·예방하는 데에도 도움을 주고 있습니다. 또한 의료기관의 관점에서는 운영과 효율성을 향상시킬 수 있습니다. 환자의 관점에서는 병원 이용시간 감소에 따른 편리성 증대를 꼽을 수 있습니다.

멘토 멘티 활동

2학년 멘티들의 식물세포를 이용한 딸기나 바나나의 게놈 DNA 분리실험의 멘토 역할을 맡음. 학교 축제 때 실행한 DNA 추출실험과 생명과학II 유전파트의 실험 중 하나인 브로콜리를 통한 DNA 추출실험을 토대로 멘토링을 실시함.

자신이 이전 실험에서 미숙했던 점(세제의 양 조절이나 에탄올의 보관방법 및 저온 유지, DNA 용액과 에탄올층을 분리하는 과정)과 실험 시 유의사항들을 멘티들에게 설명하며 올바른 실험 결과를 이끌어내도록 유도함. 생명과학II의 세포 소기관의 구조와 인지질 특성 부분을 연결 지어 세제의 핵막 제거 이유에 관해 설명해 멘티들의 의문점을 해소함으로써 멘토로서 뛰어난 역량을 보임.

▶ DNA 추출실험에서 에탄올의 역할은 무엇인가요?

물-DNA결합에 에탄올을 사용하면서 DNA는 물과 떨어져 나가고 물-에탄올이 결합하게 됩니다. 이 과정에서 DNA는 첨가된 염(NaCl 9%)에 의해 인산기도가 봉쇄되면서 친수성 성질이 낮아집니다. 결국 DNA의 용해도를 낮추어 DNA를 응축시켜 눈에 보일 수 있게 침전시키는 역할을 합니다. 그리고 에탄올의 저온 유지가 필요한 이유는 미지근한 에탄올을 사용하면 DNA가 응축되지 않고 다 풀어지기 때문입니다. 또한 원심분리를 하여도 침전이 안 됩니다. 따라서 차가운 에탄올을 사용해야 하얀 실의 DNA를 쉽게 얻을 수 있습니다.

▶ DNA 복제방식은 어떻게 되나요?

DNA 복제가 시작되면 이중나선 가닥은 DNA 풀림효소로 인해 풀어지면서 DNA 중합효소에 의해 복제가 진행됩니다. 이때 선도가닥(leading strand)은 DNA 중합효소에 의해 5′말단에서 3′말단으로 연속적으로 복제됩니다. 반면, 지연가닥(lagging strand)은 DNA 이중나선이 풀리는 반대방향으로 DNA조각이 만들어져서 이를 연결효소로 다시 붙여야 하기에 시간이 더 걸려 지연가닥이라고 합니다.

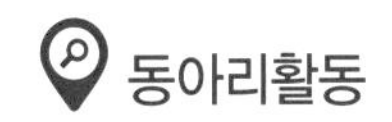

의학토론반
토론주제에 대한 이해도가 높고 자신의 의견을 관철시키기 위해 토론주제에 대한 증거자료 및 사례 조사를 철저히 준비함. 1일 토론 진행과 기조연설자 역할을 통해 기본적인 토론방법을 익히고, 자기 의견을 남들 앞에서 자신감 있고 논리적으로 말할 수 있는 능력을 키울 수 있었음. '냉동인간'에 대한 찬반 토론을 통해서 삶과 죽음의 진정한 의미에 대해 생각해보는 계기가 되었음. 또한 '인공지능 의사'라는 주제의 찬반 토론에서 보편적 의료혜택 수혜에 대한 여러 자료를 수집하고, 논리적으로 제시하며 찬성의견을 피력함. 동아리활동 발표회에서 동아리부스(인체 골격 맞추기)를 운영하기 위해 인체 골격의 원리, 장기의 구조와 기능을 설명하고 정확하게 인체 골격을 제작할 수 있도록 안내활동을 함.

▶ 세포를 냉동 보존해 치료에 활용된 사례가 있나요?

난임 치료를 위해 정자, 난자 혹은 수정을 마친 수정란을 냉동 보관합니다. 세포를 동결하는 방식은 종류에 따라 조금씩 다릅니다. 세포가 클수록 내부에 수분이 많아 동결과 해동이 모두 어려워지기 때문에 부피가 거의 없는 정자는 표본을 채취한 뒤 30분에 걸쳐 천천히 동결하는 방식을 사용합니다. 하지만 수정을 마친 수정란은 1분 내에 빠르게 동결시키며, 수정란보다 다루기 어려운 난자의 경우는 더 복잡해 수분이 얼며 얼음 결정이 생기는 현상을 막기 위해 유리화 동결기법을 사용합니다.

해동은 비교적 간단합니다. 빠르게 동결한 세포는 빠르게, 느리게 동결한 세포는 느리게 녹이면 됩니다. 해동된 이후의 기능이 해동 이전과 유사하다는 사실은 임상적으로 확인됐습니다. 특히 차의과대 연구진은 10년 전 냉동했던 정자와 난자를 이용한 인공수정에 모두 성공한 사례가 있습니다.

▶ '냉동인간'에 대해 찬성과 반대의견이 궁금해요.

[찬성] 인체 냉동보존기술을 이용하면 불치병 선고로 절망한 환자들에게 희망을 줄 수 있습니다. 현재 기술로는 완벽한 냉동이 힘들지만, 미래에는 냉동으로 손상된 신체 부위를 소생시키는 기술이 개발될 것입니다. 인체 냉동보존기술은 미래에 필요한 기술입니다. 냉동기술이 대량 개발되어 가난한 사람들도 저렴하게 이용할 수 있도록 하면 건강한 노년의 삶을 살아갈 수 있을 것입니다.

[반대] 지금 현재 냉동인간의 시신 보존처리 및 유지비용이 엄청나게 비싸기에 '부자만을 위한 서비스'라고도 합니다. 만약 냉동인간 부활이 가능하다면 인체의 장기를 사고파는 일이 성행할 것입니다. 이로 인해 사람을 죽이는 일에 대한 죄책감이 줄어들 것이며 인간의 존엄성이 없어질지도 모릅니다.

과학탐구

장내 미생물과 비만의 관계를 주제로 보고서를 작성해 소개함. 섭취하는 음식물의 양이 적더라도 장내 미생물의 영향으로 비만이 발생할 수도 있다는 흥미로운 사실을 부원들에게 소개함.
실제 닭 해부 실험을 통해 해부 실습의 기본적인 원리를 배우고 익혔으며 닭 내부 구조가 어떤 형태로 되어 있는지 사람 내장기관과는 어떠한 점이 비슷하고 다른지에 대해 배울 수 있는 시간이 되었음.

▶ 비만인 사람과 마른 사람 간의 장내 미생물 차이가 있나요?

뚱뚱한 사람의 세균이 주입된 생쥐와 마른 사람의 세균이 주입된 생쥐를 약 1개월간 같은 사료로 길러본 실험을 진행했습니다. 1개월이 지나자 마른 세균을 받은 생쥐는 변화가 없었으나, 비만 세균을 받은 생쥐는 지방이 점차 증가해 뚱뚱해졌습니다. 같은 식사, 같은 운동량에도 장내 세균의 차이에 의해 비만이 된다는 뜻으로, 비만 체질의 원인이 밝혀졌습니다. 그리고 비만을 일으키는 세균을 분석해보니 퍼미쿠트스 그룹에 속하는 세균이 많았고, 박테로이데스 그룹에 속하는 세균의 수가 적다는 것을 알게 되었습니다.

▶ 장내 미생물인 마이크로바이옴(human microbiome)의 균형이 중요한가요?

네, 중요합니다. 인체에 영향을 미치는 수많은 미생물을 통틀어 인체 마이크로바이옴(human microbiome)이라고 합니다. 현재까지 알려진 바로는 인체에 존재하는 미생물의 수는 인간 세포의 5배 이상일 정도입니다. 인체 마이크로바이옴 중 미생물이 가장 많이 분포하고 있는 부위는 장입니다. 장내 마이크로바이옴은 복잡하고 다양한 미생물 군집으로 이뤄져 있는데 장내 세균의 종류가 다를 때 여러 질병을 유발시킵니다. 장 속에 살고 있는 100조 마리의 세균은 여드름과 같은 피부트러블, 변비, 두통, 용종, 대장암뿐만 아니라 치매 등과 같은 질병에까지 영향을 주고 있습니다. 그래서 프로바이오틱스 유산균으로 장내 유익균의 수를 증가시키려고 합니다.

공과 실험 동아리

부원들과 협동 실험을 통해 과학적 원리를 확인하고 실생활에 적용하는 방안에 대해 토론함. 의학기술에 관심을 가지고 관련된 TED 영상을 다양하게 찾아보며 미래의 의학기술과 관련해 동아리 부원들과 토론하는 모습을 보임. 특히 줄기세포와 의료로봇 장치에 대해 관심을 갖고 보고서 작성 및 발표 후 관련된 질문을 제작해 부원들의 호기심을 유발해 참여를 끌어내는 모습에서 과학기술에 대한 열정과 흥미를 볼 수 있었음. 뿐만 아니라 학생들을 이끄는 탁월한 리더십이 있음을 알 수 있음. 인체와 유사한 구조의 돼지 심장을 기존에 학습한 내용에 비추어 각 부분의 구조와 특징을 분석하고 보고서로 작성하는 과정에서 학습한 내용을 응용해 적용하는 능력이 우수함을 나타냄.

▶ 줄기세포에는 어떤 종류가 있나요?

줄기세포에는 배아줄기세포와 성체줄기세포, 역분화줄기세포가 있습니다.

배아줄기세포 : 인간 생명의 시초가 되는 수정란에서 만들어집니다. 남성의 정자와 여성의 난자의 수정으로 생성된 배아에서 유래합니다. 수정란이 엄마 뱃

속에서 아기로 성장할 때 약 2조 개의 세포가 생기는데 배아줄기세포는 모든 종류의 세포로 분화할 수 있는 무한한 능력을 갖고 있어 전분화능 줄기세포라고도 합니다.

성체줄기세포 : 출생 후부터 우리 몸에 있는 여러 종류의 조직에 존재합니다. 성체줄기세포는 특정한 조직을 구성하는 세포로 분화되도록 운명이 정해져 있는 세포입니다.

역분화줄기세포(iPS세포) : 체세포에서 역분화를 일으키는 4가지 특정 유전자를 도입한 후 발현시키거나 역분화를 일으키는 4가지 유전자가 도입된 세포에서 만들어진 역분화 유도 단백질을 추출해 체세포에 주입해 배아줄기세포와 같은 상태로 되돌려 다양한 세포로 분화시킬 수 있는 세포입니다.

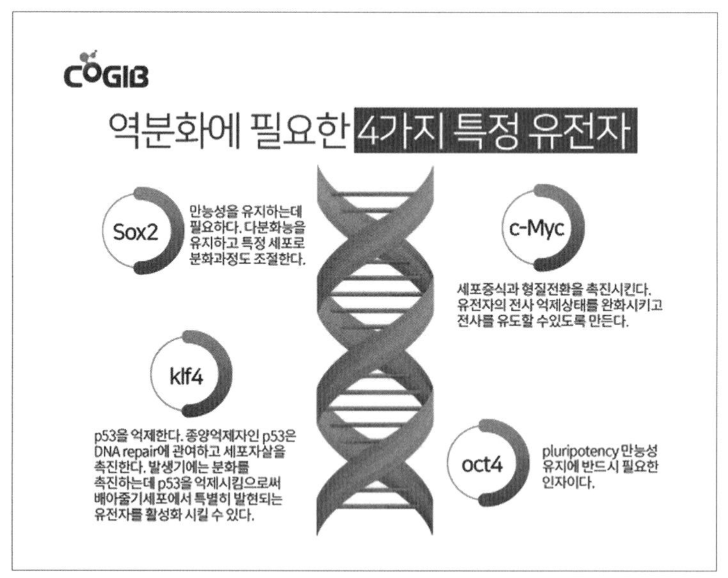

출처 : 글로벌 첨단바이오의약품 코디네이팅센터(https://cogib.tistory.com/53)

▶ 우리나라에서 개발된 줄기세포 치료제로는 어떤 것이 있나요?

우리나라는 세계 최초로 줄기세포치료제를 상용화하였습니다. 전 세계적으로 품목허가를 받은 7건의 세포 치료제 중 4건이 한국에서 개발되었습니다. 급성 심근경색 치료제(파미셀, 하티셀그램), 무릎연골결손 치료제(메디포스트, 카티스템), 크론성 누공 치료제(안트로젠, 큐피스템), 루게릭병 치료제(코아스템, 뉴로나타알주)가 있습니다.

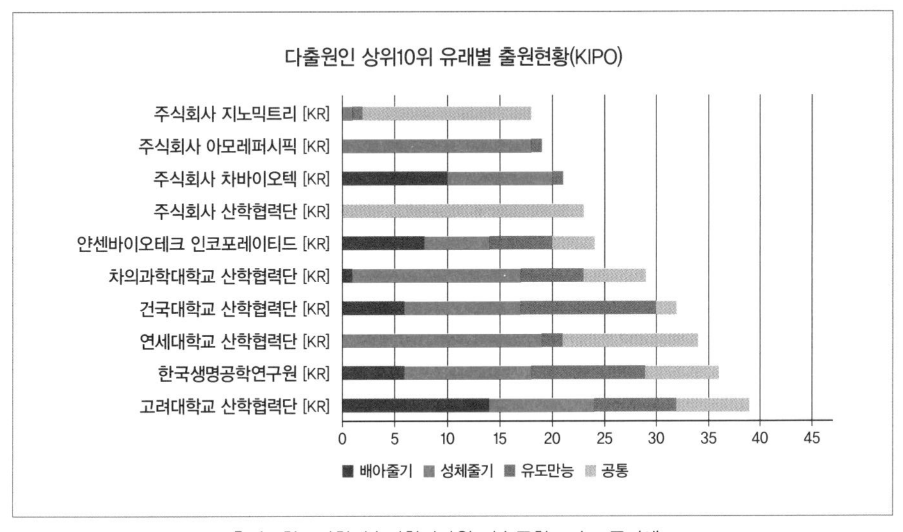

출처 : 한국과학기술기획평가원 기술동향브리프 줄기세포

▶ 암줄기세포를 연구하는 이유는 무엇인가요?

암줄기세포 연구를 진행함으로써 암 발생 초기 종양의 발달 및 전이기전 등을 알아내 암 발생을 억제하는 치료제를 개발할 수 있습니다.

학부모 질문

Q 실험동아리보다는 이론(공부)동아리에서 활동했는데 의·치·한 지원에 손해가 되지는 않나요?

A 학교마다 다르지만 실험동아리가 없을 수도 있습니다. 있어도 키트 제품을 사서 할 수 있는 간단한 실험들이 많습니다. 이때 학교에서 동아리활동 지원금을 받아 과제탐구로 친구들과 실험을 진행할 수도 있습니다. 이러한 여건이 안 되는 경우에는 논문을 통한 이론적 심화학습으로 궁금한 부분을 찾아 공부하면 좋습니다. 경우에 따라 교과에서 배운 내용이나 동아리에서 조사한 내용을 토대로 선행연구한 논문을 활용해 후속활동을 하는 것도 좋은 방법입니다.

학생부 관리 팁과 학생부 동아리 예시

동아리활동을 하면서 줄기세포에 대한 보고서 작성 후, 배아줄기세포에 비해 윤리적으로 위배되지 않으면서 자유롭게 탐구한 보고서를 작성해 발표한 사례

(진로활동 또는 동아리발표, 생명과학) 성체줄기세포 중에서도 제일 대표적인 조혈모 줄기세포에 관심을 가지고 심화보고서를 작성함. 특히 적혈구나 백혈구 등은 수명이 몇 주에서 최대 120일밖에 되지 않기 때문에 이들 세포를 대체할 수 있는 방법에 궁금증을 가지고 줄기세포를 탐구함. 이후 줄기세포 재생 연구에 대해 국내뿐만 아니라 외국사례까지 조사해 발표하는 열정을 보임. 특히, 성체줄기세포에 매력을 느껴 연구 중인 다양한 성체줄기세포 종류에 대해 조사함.

성체줄기세포의 종류

- 조혈모세포(hematopoietic stem cell, HSC) : 혈액을 구성하는 각종 세포, 즉 적혈구, 백혈구, 혈소판 등을 비롯해 T-임파구, B-임파구 등의 면역세포에 이르기까지 모든 종류의 세포를 평생에 걸쳐 생산해내고 있는 극소수의 줄기세포입니다.
- 중간엽 줄기세포(mesehcnhymal stem cell, MSC) : 골세포뿐만 아니라 연골세포, 지방세포, 근육세포, 섬유세포 등 여러 가지 근골격계 세포들로 분화할 수 있는 능력을 가지고 있는 세포입니다.
- 신경줄기세포(neural stem cell, NSC) : 우리 몸의 신경계를 이루는 말초신경세포로 성숙 혹은 분화하지 않고 계속 미분화된 상태로 세포 수가 늘어나는 증식 양상을 나타냅니다.
- 심장줄기세포(cardiac stem cell, CSC) : 혈관내피전구세포(endothelial progenitor cell, EPC) 등이 있습니다.

뉴런

유전 가계도의 특성을 이용해 동아리 구성원들의 머리카락이나 눈 색, 혈액형, 왼손잡이 여부 등 신체적 행동특성의 유전 여부에 대해서 조사함. 다양한 특징을 선택해 3대의 가계도를 그려서 이러한 특징들이 유전적인 특징인지 환경적 요인에 의해 발현되는 것인지에 대해 탐구함. 동아리 구성원들과 그들 가족의 비염 여부를 조사해 알레르기성 비염의 유전 여부에 대해 조사하고 비염이 상염색체 우성 유전으로 유전된다는 것을 알고 비염의 발생확률을 계산함.

평소 한의학에 관심이 많아 한의학이 과학으로서 입증이 가능한지에 대해 동아리 구성원들과 토론함. 다양한 반대의견이 있었지만, 찬성 입장으로 토론에 참여했음. 침으로 손목터널증후군 환자들의 증세를 완화하고 자기공명영상기술로 뇌의 긍정적 변화를 가져오며, 경색된 경혈 자리를 자극하여 증상을 완화하였다는 사례를 보며 한의학이 과학이라는 의견에 동조함. 전문적인 한의학 지식이 없고 한의학을 조사할 수 있는 자료가 제한되어 있어 자료 출처의 신빙성을 따지지 못해 토론에 등장한 찬반 의견을 전부 수용하지 못한 점에 대해 아쉬움을 느낌.

▶ 손목터널증후군은 무엇이며 자기공명영상기술의 장점은 무엇인가요?

손목터널증후군은 손목을 많이 사용하는 주부나 컴퓨터를 장시간 사용하는 사무직 종사자들에게 흔한 통증 질환입니다. 뼈와 인대로 이뤄진 작은 통로인 수근관이 두꺼워지거나 내부 압력이 높아져 그 속의 정중신경을 압박, 신경 전도 속도가 느려져서 통증이 생기는 것으로 알려져 있습니다.

자기공명영상기술은 방사선의 영향을 받지 않으면서 미세한 혈관과 신경 등의 이상 여부를 확인할 수 있습니다. 자기공명영상기술을 활용해 손목터널증후군 환자 79명 중 56명은 진짜침(verum acupuncture) 치료군에, 23명은 가짜침(sham acupuncture) 치료군에 배정, 8주간 16회 침과 전기침 치료를 하면서 정중신경 전도 속도 변화를 비교하고 뇌의 기능적, 구조적 변화를 측정해 그 영향을 파악한 사례가 있습니다.

▶ 한의학의 침을 활용해 통증을 완화한 사례를 알려주세요.

한의학 침 치료가 만성요통 환자의 뇌 감각 영역에 영향을 줘 통증을 줄이고,

둔해진 허리 감각을 회복시켜주었습니다. 침 치료 후 2점 식별검사 결과 치료 전보다 촉각 예민도가 약 18.5% 개선되었습니다. MRI를 통해 만성요통 환자의 뇌 구조 변화를 확인했습니다. 특히, 대뇌 백질의 특성을 정량적으로 측정할 수 있는 자기공명영상 기법 중 하나인 확산텐서영상(DTI)을 이용해 만성요통 환자의 뇌백질 구조를 분석한 결과, 진짜 침 치료 후에만 허리감각이 회복되면서 허리 영역 뇌백질 구조 이상이 함께 회복되는 것으로 확인했습니다.

생명과학 자율동아리

평소 관심 있는 분야인 plasmid DNA와 제한효소, 인체의 구조 및 체계 등의 다양한 분야의 주제를 심도 있게 탐구하고 발표하는 과정을 통해 자신의 진로를 찾고 끊임없이 노력함.
동아리 시간에 자기 주도학습을 하여 생명과학 지식, 생명윤리와 생명 존중에 관해서도 더욱 지적 욕구를 채워감으로써 지적, 인성적으로 더욱 성장함. 자가면역질환 중 류머티즘 관절염 발표를 하여 '내 몸을 지켜야 할 면역계가 도리어 자신을 공격할 수도 있다'는 사실을 접한 후, 자가면역질환에 대해 깊은 관심을 가짐. 그 질환 중 하나인 1형 당뇨병에 대해 과학적 탐구방법으로 연구하는 시간을 가짐.

▶ plasmid DNA를 추출하는 방법을 알려주세요.

플라스미드의 크기와 구조적 특성을 이용해 유전체 DNA와 분리를 하는데 플라스미드의 크기는 유전체 DNA에 비해 10% 내외밖에 되지 않을 정도로 매우 작습니다. 따라서 크기 차이를 이용한 플라스미드 추출 방법이 있습니다. 또한 구조 차이를 이용한 플라스미드 추출 방법 중 알칼리 변성(alkaline lysis)이 가장 일반적으로 사용되는 분리법으로 초나선형 플라스미드는 pH의 변화에 따라 그 구조와 형태가 크게 변하지 않는 성질의 차이를 이용하는 방법이 있습니다.

▶ 자가면역질환인 1형 당뇨병은 2형 당뇨병과 어떤 차이가 있나요?

흔히 '소아 당뇨병'으로 불리는 제1형 당뇨병은 췌장세포가 공격받아 발생하는 자가면역질환으로 췌장에서 인슐린을 분비하는 능력이 정상인 사람보다 훨씬 낮거나, 아예 없는 경우입니다. 혈당이 급격하게 변하고, 저혈당으로 인한 실신, 사망의 위험성이 큽니다. 반면에 제2형 당뇨병은 식이요법, 운동 등 생활습관을 교정하면 개선되는 특징이 있습니다. 제2형 당뇨병과 달리 제1형 당뇨병은 스스로 혈당을 조절할 수 없어 평생 인슐린 주사를 맞아야 합니다.

학생부 관리 팁과 학생부 동아리 예시

동아리활동에서 자가면역질환 중 1형 단백질에 대해 과학적 탐구방법으로 연구한 후, 이를 보고서로 작성한 사례

(진로활동 또는 동아리활동) 자가면역 질환 중 1형 단백질 탐구 후 다른 질병에 관심을 가지고 조사함. 류머티즘 질환, 그레이브스병, 전신홍반루푸스 등을 추가적으로 알아봄. 특히 전신홍반루푸스의 15% 정도는 경미한 증상에서 끝나기도 하지만, 그 외의 경우는 폐, 심장, 뇌 등에 염증이 생길 경우 사망에 이를 수 있다는 사실을 확인하고, 치료제가 시급하다는 자신의 의견을 덧붙여 발표함.

진로활동

의생명 심화 토론반 대학교수 강의 참여

의생명 심화 토론반 활동의 일환으로 초빙 교수의 다양한 생명 관련 주제 강의에 참여함. 특히, 비강을 통한 약물 투여, 설치류와 두족류 등 다양한 동물종의 해부, Rat의 혈액을 통한 면역시스템 확인 등, 더욱 전문적이며 깊이 있는 생명실험에 직접 참여하는 시간을 가짐. 소중한 실험 경험을 기억하고 자신의 것으로 소화하기 위한 노력으로, 실험이 끝난 후에는 실험의 결과, 실험의 실패 내용과 이유 등을 정리해 보고서를 작성하는 등, 자만심을 반성하고 더욱 발전하려는 의지가 돋보임. 실험 중 약물의 과다투여로 인한 Rat의 변사나 염색 실패로 인한 실험 결과 판별 불가 등 몇 차례 실패를 겪고 나서 실험 결과가 교과서처럼 간단하고 명확하게 나타나는 것이 아니라 수많은 시도를 통해 비로소 얻을 수 있는 값진 것이라는 생각을 하게 됨. 또한 실험을 통해 희생되는 동물들을 보며 다시금 생명의 소중함을 생각함.

▶ **비강을 통해 투여할 수 있는 약물은 어떤 형태이며 어떤 것들이 있나요?**

비강으로 투여하는 경우는 약물을 콧구멍 속 얇은 점막을 통해 흡수해야 하기 때문에 약물이 공기 중의 작은 물방울로 바뀌어서 분무되어야 합니다. 흡수되면 약물은 혈류로 들어가서 빠르게 작용합니다. 비강 투여 약물에는 니코틴, 골다공증 치료제인 칼시토닌, 편두통용 수마트립탄, 계절이 바뀔 때 많이 사용하는 알레르기 치료제 코르티코스테로이드가 있습니다.

▶ **비강을 통해 바이러스를 치료하는 연구가 진행된다고 하는데 어떤 것이 있나요?**

치료제가 없는 뇌염바이러스는 siRNA를 비강-뇌 경로로 전달해 치료합니다. 이 연구로 웨스트나일 바이러스, 일본뇌염 바이러스, 지카 바이러스 등이 뇌에 감염되어 뇌막염, 뇌염을 유발하는데, 특히 면역력이 약한 유아나 노인의 경우에 반가운 소식이 될 것입니다.

TIP

siRNA(small interfering RNA) : 세포 내에서 RNA와 결합해 특정 단백질의 생산을 억제함으로써 유전자 발현을 방해함.
이상경 교수(한양대학교 공과대학) 연구팀과 쿠마 교수(예일대학교 의과대학) 연구팀

영어 의학 토론

영어 의학 토론에 참여해 학생들이 직접 의학에 관련된 에세이 기사를 조사하고 주제를 선정한 뒤 원어민과 함께 주제에 대한 자신의 의견을 나누는 활동을 전개함. 인간의 유전자 조작에 의한 맞춤 아기 탄생, 낙태에 관한 대중적 인식의 변화, 종교에 의한 치료 거부 등 다양한 주제에 대해 사전에 필자의 주장과 자기의 생각과 주요 문장을 정리한 뒤 친구들과 함께 공유하는 활동을 진행함. 서로의 의견에 대해 동의와 비판할 점을 발표하고, 의학 분야의 문제에 대해 큰 관심과 자신의 진로 분야에 대해 열정을 보임. 다른 학생들의 의견도 접해 더 넓은 시선으로 논제들을 바라보는 시각을 갖게 됨.

▶ 맞춤아기로 건강한 아이를 출산할 수 있을 것 같은데 어떤 문제가 있을까요?

맞춤아기는 기술적인 문제로 조기 사망하거나 기형아를 출산할 수 있습니다. 복제 양 돌리가 태어나기 위해 무려 250여 회나 실패했던 것을 보면 그 위험성이 높습니다. 또한 가족 공동체가 무너질 수 있습니다. 동일한 사람을 복제해 불법에 이용될 확률이 높아 사회적 혼란을 야기할 수 있습니다. 영화 '아일랜드'처럼 부자들은 자신들의 건강을 위해 유전자를 조작한 클론을 만들어 수명연장에 활용할 수도 있습니다.

▶ 낙태는 생명윤리에 위배되나요?

피터 싱어와 같은 공리주의자들의 논리에 의하면 소망과 관련된 '이익'을 인격체의 가장 중요한 기준으로 삼고 있습니다. 배아나 태아는 고통을 느끼거나 그것을 피해 살고 싶은 이익을 가진 존재가 아니기에 그런 이익을 가지려면 적어도 신경생리학적인 구조나 기능을 갖추어야 가능합니다. 생물학적으로 임신 2분기 즉, 4~6개월은 돼야 그런 발생이 이루어지므로 그전까지 태아의 권리를 인정할 수 없습니다. 따라서 온전한 생명체로 볼 수 없어 생명윤리에 위배가 되지 않을 수 있습니다.

'로 대 웨이드' 판결을 살펴보면 '체외생존 가능성'을 낙태 허용 합의점으로 정하였습니다. 28주 이후에는 태아의 체외생존이 가능하지만, 이전까지는 절대적으로 산모에 의존할 수밖에 없기 때문에 28주 전까지는 산모의 프라이버시권으로 낙태를 허용할 수 있다는 판결입니다. 대부분의 국가에서 이 판결 이후 체외생존 가능성을 하나의 기준점으로 삼고 있습니다.

학생부 관리 팁과 학생부 진로활동 예시

낙태에 대한 대중적 인식 변화를 확인하고, 외국(유럽)의 낙태 사례를 추가적으로 조사한 후, 우리나라의 문제점을 고민해 발표한 사례

(진로활동, 동아리활동, 생활과 윤리) 영어 의학 토론과정에서 '낙태에 관한 대중적 인식의 변화'에 대해 의견을 나눔. 이후 아일랜드, 영국, 네덜란드의 국가에서 낙태에 관한 국가정책, 법적 기준, 의료체계, 시민사회 등의 역할이 여성건강에 미치는 영향을 최우선으로 생각한다는 내용을 조사를 통해 알게 됨. 여성의 요청에 의한 낙태 시행, 낙태를 위한 의사의 복잡한 입증을 전제로 하지 않는 낙태제도와 투명하고 익명성이 보장되는 상담, 임신 초기 단계의 빠른 낙태 결정, 의료진의 질 높은 낙태를 위한 교육 및 훈련, 낙태 서비스의 공공지원을 통한 모든 여성의 낙태 접근도 향상, 안전한 낙태를 위한 지속적인 모니터링 및 체계구축 등 안전한 낙태제도가 우리나라에도 빨리 적용되고 정착되어야 한다고 주장하는 보고서를 작성해 제출함.

낙태에 대한 대중적 인식 변화를 대중문화 속에서 파악하고자 한국과 외국 대중문화 속 내용을 심층 분석해 보고서를 제출하고 발표한 사례

(진로활동, 동아리활동, 문학·사회문화) 낙태에 대한 토론 후, 외국과 우리나라에서 낙태가 어떻게 다루어지는지 궁금해 탐구함. 우리나라의 경우는 본인보다는 제3자가 낙태를 강요하는 경우가 많았으며, 임신한 여성보다는 태아에 대한 죄의식을 강조하는 이야기가 대부분임. 하지만 외국의 경우는 낙태의 전 과정을 보여주고, 여성의 몸과 마음에 어떤 변화가 생기는지 등 여성에 집중한다는 점이 다르다는 것을 알게 됨. 외국과 비교를 통해 우리나라도 임신한 여성에 초점을 맞춘 다양한 제도와 법안이 필요하다는 의견의 보고서를 제출함.

바이오 캠프

미래의학과 개인 맞춤 정밀치료, 뼈와 관절, 유전자 변화 등 다양한 주제의 강의를 들음. 특히 '먹으면서 살빼기' 주제의 강의 중에 간헐적 단식을 통해 여러 성인병을 예방하고 다이어트에 큰 효과를 거둘 수 있다는 내용이 '미래 사람들이 식량을 절약하면서 건강을 유지할 수 있는 방법'이 될 수 있다는 면에서 흥미로워함.

▶ 개인 맞춤 정밀치료를 어떻게 하나요?

개인 맞춤 정밀치료를 하기 위해서는 차세대 염기서열 해독법(NGS, Next

Generation Sequencing)을 통해 환자에게 맞는 치료법과 의약품을 찾는 것이 중요합니다. 이런 정밀치료를 위해 한국인 유전체사업으로 10만 명의 유전정보 데이터를 구축하고 이를 통해 이상유무를 확인합니다. 차세대 염기서열 해독법이 최근에는 1,000달러로 비용이 낮아졌으며, 2주 정도면 개인 유전자지도를 얻을 수 있습니다. 이로써 유전체서열에 따라 효과적인 항암제를 선택할 수 있으며 건강한 노년의 삶을 영위할 수 있습니다.

▶ 간헐적 단식으로 성인병을 예방할 수 있나요?

네, 가능합니다. 당뇨병의 치료 연구과정에서 음식으로 공급되는 탄수화물을 줄이면 신체가 반응해 몸속에 저장되어 있는 지방을 에너지원으로 활용하려는 케토제닉(ketogenic) 상태가 됩니다. 따라서 약 20시간의 공복상태를 유지하면 인슐린의 분비가 저하되고 지방을 에너지원으로 사용하는 생리반응이 일어납니다. 이때 인슐린 수치가 24시간 이내에 떨어지는데 인슐린 분비량을 이용해 지방이 소모되기 때문에 질병예방과 다이어트 효과가 있습니다.

간헐적 단식은 우리 몸의 생체시계를 변화시켜 제2형 당뇨병, 심혈관 질환, 암 등의 치료에 도움이 됩니다. 일부에서는 장내 세균환경의 변화나 식생활 방식의 변화를 통해서도 체질개선과 체중감량 등의 유익한 효과가 있다고 합니다.

관련 단원	보도자료
화학Ⅰ_4단원 닮은꼴 화학반응_생명 속의 화학 화학Ⅱ_5단원 인류복지와 화학_의약품과 녹색 화학 생명과학Ⅰ_3단원 항상성과 건강_항상성과 몸의 조절, 방어작용 생명과학Ⅱ_2단원 유전자와 생명공학_생명공학	정밀의료를 통한 '개인 맞춤의료 실현' 및 '미래 신성장 동력 확보' 추진_복지부 https://url.kr/GWHhTt 정밀의학, 미래 보건의료의 새로운 진료방향 제시_대한의학회 https://url.kr/sxTnbq

관련 영상	대학강의
정밀의료란 무엇일까요? _국가암정보센터 https://url.kr/X9mwDT	KOCW_NGS데이터분석_숭실대학교 https://url.kr/jfaDSR

NGS데이터분석

숭실대학교 김상수

주제분류 | 자연과학 >생물·화학·환경 >유전공학

강의학기 | 2016년 2학기

강의계획서 | 강의계획서 >

진로 탐색 활동

틀니는 임플란트에 비해 비교적 싸지만 이물감, 통증, 냄새로 인한 불편함 때문에 임플란트가 대중화되고 있다는 사실과 기존 임플란트 기술이 가진 문제점을 뉴스 기사의 내용과 함께 제시함. 고령자에게 있어서 임플란트 시술의 비용에 대한 경제적인 부담, 고통과 긴 치료기간으로 인한 정신적 부담에 대해 80대 노인의 인터뷰 예시로 이해하기 쉽게 설명함. 임플란트의 문제점을 보안해줄 무절개 임플란트 기술의 시술과정, 시술기간, 고통의 정도 등에 대해 조사를 통해 치과의 미래 전망 가능성을 예측함. 특히 최근 코로나 19 사태로 병원방문을 꺼리는 사람들을 위해 방문횟수를 줄이고 절개 부위를 축소시켜 감염위험을 줄이는 무절개 임플란트 기술의 도입이 필요하다고 강조함.

▶ 무절개 임플란트의 장·단점을 알려주세요.

무절개 임플란트의 장점은 잇몸을 거의 절개하지 않아 출혈이 적고, 시술시간도 빠르다는 것입니다. 통증과 시술 후 부기도 적습니다. 또한 당뇨 등 소모성 질환이 있는 환자에게 빠르게 치료할 수 있는 장점이 있습니다. 임플란트 시술 시 제품이 튼튼해야 파손이 적으며, 잇몸뼈에 유착이 잘 되는 소재와 표면 가

공 처리를 한 제품인지를 확인해야 합니다.

▶ 최근에는 '즉시 임플란트' 시술을 많이 하고 있는데 기존의 임플란트와 차이점은 무엇인가요?

보통 임플란트는 발치 후 바로 인공치근을 심기 어려워 잇몸이 차오를 때까지 3개월을 기다려야 하고 만약 잇몸뼈가 부족하다면 뼈이식을 해야 합니다. 이 경우는 발치 후 보철물을 씌울 때까지 최대 1년 이상이 걸리기도 합니다. 하지만 즉시 임플란트는 발치와 인공치근 및 뼈 이식이 동시에 진행되기 때문에 치료기간(3~5개월)을 상당 부분 단축시킬 수 있고, 앞니는 시술 당일 임시치아까지 씌울 수 있습니다.

관련 단원	논문
공통과학_2단원 시스템과 상호작용_생명시스템 화학Ⅰ_3단원 생명의 진화_화학결합의 성질 4단원 닮은꼴 화학반응_생명 속의 화학 화학Ⅱ_5단원 인류복지와 화학_의약품과 녹색화학 생명과학Ⅰ_3단원 항상성과 건강_방어작용 생명과학Ⅱ_2단원 유전자와 생명공학_생명공학 기술	발치 후 즉시 임플란트 식립의 증례 분석 https://kmbase.medric.or.kr/Fulltext/03709/2007-24-0/617-622.pdf 초기고정 없이 즉시 식립된 임플란트 증례보고와 문헌 고찰 http://www.kaidimplant.or.kr/k1/journal/pdf/kaid35-1-02.pdf
관련 영상	**대학강의**
임플란트 뼈 이식 꼭 해야 하나요?_덴탈프렌즈 https://www.youtube.com/watch?v=nUe93isJ3co	KOCW_치과용 임플란트의 기술개발 현황_계명대학교 http://www.kocw.net/home/search/kemView.do?kemId=332691

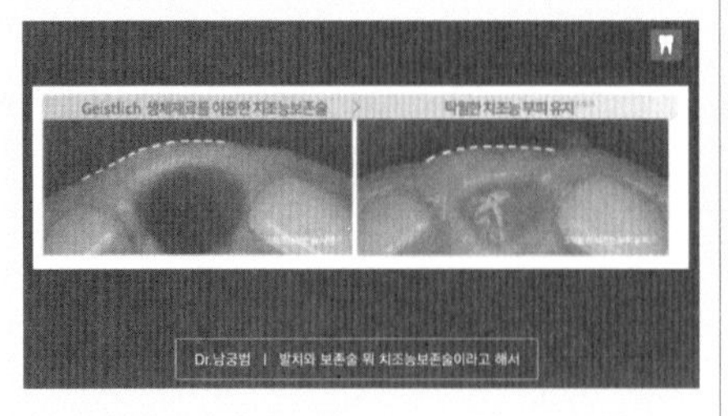

치과용 임플란트의 기술개발 현황

계명대학교 최석규

주제분류 | 의약학 >의료 >치의학
강의학기 | 2011년 2학기

1. 임플란트 소개
2. 골융합 기전
3. 임플란트 개발 현황
4. 임플란트 제조 공정
5. 임플란트 시장 및 향후 전망

진로 탐색

한의학에 관심을 두고 서양의학과의 차이점에 대해 종합치료의학, 생명 현상학, 개체성을 중시하는 의학이라는 3가지 차이점을 중심으로 구분 지어 보고서를 작성하고 발표함. 이를 계기로 자연의 규율을 파악해 하나의 원리로 승화시킨 '음양오행론'과 자연이 모든 개체의 산물로서 존재하게 해주는 실재인 '기'에 대해서 조사하고 기를 통해 인체 생명의 근원과 자연의 구성요소를 통일시킴으로써 자연에 산재한 거의 모든 것을 의학에 이용할 수 있다는 내용을 바탕으로 한의학의 실생활 이용에 대해 탐구함.

▶ 일반인들이 쉽게 활용하는 지압법이 건강에 실질적인 도움이 되나요?

네, 됩니다. 혈자리 지압법은 일반인도 쉽게 활용할 수 있습니다. 일반적으로 소화가 잘 되지 않을 때 사용할 수 있는 방법이지만, 혈자리 지압법은 피의 순환을 도와주기 때문에 체하지 않았을 때도 혈자리를 자주 눌러주는 것이 좋습니다. 또한 심장과 관련된 '내혈관'을 주물러 순환시켜주는 것도 좋습니다. 기침을 줄여주는 지압법, 두통을 줄여주는 지압법, 눈의 피로를 줄여주는 지압법 등도 있습니다.

▶ 한의학과 서양의학은 어떤 차이점이 있나요?

우선 접근 방식부터 다릅니다. 서양의학은 병이 발현된 후 치료가 시작되지만, 한의학은 서양의학에서 병으로 인식하지 않았던 건강상태까지도 병으로 포착해 치료합니다. 따라서 치료 대상과 질병의 범위가 넓습니다. 서양의학은 병이 생기면 병이 발현한 그 부위와 조직에 관심을 가지지만, 한의학은 인간 신체 전체와 기와 마음 정신까지 포함해 내외적 균형과 조화를 이룰 수 있도록 합니다. 약의 사용에서도 서양의학은 증상을 억제하는 약물을 주로 사용하지만, 한의학에서는 면역력을 향상시켜 우리 몸이 스스로 대응해 치료가 될 수 있도록 처방합니다.

관련 단원	논문
공통과학_2단원 시스템과 상호작용_생명시스템 물리Ⅰ_2단원 물질과 전자기장_전기장, 자기장 물리Ⅱ_2단원 전기와 자기 생명과학Ⅰ_3단원 항상성과 건강_생명활동과 몸의 조절, 항상성과 몸의 조절 생명과학Ⅱ_2단원 유전자와 생명공학_생명공학기술	지압이 뇌파 및 집중력에 미치는 영향 http://www.hantopic.com/kjopp/2404/23.pdf 경혈지압마사지가 요통 환자의 통증 감소에 미치는 효과 http://dl.nanet.go.kr/law/SearchDetailView.do?cn=KDMT1201001660
관련 영상	**대학강의**
전신의 건강이 손바닥에 달려있다_TV조선 https://www.youtube.com/watch?v=tfSk6OVEL14	면역력 높이는 지압법_TV조선 https://www.youtube.com/watch?v=x838Eo21tIs

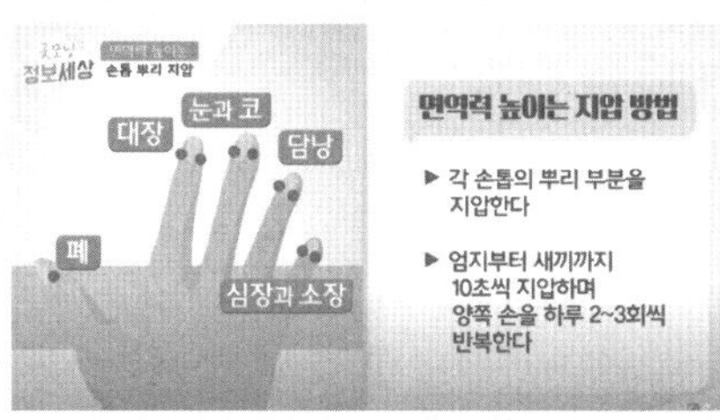

전공 독서활동 프로그램

〈의학 오디세이〉를 읽고 독후감을 작성함. 동서양 의학 역사와 발전 과정의 순간들을 의학과 인문학적 관점에서 풀어낸 내용이었고, 이를 토대로 의학이 주술과 종교로부터 벗어나 근대를 지나오면서 어떻게 발전했고, 서양의학이 한국에 들어와 어떤 영향을 미쳤는지 등을 살펴보는 계기가 됨. 이를 통해 조선시대 한의학의 발전 과정을 이해하고 허준의 동의보감이나 사람의 선천적인 기질을 4가지로 구분해 사람마다 치료법을 달리하는 이제마의 사상의학에 대해 깊은 호기심이 생겨 한의학 분야에서 탐구하고 싶다는 포부를 밝힘.

▶ '의학 오디세이'는 어떤 내용인가요?

서양의학 발전에 중요한 역할을 해온 의학자들과 그들이 이루어놓은 뛰어난 학문적 업적에 대한 이야기입니다. 더불어 황제내경과 동의보감, 이제마와 최한기, 일제 시기 위생경찰과 한의학 논쟁 등 동양 의학의 주요 서적과 의학사상가의 이야기를 다루고 있습니다. 의학과 인문학자들이 풀어내는 의학 속 사상 이야기는 단순한 의학 정보제공 차원을 넘어 의학을 철학적 프리즘으로 살펴봄으로써 의학이 인문학과 소통할 때에만 진정한 의학이 될 수 있다는 강력한 메시지를 줄 것입니다.

▶ 사상의학은 어떻게 활용되고 있나요?

유전자 분석법에 의한 사상체질진단 객관화 연구를 통해 과학적으로 정보를 구축해 진단하는 데 활용하고 있습니다. 체질진단을 과학화하기 위해서 안면분석연구, 체형 분석연구, 체질진단 설문지 연구, 음성 분석연구 등 많은 체질진단도구를 개발해 연구하고 있습니다. 이런 정보를 사상체질정보은행에 데이터베이스화해 대학병원 및 한의원 등으로 구성된 다기관 임상협력 네트워크와 공동으로 체질임상정보와 각종 생물학적 정보를 구축하고 있습니다.

교과 세특 기록 사례

 국어 관련 교과 세특

언어와 매체
쌍방향 온라인 수업에 참여해 자신이 흥미롭게 읽었던 도서를 독서기록장을 통해 소개함. 저작권, 대작 관행에 관한 법적 쟁점들을 실제 판례를 활용해 설명함. 식품의약품의 저작권과 관련된 법률을 인터넷 매체를 통해 알아보고 의료기기와 의학 관련 지식에도 저작권이 존재한다는 것을 암 정보 콘텐츠를 통해 설명함.

▶ 식약처 허가 목적으로 논문을 사용해도 되나요?

저작권자에게 허락을 받는다면 영리가 아닌 연구나 건강기능식품의 원료를 인정받는 등의 목적으로 논문을 사용할 수 있습니다. 그러나 만일 현행 저작권법 140조를 보면 영리 목적은 아니라 해도 저작권 침해의 경우 저작권자 당사자가 범죄사실과 범인을 안 지 6개월 안에 고소해야 한다는 규정이 있습니다.

▶ 치료법이 비슷한 의료기기는 저작권에 위배가 되나요?

시중에 출시된 의료기기와 유사한 제품을 만들어 판매할 경우, 그 바탕이 되는 치료법이 비슷하다고 하더라도 저작권법을 위반한 것이 아니라는 판결이 있습니다. 동일한 치료방법을 쓰는 의료기기는 몇몇 특성을 공유할 수밖에 없는데, 이때 저작권을 인정하면 치료방법에 대한 독점적 지위를 인정하게 돼 특허법에 위배된다는 내용에 기인하고 있습니다.

면접

온라인 수업 중 흥미롭게 읽었던 책은 무엇인가요?

〈10퍼센트 인간〉입니다. 이 책에서는 미생물의 중요성을 이야기하고 있습니다. 현재 항생제의 남용, 서구식 식습관의 변화, 많은 향균제품 사용으로 몸속 미생물이 악화되어 자가면역질환으로 많은 사람이 고통을 받는다고 합니다. 항생제에 내성이 생겨 효력이 없는 환자들의 경우 대변 미생물 이식이라는 새로운 치료법을 소개하고 있습니다. 장내 유익균을 넣는 획기적인 치료법은 유산균보다 효과가 빠르고 병 치료에도 도움이 된다고 합니다. 현재 미국 33개 주에서 180개 병원이 비영리 대변 은행인 오픈바이옴과 연계되어 있다는 사실을 알게 되었습니다. 앞으로 미래 미생물, 그중에서도 장미생물의 연구를 통해 각종 질병들의 치료가 가능하리라 생각합니다.

언어와 매체

매체 단원을 학습한 후 진로와 관련한 신문을 제작하는 등 최근 이슈가 되는 펜벤다졸이 암치료에 효과가 있는가에 대한 기사문을 작성함. 내용을 아우르는 표제를 설정하고 구충제의 항암 효과에 대한 논문을 인용해 신뢰성과 타당성 있는 내용을 마련함. 또한 다른 암치료 방법에 대해서도 소개하고, 〈약국에 없는 약 이야기〉라는 도서를 소개해 친구들의 관심을 환기시킴.

▶ 암에 따라 그 치료법이 다른가요?

암치료는 수술, 항암 화학요법, 방사선 치료로 나눌 수 있습니다. 수술은 고형암의 암 덩어리를 제거하는 치료방법인데 이미 암이 전이되었거나 한 기관에 너무 넓게 퍼져 있으면 수술이 어렵습니다. 또한 백혈병과 같은 혈액암이나 재발, 전이가 진행된 경우에도 수술이 어렵습니다. 현재는 개복수술보다는 복강경 수술이나 로봇수술을 많이 하고 있습니다.

항암 화학요법은 약물을 사용해 암을 치료하는 방법입니다. 방사선 치료, 수술적 치료, 생물학적 치료(인터페론 등)와 함께 암을 치료하는 방법 중 하나로 온몸의 암세포를 공격할 수 있는 전신 치료법에 해당됩니다. 반면 방사선 치료와 수술적 치료법은 몸의 일정 부분에 있는 암세포만을 치료하는 국소치료법입니다.

▶ 최근 뜨고 있는 암치료법은 어떤 것인가요?

양성자 치료가 뜨고 있습니다. 양성자 치료는 수소 원자핵을 구성하는 양성자를 빛의 60%에 달하는 속도로 가속시킨 뒤 환자 몸에 쏘아 암 조직을 파괴하는 치료법입니다. 기존 방사선 치료와 달리 브래그 피크(Bragg Peak)라고 부르는 특성 덕분에 양성자가 암에 도달하기까지 다른 정상 조직에 거의 영향을 미치지 않는다는 장점을 가지고 있습니다. 양성자 치료는 폐암, 간암, 뇌종양, 두경부암 등의 고형암과 혈액암이나 림프종 등에도 유용합니다. 하지만 의료기기의 설치 비용과 환자가 부담해야 하는 치료비가 비싸다는 단점을 가지고 있습니다.

독서

〈병원장사〉를 읽고 '더불어 사는 삶'이라는 주제로 원고를 작성해 발표함. 의료 상업화에 따른 문제점을 구체적인 통계와 자료를 통해 알기 쉽게 설명하는 방식이 인상적임. 나아가 공공의료의 활성화 방안에 대한 고민을 통해 구체적인 해결책들을 제시함.

▶ 의료 상업화에 따른 문제점은 무엇인가요?

보통 가난한 사람이 겪는 의료 문제들은 병원비에 초점이 맞춰지지만, 근본적으로는 가진 자와 그렇지 못한 자들의 치료를 논하기 이전에 공공보건 의료체계를 먼저 확립하는 것이 중요합니다. 공공보건 의료체계 확립을 위해서는 의료 취약지에 대한 의료 접근성을 강화하는 방안, 의료 사각지대에 대한 안전망 강화, 공공보건의료기관의 경쟁력을 강화해야 합니다. 우리나라의 산업재해 비율이 OECD 중에서 가장 높고, 자본은 안전장비 설치비용과 노동자의 목숨값을 비교해 더 저렴한 쪽을 택합니다. 지금도 암전문센터는 전국 곳곳에 생기고 있지만 중증외상전문센터는 제대로 운영되는 곳이 적습니다. 따라서 먼저 공공보건의료체계를 확립하고 의료 민영화를 논의할 필요가 있다고 생각합니다.

▶ 공공보건의료 정책의 문제점은 무엇인가요?

우리나라는 제대로 된 개념이 정립되지 않은 채 '공공(보건)의료'라는 용어를 사용하고 있다는 점이 가장 근본적인 문제입니다. 공공의료에 관한 정책 수립과정에서 민간 의료기관 또는 의료단체의 참여기회 부재를 꼽을 수 있습니다. 또한 공공의료 분야에서 활동할 특화된 의사 인력을 별도로 양성하겠다는 것과 외국과는 달리 국가 차원의 '보건의료발전계획'이 없다는 것이 문제점이라고 생각합니다.

화법과 작문

의료계열을 희망하는 학생으로 〈아내를 모자로 착각한 남자〉를 읽고 환자를 의학적 질병의 관점에서만 파악하는 것이 아니라 환자가 처한 상황이나 주변 환경을 파악하고 조심스러운 접근을 통해 환자의 행복과 바람을 이뤄줄 수 있는 의사가 되고 싶다는 독후활동을 함. 특히, 코로나19라는 전염성이 높은 바이러스가 침투할 위험을 무릅쓰고 사람들을 치료하기 위해 스스로 발 벗고 뛰어드는 의료진들의 모습을 보고 의사로서의 책임감과 환자들을 위해 최선을 다하려는 사명감을 지닌 의사가 되어야겠다는 자세를 확립함. 최근 코로나19 확산과 관련해 경각심을 갖고 함께 위기를 극복해 나가야 함을 주장하는 글을 작성함. 특히 구체적인 사례들을 조사해 우리 사회에 '배려'하는 마음이 필요하다는 것을 깨닫고 배려하는 자세를 갖고자 노력하겠다고 다짐함.

▶ 〈아내를 모자로 착각한 남자〉의 주인공은 어떤 질병에 걸린 것인가요?

투렛 증후군과 코르사코프 증후군 환자들을 상담한 사례들을 주로 다루고 있습니다. 투렛 증후군이란 대뇌의 선조-시상-피질 회로의 이상으로 인해 단순하고 반복적인 틱을 보이는 신경정신질환입니다. 투렛 증후군을 겪는 60대 할머니는 길에서 짧게 스쳐간 40~50명의 사람들을 1초도 안 되는 시간에 한 명씩 흉내를 낼 정도로 특정 분야 기억능력이 뛰어납니다. 그런데 할머니는 모든 사람을 흉내 내는 동안 자기 자신은 사라져버립니다. 더 비극적인 것은 자신의 증상을 정확하게 자각하고 있다는 것과 틱과 같은 충동을 스스로 거부하지만 멈추지 못합니다.

코르사코프 증후군이란 심각한 기억력 장애로, 새로 발생하는 일들을 기억하지 못합니다. 코르사코프 증후군을 겪는 19살에 기억이 멈춘 49살 지미는 바로 전에 있었던 일을 기억하지 못합니다. 이 질환의 증세로는 자신의 기억에 생긴 공백을 허구의 이야기로 채우려고 하거나, 상황을 인지하는 능력이 결여되는 등 기억상실 이후의 경험을 보존하지 못합니다.

▶ 자폐증과 아스퍼거 증후군은 어떻게 다른가요?

자폐증 : 의사소통능력이 약하며 반복된 언어나 괴성을 지르는 경우가 있어 대화가 힘든 경우가 많습니다. 의사소통이 가능하더라도 자기만의 방식으로 표현합니다. 그리고 특정하고 제한된 영역에만 관심을 보이고 그 분야에만 집중하기 때문에 새로운 환경과 도구에는 당황합니다. 자신이 생각하는 사물과 행동에 집착해 반복하는 행동을 보이기도 합니다.

아스퍼거 증후군 : 일종의 발달장애입니다. 대표적인 증상으로는 언어발달과 사회적응 지연으로 볼 수 있습니다. 지적능력은 정상적인 경우가 많으나 사회성에 문제가 있어 대인관계에 어려움을 겪습니다. 따라서 고집이 세고, 자신이 관심 있어 하는 것에만 빠지는 경향이 있습니다.

영어 관련 교과 세특

영어
성실하고 차분한 태도로 수업에 임하며 모둠활동에서 온화한 리더십을 발휘해 모둠원들을 배려하고 주어진 문제를 해결해 나가는 모습이 돋보임. 어휘력이 풍부하고 문법적 지식을 정확히 알고 있어서 구문을 정확히 분석할 수 있으며 지문에 대한 이해도가 높고 문제풀이 능력이 우수함. 'neuron과 10대의 의사결정'에 대한 글을 읽고 뇌 과학에 흥미를 가지게 되었으며 청소년과 성인의 뇌의 특징과 차이점을 알게 됨.

▶ 청소년기에 뇌에서는 어떤 변화가 일어나나요?

청소년기는 신경세포와 신경세포의 접합 즉 시냅스가 왕성하게 형성되는 시기입니다. 이때 뇌세포의 가지치기가 시작되어 30세 전후까지 논리적 이성적 사고를 담당하는 전두피질 같은 영역이 발달합니다. 또한 청소년기에는 수초화 진행이 이루어집니다. 수초화는 '해마'와 '뇌이랑'에서도 활동하는데, '해마'는 뇌 중간에 자리 잡은 세포다발로 새로운 기억을 처리하는 영역입니다. '뇌이랑'은 뇌간과 척수로 연결되는데, 바로 이것이 인간의 가장 본능적인 반응을 조절하는 부위로 알려져 있습니다.

▶ 현재 뇌과학과 컴퓨터를 연계한 연구는 어떻게 진행되고 있나요?

브레인 디코딩을 통해 뇌와 컴퓨터를 연계한 연구가 진행되고 있습니다. 이는 우리가 어떤 사물을 보거나, 어떤 생각을 하거나, 또는 손이나 다리를 움직일 때 뇌의 신경세포들이 특정 활성 패턴을 보이게 되는지 연구합니다. 이러한 뇌 신경세포 활성 패턴들을 분석해 뇌 신경세포 활성 패턴만으로 우리가 무엇을 보고 있는지, 어떤 생각을 하고 있는지, 어떤 움직임을 하려고 하는지를 알아내려는 시도를 하고 있습니다.

브레인 디코딩은 뇌를 직접 읽어 컴퓨터나 로봇을 작동시키는 BCI(Brain-Computer Interface)를 위한 기술로 활용될 수 있으며, 트라우마와 같은 정신질환 치료에도 이용되고 있습니다. 브레인 디코딩을 구현하기 위해서는 '뇌 신경세포 활성 패턴 측정기술', '뇌 신경세포 활성 패턴 측정실험 프로토콜', '뇌 신경세포 활성패턴 분석기술', '브레인 디코딩 응용기술'이 필요합니다. 브레인 디코딩은 어디에 활용할 것이냐에 따라 확보해야 할 데이터의 종류와 수준, 확보 프로토콜 등이 달라질 수 있습니다. 또한 뇌 신경세포 활성 패턴 측정방법과 분석방법도 달라질 수 있어, 앞서 말한 기술들이 서로 유기적으로 연관되어 개발되어야 합니다.

출처 : 브레인 디코딩 기술동향(김승환, 바이오의료IT연구본부장)

학부모 질문

Q 뇌과학에도 재미있는 내용들이 많은데 어떤 사례가 있을까요?

A '거짓말은 할수록 늘고 커진다'는 말이 있습니다. 이는 뇌과학적으로 밝혀졌습니다. 사람의 뇌에는 부정직한 행동을 꺼리게 하는 일종의 '제동장치' 역할을 하는 부위가 있는데 거짓말이 반복될수록 그만큼씩 이 제동력이 줄어든다는 것을 뇌 영상 촬영을 통해 확인했습니다.
뇌가 거짓말에 익숙해지면 별 죄책감 없이 더 큰 거짓말을 하는 악순환이 반복됩니다. 이것은 뇌 측두엽 안쪽에 있는 편도체와 관련이 있습니다. 편도체는 정서적 정보를 통합·처리하는 일에 밀접하게 관여합니다. 처음에는 작고 하찮은 거짓말이나 부정직한 행동을 하면 뇌 편도체 활동이 급증합니다. 하지만 다음 거짓말에는 일정한 제동이 걸립니다. 그런데 이를 반복하면 이 부분이 고장나게 됩니다.

관련 영상	대학강의
거짓말 탐지기 _EBS ciass ⓔ https://classe.ebs.co.kr/classe/detail/show?prodId=133784&lectId=20334703	뇌를 알면 감정이 보인다_KOCW_글로벌사이버대학교 http://www.kocw.net/home/search/kemView.do?kemId=1342549

영어 I

'수면의 중요성'이라는 주제로 에세이를 작성함. 숙면을 취하지 않았을 때 자신이 겪었던 어려움과 264시간 동안 깨어있었던 실험자의 이야기를 통해 청중의 호기심을 불러일으켰으며, 충분한 수면시간이 우리 몸에 끼치는 긍정적인 효과를 제시함. 조별 활동 시 긍정적인 에너지로 조원들을 격려하고 협력하는 태도를 보임. 키워드를 찾는 활동에 적극 참여해 키워드를 활용한 주제문 작성을 잘함. 지식 활동에서는 글 내용을 잘 이해하고 true or false 학습지 내용을 친구들에게 전달하는 역할을 주도적으로 함.

▶ 수면과 관련된 질병을 소개해주세요.

수면의 양이 부족한 불면증, 수면의 양이 과다하고 항상 꾸벅꾸벅 졸거나 잠이 들어 있는 상태인 기면증, 클라이네-레빈 증후군 등이 있습니다. 또한 수면무호흡 증후군으로 폐쇄형, 중추형, 혼합형 무호흡증후군이 있습니다. 우리가 잘 알고 있는 몽유병, 렘수면행동장애나 주기적 사지운동증도 있습니다. 이외에도 수면주기가 맞지 않아 발생하는 시차장애 등이 있습니다.

▶ 수면제와 수면유도제의 차이는 무엇인가요?

수면제와 수면유도제는 성분이 다릅니다. 수면제는 '벤조다이아제핀'의 성분으로 불안한 마음을 안정시키는 약물입니다. 불안한 마음이 수면 호르몬인 멜라토닌 형성을 억제해서 불면증을 만들기 때문에 '벤조다이아제핀'을 복용하면 수면을 유도할 수 있습니다. 하지만 근육 이완, 경기·발작과 뇌 기능 저하에 따른 기억력 감소 및 알츠하이머 발병 위험도 높일 수 있다는 연구결과가 있습니다. 반면 수면유도제의 '졸피엠' 성분은 선택적 수면을 유도하지만 이 약도 점차 의존성이 높아져서 성인 복용기준보다 더 많이 복용하면 부작용이 발생할 수 있습니다. 약의 기능과 불면증이 충돌해 몽유병이나 자신도 모르게 수면 중에 음식을 먹는 섭식장애가 발생할 수 있습니다.

영어 II

전문가 집단이 최선의 의료 행위를 결정하는 데 있어서 의견이 나뉠 수 있다는 내용의 글을 읽은 후, 주제-예시 구조로 글을 분석한 후 게시해 학우들의 이해를 도움. 나라마다 다른 처방을 한눈에 확인할 수 있도록 정리함. 고혈압에 관해 조사한 후 발표해 학우들의 지식 향상에 기여함.

▶ 어떠한 동일한 질병에 대해 외국과 우리나라의 처방이 다른 사례가 있나요?

우리 주위에서 흔히 볼 수 있는 감기를 예로 들 수 있습니다. 우리나라는 3일 전부터 기침이 나고, 맑은 콧물과 가래가 나오며, 열이 약간 나는 감기환자에게 알약 10개를 처방하고, 외국에서는 1개도 처방하지 않는 경우가 많습니다. 한국에서는 경미한 증상을 보이는 감기환자에게도 항생제를 비롯한 진해거담제, 위장약, 항히스타민제, 진통제, 소화제 등을 처방하기도 합니다. 그런데 미국 뉴욕과 독일 베를린, 영국 런던, 네덜란드 암스테르담에 있는 의료기관에서는 감기약을 처방하지 않았습니다. 그 이유를 알아보니 감기는 90~95%는 치료를 하지 않더라도 낫고, 약을 복용하면 오히려 부작용이나 회복을 방해하기 때문이라고 합니다.

▶ 고혈압은 40대 이상에서 많이 나타나는데, 20~30대의 젊은층에서도 발생하나요?

네, 발생합니다. 고혈압은 40대 이상에서 많이 발생합니다. 하지만 20~30대

젊은이들의 고혈압 인지율은 17%, 치료율은 14%에 불과할 정도로 준비를 하지 않는다는 것이 더 문제입니다. 20~30대의 83%가 자신이 고혈압 환자인줄 모른 채 짠 음식 섭취, 운동부족 등 잘못된 생활습관을 이어가고 있습니다. 고혈압을 방치하게 되면 심근경색, 심부전, 뇌졸중 등 사망 위험이나 장애 가능성이 높은 심각한 질병을 초래할 수 있습니다.

수학 관련 교과 세특

수학 I

'실생활에서 수열을 이용한 사례' 활동에서 소설가 베르나르 베르베르의 작품 〈개미〉에 등장하는 수열, 유전자를 증폭시킬 때 사용하는 기법인 'PCR'을 이용할 때 나타나는 2의 n제곱의 수열 등 참신하고 새로운 수열들을 자신의 진로 의학 분야인 유전자를 대상으로 수열로 조사하고 보고서를 작성해 제시함. 사례에서 나타나는 수열에 대해 직접 일반항을 구하는 식이나 방법 등을 조사해 심화 탐구하는 자세를 보여줌. 특히, 소설 〈개미〉에 등장하는 수열에 대해서는 피라미드식으로 배열하여 숫자의 개수를 이용한 풀이 방법 등, 여러 해결방식을 제안해 사고방식의 폭을 넓힘. PCR의 수열에는 의학 분야에서의 탐구를 통해 새로운 규칙을 습득한 것을 제시해 자신의 진로에 대해 깊은 숙고를 보여줌.

▶ '실생활에서 수열을 이용한 사례'를 알려주세요.

꿀벌의 가계도에서 피보나치수열을 찾았습니다. 또 식물의 가지와 잎의 배치, 조개의 나선형, 건축과 미술, 음악에서의 응용과 토큰 교환 및 계단 오르기나 주식시장 등 다양한 곳에서 수열이 활용되고 있습니다.

▶ 소설 〈개미〉에 등장하는 수열은 무엇인가요?

1, 11, 12, 1121, 122111... 개미수열이라고 합니다. 이 수열은 온라인정수열

사전인 OEIS(Online Encyclopedia of Integer Sequences)의 A005150 일련번호로 등록되어 있는 수열입니다.

▶ **개미수열에는 어떤 규칙이 있나요?**

앞 수를 연속되는 같은 수의 개수로 묶어서 읽는 규칙을 가지고 있습니다. 1항은 1입니다. 2항은 1항인 숫자와 개수를 표현해 숫자 1의 1개, 즉 '11'이 됩니다. 3항은 2항인 11을 숫자 1의 2개로 '12'가 됩니다. 4항은 3항인 숫자 1의 1개, 숫자 2의 1개로 '1121'이 됩니다. 아래 그림을 통해 이해될 수 있습니다.

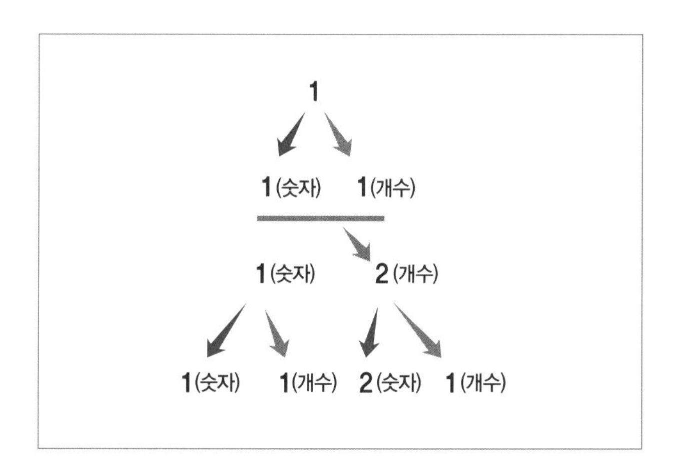

수학 II

'생활에서 미적분을 활용한 사례'에서 종양이 자라는 속도의 변화율, 혈관의 단면적에 따른 혈액 순환의 속도변화라는 새롭고 심화적인 사례들을 조사해 보고서를 작성함. 사례를 소개할 때, '종양'이나 '혈액 순환'같이 활용되는 대상에 대해 간략히 설명하고, 여러 상수를 도입해 결론이 도출되는 과정을 상세히 적음으로써 흥미롭고 이해하기 쉽도록 제작함. 새로운 사례들과 인용되는 공식들을 조사하는 과정을 통해 실생활에서 활용되는 적분에 대해 자세히 알아보는 계기가 되었을 뿐만 아니라 점성이 혈류속도에 영향을 끼치는 점, 혈류속도가 비정상적으로 증가하면 뇌혈관 협착증과 중풍이 발병 가능하다는 점 등 생명과학 분야에서도 새로운 내용들을 배울 수 있었음.

▶ 우리 몸은 스스로 지킬 수 있는 면역체계를 가지고 있다고 하는데 어느 정도의 종양까지 이겨낼 수 있나요?

인체의 정상적인 면역기능은 신체 내에서 생성되는 종양세포 1,000만 개까지 파괴할 능력을 가지고 있습니다. 보통 임상적으로 암이 발견될 정도로 암세포의 분열과 증식이 커지는 경우는 최소한 10억 개의 종양세포를 가질 때 면역기능이 파괴되어 암세포가 제거되지 못하고 암이 발생하게 됩니다.

▶ 종양 생성 과정은 어떻게 되나요?

종양은 정상세포가 방사선, 독성 화학물질, 자외선 등에 의해 돌연변이가 되어 암세포로 변하는 것입니다. 이 암세포는 스스로 끊임없이 자라는 것만이 아니라 암세포의 생성단계에서부터 여러 종류의 세포들이 암세포 주변으로 모이게 됩니다. 이 세포들과 암세포가 더불어 종양조직이라는 것을 이룹니다. 이때 유입된 주변세포들은 암세포의 성장에 영향을 주게 되며 혈관을 따라 전이됩니다.

▶ 뇌혈관 협착증은 어떤 병인가요?

경동맥 협착증은 경동맥의 혈관벽에 지방이 쌓이면서 혈관이 좁아지는 질환을 말합니다. 혈관 벽을 좁아지게 하는 원인은 다양하지만, 일반적으로 혈액의 콜레스테롤이 혈관 벽에 쌓이며 염증반응, 섬유화, 석회화 등의 과정으로 혈관 벽을 두껍게 만들고 혈관의 내경을 좁게 만듭니다.

학생부 관리 팁과 학생부 진로활동 예시

'혈류속도가 비정상적으로 증가하면 뇌혈관 협착증과 중풍이 발병 가능하다'라는 탐구 후 혈류속도가 감소하면 어떻게 될지 궁금증을 가지고 보고서를 작성한 사례

(진로활동, 동아리활동, 수학II) 혈류속도가 늦어지는 이유를 조사함. 그 이유로 혈관이 좁아졌거나 보이지 않는 동맥경화, 심장의 펌프질 약화 등이 원인이라는 사실을 알게 됨. 이런 이유가 심뇌혈관질환의 원인이 됨을 조사함. 현재 심뇌혈관질환 정밀검진에서는 경동맥 내막 두께와 동맥 경화반 유무는 확인하지만, 혈류속도는 따로 측정하지 않고 있다는 사실을 확인하고, 혈류속도 측정의 필요성을 제안함.

미적분

'염료희석법을 이용한 심박출량'을 적분으로 계산하는 방법을 소개함. 먼저 염료희석법과 심박출량이 무엇인지 학생들에게 소개한 뒤, 수식의 각 변수가 의미하는 것을 밝힌 뒤, 심박출량을 구하는 과정을 직접 예시를 준비해 공식을 쉽게 이해할 수 있도록 설명함. 용어와 과정을 최대한 자세하게 설명함으로써 친구들이 지루해하지 않고 많은 관심을 가짐. 미적분을 여러 기준으로 세부적으로 나누어 마인드맵 형식으로 소개하였는데 미분과 적분을 구분하고, 사용되는 함수를 기준으로 분류해 미분과 적분에 대한 전반적인 내용을 알려줌.

▶ 심박출량은 어떻게 구하나요?

1분 동안 심장에서 내보내는 혈액량을 말합니다. 심장은 일정한 주기로 수축과 팽창을 되풀이하면서 혈액을 동맥으로 방출하는 펌프 기능을 합니다. 심박출량은 1회의 수축으로 방출되는 양과 1분 동안에 수축하는 횟수(심박수)의 곱에 의해 결정되며 단위는 ml로 나타냅니다.

▶ 심박출량을 구할 때 염료희석법을 사용하는 이유는 무엇 때문인가요?

혈액은 정맥을 통해 심장의 우심방으로 들어가 폐동맥을 거쳐 폐에서 산소와 결합합니다. 그리고 폐정맥을 거쳐 좌심방으로 들어가서 대동맥을 통해 다시 몸 전체로 순환합니다. 염료희석법은 심박출량을 구할 때 색깔로 구분해 산출하기 위해 사용합니다. 염료를 우심방으로 주입해 염료가 심장을 거쳐 대동맥으로 들어가게 됩니다. 그리고 대동맥에서 심장을 떠나는 염료가 모두 없어질 때까지 일정한 시간 간격으로 측정해 염료의 양을 구하고, 이를 이용해 심박출량을 구하는 것이 염료희석법입니다.

▶ 심박출량을 구하는 과정을 설명해주세요.

심박출량은 대동맥으로 삽입된 탐침이 심장을 떠나는 염료의 농도를 염색약이 없어질 때까지 일정한 시간 간격으로 측정해 염료의 농도를 구합니다. 염료의 농도를 측정하는 시간 구간을 [0, T]라 하고, $c(t)$를 시각 t에서 염료의 농도라고 하면 심박출량 F는 다음과 같이 계산합니다.

$$F=\frac{A}{\int_0^T c(t)dt} \quad \text{(단, } A\text{는 염료의 양)}$$

예를 들어 5mg의 염료 $F=\frac{A}{\int_0^{10} c(t)dt}=\frac{5}{41.87}=0.12(\mathrm{L/s})$

즉, 120mL의 혈액을 온몸에 공급하고 있음을 알 수 있습니다.

확률과 통계

'다양한 전염병의 연도별 국내 신규 확진자'를 주제로 조사한 뒤, 자료를 제작해 발표함. 홍역, A형 간염, 쯔쯔가무시 등 국내에서 자주 발생하는 전염병 9가지 각각의 특징에 대한 증상을 소개한 뒤, 20년간 연도별 확진자의 통계를 선그래프, 막대그래프, 원형그래프를 이용해 보기 쉬우면서도 자세히 설명함. 이후 9가지 질병을 통합해 나타낸 그래프를 제시해 특정 질병의 확산세, 확진자 수를 다른 질병과 손쉽게 비교할 수 있도록 하였음. 수많은 전염병들에 대해 호기심을 느끼고, 도서 〈대유행병의 시대〉를 읽음.

▶ 자주 발생하는 전염병 9가지는 무엇인가요?

천연두, 폴리오, 말라리아, 페스트, 콜레라, 결핵, 독감, 발진티푸스 등이 있습니다.

▶ '폴리오', '발진티푸스'는 생소한 병인데 증상이 어떻게 다른가요?

폴리오 : 폴리오바이러스(Poliovirus) 감염에 의한 급성 이완성 마비 질환입니다. 증상으로는 잠복기에 발열, 두통, 인두통 등의 증상이 발생합니다. 임상 증상은 불현성 감염이나 비특이적 열성 질환이 대부분이며, 마비성 회백수염의 경우는 비대칭성의 이완성 마비가 나타납니다.

발진티푸스 : 발진티푸스 리케치아에 감염되어 발생하는 급성 열성 질환입니다. 증상은 1~2주의 잠복기 후 갑작스런 두통, 오한, 발열, 허탈, 전신의 통증 등의 증상이 나타납니다. 가피(eschar)는 보이지 않으며 반상 모양의 발진이 5~6일째 몸통 상부에 나타나기 시작해 전신으로 퍼져 나갑니다. 의식장애, 헛소리, 환각 등 중추신경에 관련된 이상 증상이 나타날 수 있고, 발열기에는 맥박증가, 혈압 저하 등의 순환기 장애가 나타납니다. 대부분의 경우 중독증상이 뚜렷하게 나타나지만 2주 후에는 열이 내리고 상태가 빠르게 좋아집니다.

▶ 〈대유행병의 시대〉 책에서 가장 기억에 남는 내용은 무엇인가요?

'동물원 나들이가 즐겁지 않을 것 같다'는 저자의 말에 깊이 공감합니다. 예전에는 쥐나 다람쥐가 예뻐 보였는데 진로를 의학자로 결정한 후에는 그 동물들이 병을 옮기는 건 아닌지 걱정부터 하게 되었습니다. 특히 과일을 너무도 귀엽게 핥아먹는 모습이 귀여운 과일박쥐가 코로나바이러스의 숙주였다는 사실이 충격적이었습니다. 이 책을 읽고 이 모두가 인간이 잘못 관리한 환경문제라는 생각을 하면서 인류의 건강을 위해서는 환경의 아픈 부분부터 치료해주어야 된다고 생각했습니다.

증가하는 신종 감염병

• **감염병이 증가하는 이유**

감염병의 증가는 전 지구적 현상이며, 그 원인으로는 교통수단의 발달, 국제적 교류의 증가, 기후의 변화 등 다양한 요인을 들 수 있다.

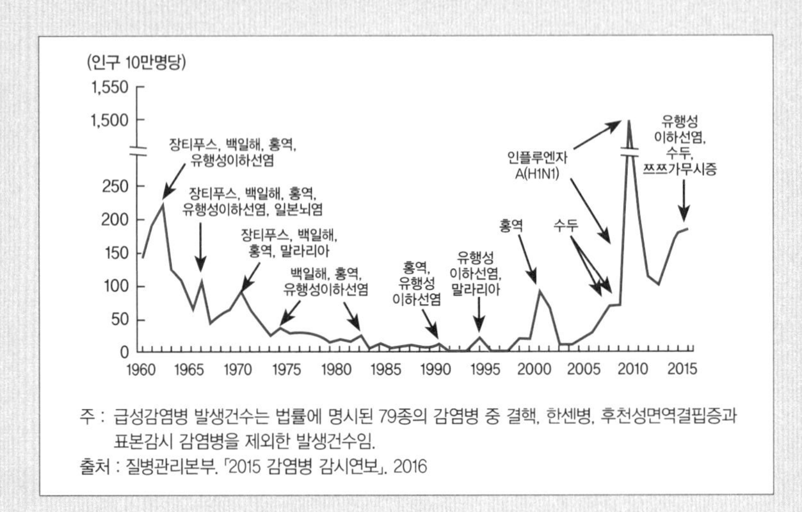

주 : 급성감염병 발생건수는 법률에 명시된 79종의 감염병 중 결핵, 한센병, 후천성면역결핍증과 표본감시 감염병을 제외한 발생건수임.
출처 : 질병관리본부, 「2015 감염병 감시연보」, 2016

• **신종 감염병 종류**

① 완전히 새로운 병원체의 출현(과거에 출현한 적이 없는 새로운 병원체의 탄생)으로 HIV(에이즈), 사스, 메르스, 코로나19 등이 있다.

② 과거부터 발생하고 있었으나 인류에게 알려져 있지 않은 감염이 생태학적, 유전학적, 지리학적 요인에 의해 발생하거나 재탄생한 경우로 라임병 등이 있다.

③ 감염이 질병의 원인인 것으로 헬리코박터 파이로리균으로 위암, 위궤양의 발병 등이 있다.

④ 기존의 병원균이 항생제 내성을 획득해 발생하는 것으로 폐렴구균, 포도상구균 등의 항생제 내성으로 매년 수백만 명의 환자가 항생제로 치료되지 않는 내성균으로 사망하게 된다.

확률과 통계

기호의 의미를 정확히 이해하고 말로 표현하며, 해석하는 능력을 발휘해 복잡한 실생활 문제 상황을 해결해 발표함. 색각 이상유전자를 보유한 여성과 정상유전자를 가진 남성 사이에서 태어날 수 있는 색각 이상 자녀의 수를 구하기 위해 문제 상황을 분석해 이항분포를 따르는지 판단하고, 확률, 평균, 표준편차를 구해 그 과정을 설명하는 모습이 돋보였음.

▶ **색각 이상 유전자(색맹) 여성과 정상 남성 사이에서 색각 이상 자녀가 태어날 확률은 어떻게 되나요?**

색각 이상 유전자는 성염색체 열성유전입니다. 따라서 아들 100% 색맹이며, 딸은 0%입니다. 이는 성염색체 관련 유전의 특성상 여성은 보인자(XX)와 정상만 태어나기 때문입니다. 딸 색맹이 태어나는 경우는 아버지가 색맹이고 어머니가 보인자이거나 색맹일 때 나타날 수 있습니다.

▶ **색각 이상은 치료가 가능한가요?**

색각 이상은 원추세포의 선천적인 이상으로 나타나는 질환이므로 치료법이 알려져 있지 않습니다. 색약의 경우, 엔크로마(EnChroma) 등의 색보정 안경을 착용해 완화할 수 있습니다. 최근 적록색맹을 가진 영장류에서 재조합 바이러스를 사용한 유전자 치료로 적록색맹이 완치된 사례가 네이처(Nature)지에 보고된 적이 있습니다.

 과학 관련 교과 세특

통합과학
우리 몸에 있는 기관계들이란 주제로 과학 UCC를 제작 발표함. 기관계에는 감각기관계, 소화계, 배설계, 호흡계. 순환계 등으로 분류해 각각의 역할과 기능에 대해 소개하고 각각의 기관계에서 일어나는 실제 반응들을 등장인물이 편의점에서 간식을 먹는 과정에서 각각의 기관계 반응이 순차적으로 일어나는 창의적 표현 방식이 돋보였음. 유전자 변이로 물질대사에 이상이 생긴 질병인 알캅톤뇨증에 대해 원인, 진단방법, 치료방법 등에 관한 안내서를 PPT로 제작해 발표함. 특히 유전자 이상이 단백질 이상으로 이어지면서 대사성 질환을 야기시킨다는 것을 정확히 이해하고 있으며 체계적으로 잘 설명함.

▶ 순환계에 이상으로 어떤 질병에 걸릴 수 있나요?

순환계는 심장, 혈관 및 혈액을 말합니다. 산소와 영양분을 포함해 면역세포, 전해질, 호르몬 및 기타 중요한 물질을 신체의 모든 세포, 조직 및 기관에 전달하는 중요한 역할을 합니다. 이런 중요한 순환계에 이상이 생기면 고혈압, 허혈성 심장질환, 관상동맥질환, 협심증, 심근경색증, 죽상경화증(동맥경화증), 뇌혈관 질환, 뇌졸중, 부정맥 등이 발생합니다.

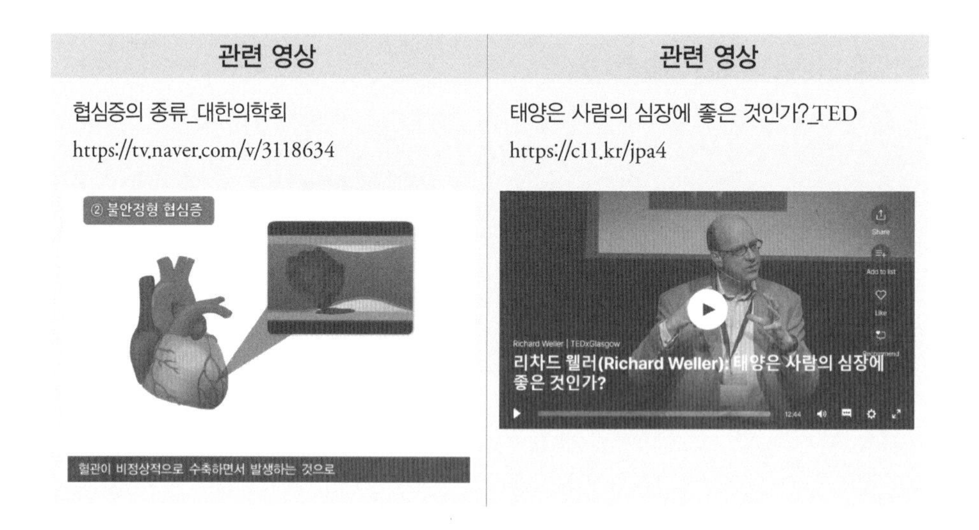

관련 영상	관련 영상
협심증의 종류_대한의학회 https://tv.naver.com/v/3118634	태양은 사람의 심장에 좋은 것인가?_TED https://c11.kr/jpa4

▶ 협심증은 어떤 질병이며, 치료방법은 어떻게 되나요?

협심증이란 관상동맥질환에 의한 흉부의 통증이나 불편감을 일으키며, 심장의 근육이 필요로 하는 만큼의 혈액과 산소 공급을 받지 못하는 경우에 발생하는 증상입니다. 치료방법으로는 약물을 복용하거나 경피적 관상동맥 확장술을 시행하거나 관상동맥 우회로 이식술을 많이 사용합니다.

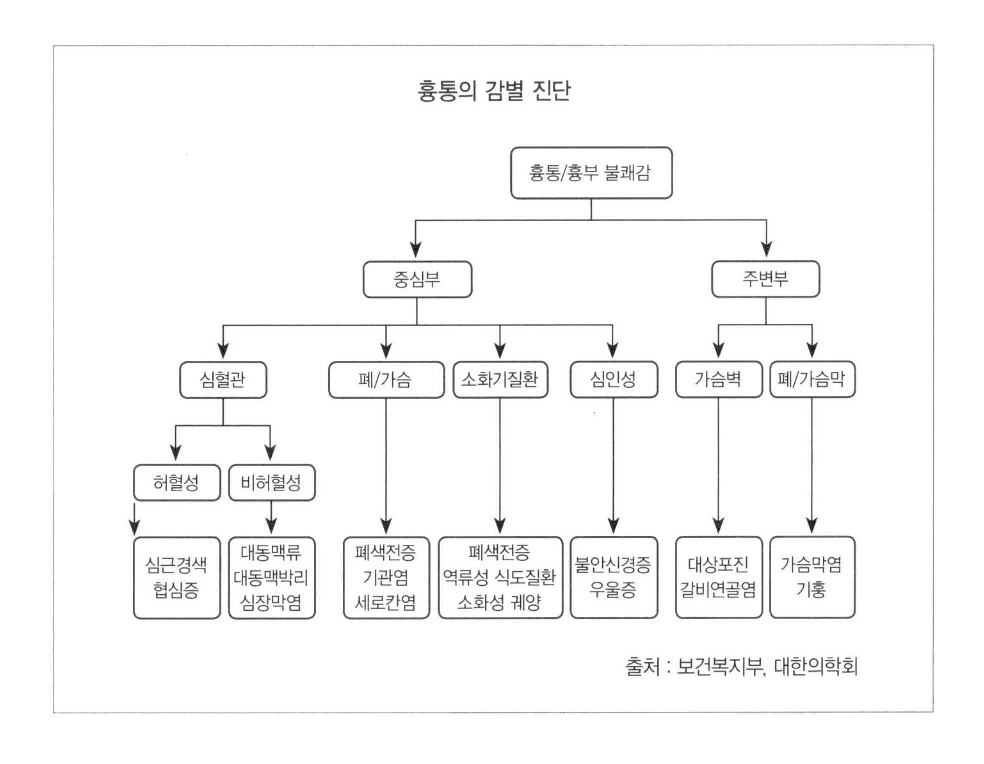

▶ 유전자 변이로 생기는 알캅톤뇨증은 어떤 질병인가요?

알캅톤뇨증이란 타이로신을 제대로 분해하지 못해 알캅톤을 소변으로 배출시키는 질환으로 상염색체의 열성으로 유전되는 질병입니다. 호모젠티스산 이산소화효소(homogentisate dioxygenase)에 결함이 생길 때 유발되며, 페닐알라닌과 타이로신의 이화과정에서 생기는 중간체 중 하나인 호모젠티스산(homogentisate)이 축적되는 희귀한 질환입니다.

과학탐구실험

발명 아이디어 활동에서 사막딱정벌레와 Air Drop의 연관성에 대해 설명하고, 자신의 관심 분야인 의학 분야에서 수술용 메스의 문제점을 보완할 수 있는 아이디어로 전복껍데기 사용 제작을 제안하는 모습에서 창의성과 진로에 관한 관심을 보임.
산성화된 토양의 중화 실험에서 실험 설계부터 결과 분석까지의 과정을 통해 과학이 생활 주변의 물체들에도 광범위하게 적용될 수 있다는 것을 이해함.

▶ '사막딱정벌레와 Air Drop'은 어떤 연관성이 있나요?

인공 오아시스 장치인 Air Drop의 아이디어로 사막에 사는 '사막딱정벌레'는 등에 큐티클층을 이용해 만들었습니다. 사막딱정벌레는 등에 있는 각질층을 이용해 공기 속 수분을 물방울로 만든 뒤 입으로 굴려 수분을 섭취합니다. 여기서 아이디어를 얻어 일교차가 큰 지역에서 공기 속에 있는 수분이 이슬방울에 맺히는 '응결현상'을 바탕으로 한 것입니다. Air Drop은 온도가 더 낮은 땅속에 파이프를 넣고 물을 만들어냅니다. 땅속 파이프에 공기를 모으면 응결현상 때문에 공기의 수증기가 이슬방울 형태로 맺히게 됩니다. 이러한 방식으로 땅속에서 모은 물을 농업용수로 사용할 수 있습니다.

▶ Air Drop을 이용한 또 다른 사례가 있나요?

'와카 워터'도 응결현상을 이용합니다. 이는 딱정벌레가 아니라 거미줄을 보고 아이디어를 얻었습니다. 와카나무 혹은 대나무 등의 식물줄기로 틀을 만든 뒤 이슬이 잘 맺히도록 나일론 혹은 폴리프로필렌 매쉬 그물을 달아 '와카 워터'를 만들었습니다. 아프리카는 낮에는 매우 덥고 밤에는 매우 춥습니다. 그래서 응결현상이 더 잘 일어나기 때문에 하루 약 100L 정도의 깨끗한 물을 얻을 수 있습니다.

관련 영상	관련 영상
WARKAWATER_ArchitectureVision https://youtu.be/yydTlX0HHDo 	공기 중에서 물을 얻는 '와카워터' 기술_YTN 사이언스 https://www.youtube.com/watch?v=KmuB_ra22VQ 

생명과학 Ⅰ

생물과 무생물적 특징을 모두 가지고 있는 바이러스의 특징을 이해하기 위해 용균성 생활사와 용원성 생활사를 비교해 발표함. 특히 독성파지인 T4파지와 프로파지인 람다파지의 특성을 비교해 설명하는 모습이 인상적이며, 바이러스의 종류마다 숙주세포가 다른 이유를 돌연변이를 통해 바이러스에 따라 인식하는 숙주의 단백질이 정해져 있다는 사실을 rock and key 모델을 이용해 쉽게 설명하는 등 자기주도적인 학습 태도가 돋보임.
또한 AIDS를 일으키는 HIV의 기원, 감염경로, 증상 및 치료 등을 심화, 조사해 발표하였으며 역전사에 사용되는 효소는 오류 정정 기능이 없기 때문에 다양한 돌연변이를 일으켜 HIV가 쉽게 변이 될 수 있다는 사실과 산모로부터 태아의 수직감염을 막아줄 수 있는 '지도부딘'이라는 약품을 소개할 정도로 자신의 역량을 발휘함.

▶ T4파지의 특징에 대해 설명해주세요.

T4파지는 대장균에 들어간 뒤 30분 내에 대장균을 터뜨리고 나오는 '용균성 생활사'를 가지고 있습니다. 대장균에 들어간 T4파지의 DNA는 특별한 효소를 만들어 대장균의 DNA를 박살내는 매우 공격적인 박테리오파지입니다. 대장균의 복제효소와 리보솜을 사용해서 수천 개의 T4파지 DNA와 단백질 껍질은 서로 결합한 뒤 대장균을 터뜨리고 나옵니다.

람다파지

'용원성 생활사'를 가지고 있는 박테리오파지로 대장균에 들어가서 대장균의 DNA 속으로 슬쩍 끼어들어 갑니다. 이후 대장균에 증식하면 람다 파지도 함께 증식하면서 조용히 생활합니다. 하지만 자외선을 쐬는 경우 등 특정한 자극을 받게 되면 람다파지도 '용균성 생활사'로 변합니다.

▶ '지도부딘'은 어떤 약품이며 부작용은 없나요?

HIV나 AIDS 예방 및 치료에 사용되는 항레트로바이러스 약제입니다. 주사침 찔림 후 또는 분만 중 모자감염 또는 기타 잠재적 노출을 예방하기 위해 사용할 수 있습니다. 부작용으로는 두통, 발열, 메스꺼움이 있고, 심해지면 간 질환, 근육병, 유산산증이 나타납니다. 하지만 임신 중에 사용가능하며, 태아 건강에는 아무 문제가 없습니다.

생명과학II

세포호흡 단원에 큰 관심을 보임. 특히 TCA회로에 대한 과정에 흥미를 느끼며 TCA 회로와 전자전달계에서 산화, 환원 과정을 단계적인 그림으로 그려 발표함. TCA회로 내의 산소와의 역할에 중심을 두고 조사함. 세포호흡과정에서 전자 전달계의 역할을 밝히면서 초과산화물 라디컬이 생성되는 원리 및 수산화 라디컬의 생성 과정을 화학반응식을 통해 알기 쉽게 설명함. 활성산소가 DNA와 유전자를 파괴하는 과정에 대해 관심을 가지고 알아봄. 이 과정이 노화의 주원인임을 밝히고 발표함. 노화방지의 해결책으로 황산화 효소의 작용을 설명하고 항산화 물질을 생성하는 '피토케미컬'인 아스피린, 퀴닌, 플라보노이드에 대해 조사하고 리포트를 작성해 제출함.

▶ 생물체에는 TCA회로가 들어있나요?

TCA회로는 고등동물의 생체 내에서 피루브산의 산화를 통해 에너지원인 ATP를 생산하는 과정을 갖는 회로입니다. 효모, 곰팡이 등의 미생물도 TCA회로를 가지고 있습니다. 생체 내에서 탄수화물·지방·단백질의 대사 생성물은 마지막에는 피루브산이 되어 이 회로에 들어가 완전 산화되어 이산화탄소와 물이 부산물로 만들어집니다. 크렙스가 발견해 크렙스회로라고 말하며, 이 회로가 시작될 때 시트르산이 만들어져서 시트르산 회로라고 합니다.

▶ TCA회로에서 산소는 어떤 역할을 하나요?

산소 공급이 원활하지 않으면 전자의 최종 수용체가 없어지므로 전자 전달계가 작동하지 못하게 됩니다. 그러면 탈수소 조효소인 NAD, FAD가 재생되지 못해서 TCA회로로 진행이 안 됩니다. 최종적으로 산소 공급이 잘되지 않으면 ATP를 생산하지 못하게 됩니다.

▶ 피토케미컬은 무엇이며 어떤 역할을 하나요?

피토케미컬은 식물 속에 들어 있는 화학물질로 식물 자체에서는 경쟁 식물의 생장을 방해하거나 각종 미생물, 해충 등으로부터 자신의 몸을 보호하는 역할을 합니다. 또 사람의 몸에 들어가면 항산화물질이나 세포 손상을 억제하는 작용을 해 건강을 유지시켜 주는 역할을 합니다. 버드나무 껍질에서 추출한 아스피린, 말라리아 특효약 퀴닌, 발암물질 생성을 억제하는 플라보노이드, 카로티노이드 등이 있습니다.

물리 I

전자기 유도를 주제로 발표함. 전자기유도, 유도기전력, 유도전류 등의 관련 용어를 설명하고 유도전류의 크기에 영향을 미치는 요인을 여러 상황을 이용해 설명함. 렌츠의 법칙과 패러데이 법칙에서는 직접 제작한 발표 자료를 이용하고 전자기 유도의 사례를 다양하게 제시해 친구들이 관련 내용을 쉽게 이해할 수 있도록 발표함.
자신이 희망하는 의료 분야에 적용되는 다양한 물리 이론을 찾아보고 보고서를 작성함. X선의 기본 원리와 발견과정, 실제 병원에서 사용되는 X선 촬영장치의 작동과정을 설명함.

▶ X선 사진의 원리는 어떻게 되나요?

X-Ray는 빠른 전자를 물체에 충돌 시 대부분은 통과시켜 밝게 보이지만, 뼈

는 거의 통과되지 않아 검은색으로 보이게 됩니다. 뼈, 폐 안의 공기, 근육조직, 피부 등 흡수되는 양이 다 다르기 때문에 농도의 차이가 생기게 됩니다. 자외선을 오래 쬐면 건강에 나쁜 것처럼 X-Ray도 많이 쪼이면 몸의 조직을 이온화시켜 변형시킵니다.

▶ X선 의료기기의 특징은 무엇인가요?

가장 간단한 방법으로 뼈의 모양과 구조를 알 수 있으며, 뼈의 모양과 배열을 통해 근막과 근육의 모습을 알 수 있으며, X선을 한 방향으로 보여주어 여러 방향으로 우리 몸을 모두 볼 수 없다는 단점이 있습니다.

▶ X선 의료기기의 단점을 보완할 수 있는 기기가 있나요?

X선 사진은 방향을 구분할 수 없는 것을 쉽게 구분할 수 있으며, 폐, 신장 등의 장기처럼 연한 조직을 촬영해 더 자세한 표현이 가능합니다. MRI보다 촬영시간이 짧고 폐쇄공포증에 대한 걱정이 없어 쉽게 촬영이 가능합니다.

화학 I

화학 기사 제작 활동으로 '가습기 살균제'로 인한 산모, 영유아 사망의 원인 물질인 에폭시에틸구아니딘, 메틸클로 로이소치아졸리논 등의 성분을 알려, 살균제 성분에 주의를 요하는 기사를 제작하는 조별 활동을 실시함. 탄소 화합물의 활용 사례로 '살리실산메틸'의 제법, 분자 구조 및 물리적 화학적 성질로부터 파스, 연고 등의 외용제로 이용되고, 식품의 악취를 제거, 변환시켜 상품적 가치를 높이는 분야에서 이용되는 예를 조사한 보고서를 제출함.

▶ '가습기 살균제' 성분의 문제점은 무엇인가요?

가습기 살균제의 CMI(메틸클로 로이소치아졸리논)와 MIT(메칠이소치아졸리논)는 식물의 번식을 억제시키는 보존제 역할을 합니다. 미국의 경우는 환경보호청(EPA)에서 농약으로 분류하고, 2등급 흡입독성물질로 지정되어 있습니다. 우리나라는 15ppm 이내로 '씻어내는 제품'에만 사용할 수 있습니다. 그런데 그 약품을 우리나라에서 가습기에 사용해 폐에 치명적인 손상을 입어 외국에서는 볼 수 없는 가습기 사망사고가 발생하였습니다.

▶ 손소독제에서 '가습기 살균제' 성분이 나왔다고 하는데 괜찮은가요?

네, 흡입하는 것이 아니기에 괜찮습니다. 식약처 국정감사에서 시중에서 팔리는 손 소독제 중 약 10%에 염화벤잘코늄이라는 가습기 독성성분이 함유되어 있다는 것이 보도되었습니다. 환경부가 진행한 염화벤잘코늄 흡입독성시험 결과를 보면, 이 성분을 지속적인 흡입 시 호흡기에 악영향을 줄 수 있다는 연구결과가 나왔습니다. 그래서 손소독제를 사용한 뒤 코나 입에 손을 대거나 손소독제를 분무 형태로 뿌려 흡입이 될 경우는 위험합니다.

생명과학 실험

수업에 적극적이고 탐구적인 태도로 참여하는 학생임. 생명의 가치를 소중히 여기는 태도를 가지고 있어 생명 및 환경문제에 대한 감수성이 높음. 의문을 해결하기 위해 끊임없이 고민하고 주어진 조건을 최대한 활용해 다양한 시도를 하고자 하는 의지를 가지고 있음. 직접 경험해본 실험 조건 외에도 궁금한 것들을 따로 공부하고 조사해 의문을 해결하는 열의를 보임. 물벼룩의 심장박동 변화 실험에서 아드레날린과 아세틸콜린이 자율신경계의 작용을 알아보기 위해 설정한 변인이라는 것을 이해하고 진행함. 또한 도출된 결과에 그치지 않고 다른 약물들의 효과에 대해 조사하는 열의를 보임. 실험 전반에 걸쳐 성숙한 연구 태도를 보여주었으며, 학자가 갖추어야 할 윤리적 자세를 가지고 있음.

▶ 아드레날린과 아세틸콜린이 자율신경계에 어떻게 작용하나요?

아드레날린은 교감신경에서 분비되는 신경전달물질로 분비량이 증가해 말초혈관 수축작용과 심박동 수가 증가합니다. 반면에 아세틸콜린은 부교감신경에서 분비되는 신경전달물질로 심장과 폐에서 억제성 작용을 합니다. 그런데 대부분 장기에서는 흥분성 작용을 나타냅니다.

▶ 커피와 같이 심장박동을 촉진시키는 약물이 또 있나요?

카페인이 들어 있는 것에는 커피, 녹차, 홍차, 콜라 등이 있습니다. 그리고 담배 속에 있는 니코틴이나 필로폰, 코타인 등이 있습니다.

학부모 질문

Q 물벼룩의 심장박동 변화 실험과 같은 실험 활동 후 또 다른 실험을 추가해서 할 수 있는 활동이 있나요?

A (진로활동, 동아리활동, 생활과 윤리) 또 다른 추가 실험은 하지 않아도 됩니다. 커피가 물벼룩의 심장 박동수를 촉진시키는 것을 확인한 후, 카페인의 장단점을 조사하거나 교내 학생들이 섭취하는 카페인을 설문조사해 정리, 분석해도 됩니다. 또한 약물중독교육 후 카페인이 청소년들에게 미치는 부정적 내용을 보고서로 작성해도 좋은 평가를 받을 수 있습니다.

학생부 관리 팁과 학생부 진로활동 예시

논문 '청소년의 고카페인 음료 섭취와 우울 증상 및 자살의 관계'를 읽고 보고서를 작성한 사례

(진로활동, 동아리활동) 고카페인 음료를 음용하는 청소년 중에서도 일일 권고량을 초과한 경우는 우울 증상 및 자살 생각, 자살 계획, 자살 시도의 위험성이 높았음. 고카페인을 주기적으로 복용한 청소년들이 만약 복용을 중지한다면 우울증 및 집중력 감소, 과민함이 나타나기도 한다는 내용을 조사함. 대책으로는 카페인 함량과 민감한 사람을 위한 주의 문구와 카페인 함유량에 따라 저함량, 고함량의 정확한 표기가 필요하다고 발표함. 또한 카페인 과다 복용의 위험성에 대한 주기적인 교육이 필요하다고 보고서에 명시함.

청소년 고카페인 참고자료

[논문]

- 청소년 고카페인 음료 섭취 빈도와 정신건강의 관련성 연구

- 청소년의 고카페인 에너지음료 섭취 실태 및 부작용 경험
- 카페인이 함유된 음료 섭취가 대학생의 스트레스 정도, 학습태도 및 수면시간에 미치는 영향
- 국내 중고등학생들의 고카페인 에너지음료 소비패턴 및 부작용에 대한 분석
- 대학생들의 고카페인 에너지음료 소비 실태 및 부작용 분석
- 청소년의 고카페인 에너지음료 섭취 실태 및 부작용 경험
- 청소년의 건강행태와 고카페인 음료 섭취에 관한 연구
- 청소년 고카페인 음료 섭취 빈도와 정신건강의 관련성 연구
- 우리나라 청소년의 고카페인 에너지 음료 섭취와 자살 생각과의 관련성

면접

물벼룩의 심장박동 변화 실험에서 다른 물질들의 효과를 확인했다고 했는데, 결과는 어떠했나요?

커피를 이용해 실험을 진행했습니다. 커피용액에 각성제 성분이 들어 있어 물벼룩의 심장 박동수를 증가시켰습니다. 탐구결과 커피 속에 있는 카페인이 중추 신경계를 흥분시켜 심장 박동을 촉진시켰습니다.

고급생명 과학 실험

생명과학에 대한 흥미가 높아 이론적인 학습에 그치지 않고 직접 실험을 해볼 기회가 되어서 참여함. 초파리를 이용한 호르몬 실험, PCR 실험, 미생물 배양실험 등 다양한 심화된 생명과학 실험을 직접 하게 되었고 실험 후에는 실험 결과와 이유를 추론하며 과정을 꼼꼼히 되새기며 실험보고서를 작성함.

PCR 전기연동 실험에서는 실험의 반응이 뚜렷하게 나타나지 않아 그 원인을 분석하기 위해 여러 자료와 실험보고서를 분석하고 문제점을 찾아 해결하는 과정까지 추가 보고서를 작성함.

▶ PCR 실험방법에 대해 알려주세요.

1**단계** : DNA 변성(Denaturation)단계입니다. 5′말단은 Taq 중합효소에 의해 주형사슬의 증폭 개시점으로 작용합니다. 주형사슬이 복제된 후 그 복제산물들

은 융해에 의해 변성과정을 거칩니다. 변성과정에서는 이중나선(double helix)을 지탱하던 수소결합이 파괴되어 이중나선이 풀어집니다. 이때 온도는 보통 94℃로 맞춥니다.

2단계 : 프라이머(primer)의 결합이 일어나는 풀림(Annealing)과정입니다. 풀림과정에서는 합성된 산물과 주형사슬 모두에 프라이머가 풀어지도록 온도를 낮춥니다. 풀림과정에는 가장 적합한 온도와 시간이 있는데 이것은 primer의 염기배열과 그 길이에 따라 결정됩니다. 하지만 일반적으로 50~65℃에서 30~60초 정도로 진행됩니다.

3단계 : DNA 합성(Extension)과정입니다. 이때 또 다른 복제가 시작됩니다. 즉 primer로부터 반응액에 넣어준 dNTP를 재료로 새로운 가닥의 합성이 일어납니다. 합성에 필요한 시간은 주형 DNA의 농도, 증폭단편의 크기, 반응 온도에 따라 좌우되지만 일반적으로 Taq DNA polymerase를 사용할 경우 70~74℃에서 30초~10분 정도 시행하며 원하는 PCR산물의 크기가 크거나 반응요소의 농도가 낮을 때에는 시간을 연장시킬 수도 있습니다.

▶ 전기영동의 원리에 대해 알려주세요.

전기영동은 DNA나 단백질을 전기적 전하나 크기에 따라 물리적으로 분리하는 방법입니다. 전기영동 시 전하를 띠는 물질들이 그 전하에 반대되는 극으로 끌려가는 것이 전기영동의 원리입니다. 즉 −전하(charge)를 띠는 DNA는 전기영동 시 −전극에서 +전극으로 이동합니다.

전기영동의 종류에는 아가로스 겔(Agarose gel) 전기영동, Polyacrylamide gel 전기영동 등이 있습니다. 일반적으로 Agarose gel을 이용한 전기영동을 사용합니다. 아가로스 겔 전기영동법(Agarose gel electrophoresis)은 주로 큰 사이즈의 DNA를 분리해낼 때 사용합니다. 이것은 agarose gel을 원하는 틀에 굳혀 만든 뒤 전기영동장치를 이용하면 되기 때문에 매우 간편하고 조작이 쉬워 실험실에서 많이 사용합니다. 하지만 해상도가 낮고 DNA의 회수가 어렵다는 단점이 있습니다. Agarose gel 전기영동은 agarose gel을 만들고 DNA sample을 loading하고 전기영동장치를 running하는 과정을 거쳐 이루어집니다.

▶ Real-time PCR, 전통적 PCR의 차이점을 설명해주세요.

PCR 방법의 장점은 반응에 아주 소량의 시료로 원하는 부분을 증폭할 수 있습니다. 전통적인 PCR은 겔에서 증폭된 밴드의 강도를 확인된 농도의 표준물질과 비교하면 반정량적 결과를 얻을 수 있습니다. Real-time PCR은 PCR산물의 양이 템플릿 핵산의 양에 직접 비례할 때 PCR의 익스포넨셜 성장단계 동안 데이터를 수집할 수 있습니다. Real-time PCR의 병원균 검출, SNP 유전형 분석, microRNA 분석, 바이러스 정량 등이 가능한 장점이 있습니다.

사회 관련 교과 세특

통합사회
의사를 희망하며 의료법에 관심을 가짐. 법에 대해 좀 더 탐구하고 싶어 독서 평가에서 〈김영란의 열린 법 이야기〉를 선택해 읽음. 이 책에서 법의 역사, 법에 근거한 정의를 알게 되어 의료법이 언제부터 시작되었고, 어떻게 현재까지 정착되었는지를 알고 현대 의료법의 특성과 단점을 분석하고 의료법이 시대에 따라 어떤 진보를 해야 할지 탐구하고 파악하기 위해 노력함. 법에 근거한 정의로 의료법에 근거한 의료 상황의 정의가 항상 옳은 것인지 의문을 갖고 고민해봄. 인권 보장과 헌법 부분에서 인권의 의미를 배우고 의사의 기본 덕목이 환자의 인권에 초점을 맞춰야 된다는 것을 깨달음. 인권문제와 해결향상을 배우며 의료법상의 문제도 인권의 문제와 별반 다를 것이 없음을 알아 의료법 또한 많은 토의를 통해 시대에 따라 계속 진보되어야 된다고 생각함. 의사여서 법을 등한시하는 것이 아닌 법을 더 잘 알아 나 자신도 보호하고 환자까지 보호하는 의사가 되어야 한다고 깨달음.

▶ 의료법의 역사에 대해 소개해주세요.

1951년 9월 25일 한국전쟁 당시 제정된 '국민의료법'에서 출발하였으며, 그다음 '의료법'으로 전면 개정되었습니다. 국민의 관심도가 높아지며 그에 따른 권리 보장이 대두되면서 모자보건법과 같이 다양한 보건의료 관계법들이 제정 및 개정되었고, '의료보험법'이 만들어졌습니다. '노인복지법', '심신장애자복지법'이 제정되면서 1989년 전 국민 의료보험이 시행되었습니다. '응급의료에 관한 법', '국민건강증진법' 등이 제정되었으며, 2019년에는 '불법 사무장병원 방지법'이 국회 본회의를 통과했습니다. 2020년에는 낙태금지법 위헌 판결로 법 개정이 되었습니다.

▶ '불법 사무장병원 방지법'은 왜 만들어졌나요?

불법 사무장병원이란 의료인 자격이 없는 자에 의해 운영되는 의료기관을 의미합니다. 이 법은 다른 사람에게 면허증 대여를 금지하고, 의사 또는 의료법인이 아니면 의료기관을 개설할 수 없도록 규정하고 있습니다. 이를 위반할 경우 면허 취소와 3년간 면허 재교부를 금지하고 형사처벌을 받도록 강화하고 있습니다. 특히, 명목상 개설자와 실질 운영자가 다른 사무장병원의 적발 건수는 계속 증가하고 있어 법안이 만들어졌습니다.

사회문제 탐구

코로나19가 무엇인지 자세하게 소개함. 과학적인 원리를 덧붙여 가며 설명한 점이 인상 깊게 보였음. 코로나19가 미국에서 퍼지게 된 원인, 과정, 결과를 자세하게 알아봄. 정치적인 이유, 언론에서 사용한 표현을 분석해가며 심층적으로 분석한 것이 여실히 드러남. 이 같은 과정을 통해 한국과 일본의 사례도 분석함. 미국과 일본에서 초기 대응이 실패한 이유를 탐구하는 과정에서 나름대로 실마리를 찾고, 여러 과학적 견해도 중요하지만 하나 된 시민의식이 코로나19를 해결하는 주요한 방법이 될 것이라고 주장함.

마스크 착용 빈도와 피부트러블 발생 빈도의 관계성을 알아보고자 '나도 꼬마 사회과학자' 활동에서 "코로나19 확산으로 인한 마스크 착용 증가 때문에 피부트러블의 발생 빈도가 증가하였을 것이다." 라는 가설을 세우고 양적연구를 수행함. '피부트러블'을 '여드름 및 뾰루지의 개수'로 조작적 정의해 수치화할 수 있도록 함. 설문조사를 통해 자료를 수집하고, 조사결과 마스크 착용 전에 비해 마스크 착용 이후 피부트러블이 눈에 띄게 증가했다는 유의미한 결론을 도출해 가설을 수용함. 코로나19가 의료계에 끼친 영향을 분석하는 기사들을 탐독한 뒤 자신의 견해를 덧붙여 재구성함.

▶ 전염병에 대한 초기 대응과정이 중요한가요?

초기 대응과정에 따라 감염 수에서 큰 차이가 난다는 것을 확인할 수 있었습니다. 우리나라는 '상호주의'에 입각해 제한적 검역과 환자 우선격리 원칙으로 원활한 대응을 했습니다. 완전한 폐쇄조치는 밀입국이나 제3국 경유를 통한 사각지대가 발생해 방역망에 구멍이 뚫릴 수 있기 때문에 입국 과정에서 유증상자를 격리 치료하는 것이 효과적이라고 판단했습니다. 병원이나 약국에 수진자 자격조회(건강보험 자격조회), ITS(해외여행이력정보제공 프로그램), DUR(의약품 안전사용서비스)을 통해 환자의 여행력을 공유하는 한편, 확진자가 발생하면 곧바로 역학조사관을 투입해 확진자 동선 파악에 주력했습니다.

▶ 마스크 트러블 예방법을 알고 싶어요.

우선 마스크 부위 화장을 최소화하는 것이 중요합니다. 선크림이나 파운데이션 등을 피부에 바르면 세균이 번식할 수 있는 환경을 조성해 트러블이 나기 쉽습니다. 꼭 필요한 경우가 아니라면 화장을 하지 않거나 눈썹 화장만 하는 것을 추천합니다. 특히 마스크를 오래 착용하면 화장이나 땀 등으로 마스크 안쪽이 오염되는 경우가 많아 트러블이 발생할 수 있으므로 오염된 마스크는 자주 교체하는 것이 좋습니다. 외출 후엔 자극이 없는 세안 용품을 활용해 미온수로 세안합니다.

관련 영상	참고자료
마스크 때문에 생기는 피부트러블 고민, 어떻게 관리해야 할까?_강남세브란스병원 https://youtu.be/ddCMZGCppyE	화장품산업 9대 트렌드 및 글로벌 M&A동향 https://assets.kpmg/content/dam/kpmg/kr/pdf/2020/kr-insight71-cosmetics-20200911-.pdf

한국사

동영상을 시청하고 모둠 평가를 수업시간에 실시하는 거꾸로 수업에서 친구들의 자발적 참여를 유도하면서 모둠협동수업의 모범적 실천을 주도함. 사상의학을 창시해 순간의 현상뿐만 아니라 근본적 치료를 위해 노력한 이제나의 동의수세보원을 '역사인물 페이스북'으로 제작해서 제출함. 의학서를 처음 제작할 때 의학자의 희망과 포부를 정리하고 실제 치료 사례와 가난한 백성들에 대한 구호 활동을 정리한 댓글로 융합적 지식 활용 능력을 자랑함. 조선시대 가장 의심받는 의술을 행사한 것으로 알려진 이형익이란 인물의 정체를 살펴보기 위해 '1일 춘추관 사관' 활동으로 왕조실록을 검색해 번침이라는 의술로 관직에 오르는 모습, 인조 총애를 받는 장면, 소현세자의 죽음으로 양사 탄핵을 받는 내용 등을 기록함. 소중한 생명을 다루는 의학자의 학문적 자세의 중요성을 교과서 밖 역사 학습으로 직접 학습함.

▶ 동의수세보원이 무엇인가요?

사상의학(소음인, 소양인, 태음인, 태양인)으로 사상 유형을 나눈 체질의학서입니다. 같은 병이라도 유형에 따라서 처방과 약의 선택이 달라진다는 원리를 기반으로 합니다. 체질에 따라 다른 치료법과 치료제를 사용해 치료하는 방법입니다.

▶ **'1일 춘추관 사관' 활동을 통해 무엇을 알게 되었나요?**

'이형익'의 번침을 맞고 인조는 증세가 좋아졌으나 소현세자는 번침을 맞고 증세가 악화되었습니다. 이 때문에 '이형익'이 소현세자의 죽음에 연관되었다는 내용을 확인할 수 있었습니다. 이 활동을 통해 역사 속 의료에 대한 내용을 한 번 더 생각해보게 되었습니다. 그리고 조선왕조실록의 다양한 의학을 살펴보면서 한의학에 대해 더 깊이 연구할 수 있다는 것을 알게 되었습니다.

▶ **체질의학과 증치의학의 차이를 알고 있나요?**

체질의학은 약 또는 식품을 이용해 태어날 때부터 타고난 신체의 불균형을 잡아주는 의학입니다. 자신의 체질에 맞는 약을 사용하기 때문에 치료효과가 빠르며, 체질에 맞는 식이요법을 통해 치료의 효과를 증진시킬 수 있는 장점이 있습니다. 하지만 증치의학은 신체는 균형적으로 타고났지만 외부 원인으로 인해 균형이 깨져 질병이 생기기 때문에 질환의 증세를 다스리는 데 목적이 있습니다.

생활과 윤리

주제보고서 '의학 기술의 가치중립성 문제'에서 의약품의 부작용, 유전자 조작, 각종 실험의 생명권 무시 등을 제시하며 의사와 실험자들의 윤리와 사회적 책임을 설득력 있게 발표해 학생들의 호평을 받음. 꿈 과제에서 외과의사와 모의 인터뷰를 통해 자신의 진로와 의료 윤리를 고민하고 해법을 찾으려는 노력이 돋보임. 수업 내용 중 의료나 생명 관련된 부분은 여러 자료와 사례를 조사하고 질문과 토론으로 연결시키는 적극적인 학습 자세를 가짐.

▶ 의약품 부작용의 사례를 소개해주세요.

여드름 치료를 위해 바르는 연고는 부신피질호르몬이 함유되어 있어 습관적을 사용하게 되면 혈관이 확장되고 얼굴이 붉어질 수 있습니다. 스테로이드계 연고는 염증억제작용을 해 여드름과 피부염이 치료가 되는 것처럼 보이지만, 억제작용을 하는 것이 목적입니다. 특히, 피부가 부드럽고 연약할 경우 홍조와 피부트러블을 많이 발생시킬 수 있습니다.

▶ 진로탐색활동으로 외과의사와의 인터뷰를 통해 어떤 점을 알 수 있나요?

외과의사의 일상과 자질 등을 파악할 수 있습니다. 우리나라 외과 의료기술은 세계적인 수준에 도달할 정도로 우수합니다. 특히 위암, 대장암, 직장암의 수술법은 선진국에서 배우러 올 정도입니다. 하지만 외과의사는 바쁜 수술 일정으로 가족과 영화를 보거나 밥 한번 제대로 먹을 시간도 없습니다. 이런 면들을 파악하고 진로를 선택하는 것이 나중에 후회하지 않는 삶을 살아갈 수 있습니다.

학생부 관리 팁과 학생부 진로활동 예시

연고의 부작용 조사 활동 후, 연고의 오남용에 대해 조사하면서 연고의 종류와 부작용, 올바른 사용법에 대해 탐구보고서를 작성한 사례

(진로활동, 동아리활동) 연고의 부작용으로 고민하는 친구에게 연고의 특징에 대해 자세히 알려주기 위해 부작용을 조사함. 피부 연고제를 크게 항생제, 스테로이드제, 항진균제, 항바이러스제로 나누어 성분과 쓰임새를 조사함. 연고 사용 후 나타날 수 있는 부작용을 설명하고, 바르게 사용하는 법을 보고서로 작성하였으며, 연고의 이미지와 특징을 포스터로 만들어 '연고 제대로 알고 사용하자' 캠페인을 진행함.

연고

- 항생제 : 상처의 감염방지 세균성 피부 감염증
- 스테로이드제 : 습진, 피부염 가려움증

• 항진균제 : 무좀, 어루러기
• 항바이러스제 : 단순포진, 대상포진

종류	주요 성분(제품명)
항생제	무피로빈(박트로반), 퓨시드산(후시딘), 겐타마이신(클리스톤지), 바시트라신(바스포), 네오마이신(네오파신)
스테로이드제	히드로코르티손(제이알히드로코르티손), 프로피온산덱사메타손(덱사톱), 길초산초산프레드니솔론(프래디)
항진균제	테르비나핀(라비진), 시클로피룩스(모조날에스네일라카), 케토코나졸(니조랄)
항바이러스제	아시클로버(아시클로버), 리바비린(바이라미드)

연고 부작용

• 항생제 : 내성 발생, 손상된 피부에 넓게 바르면 전신 독성 유발
• 스테로이드제 : 가려움증, 홍반, 상처치유 지연, 피부 위축, 혈관 확장
• 항진균제 : 가려움증
• 항바이러스제 : 포진이 다른 신체 부위로 전염 가능

한국사

수업시간에 적극적으로 참여하며 배운 학습 내용을 정리하는 능력이 뛰어남. 자신이 희망하는 직업의 역사를 조사하는 활동에서 '의료의 역사'를 주제로 관련 도서와 논문을 탐독하고 체계적으로 자료를 수집해 조선 최초의 서양식 병원인 '제중원'을 중점적으로 조사한 보고서를 작성함. 작성한 보고서를 발표하는 과정에서 '제중원'에서 벌어지는 사건과 일화들을 흥미롭게 풀어냄으로써 학우들로부터 긍정적인 반응을 이끌어냄.

▶ '광혜원'에 대해 소개해주세요.

광혜원은 미국 북장로회 알렌 의료선교사에 의해 시작되었습니다. 갑신정변 때 칼을 맞아 중상을 입은 민영익(명성황후 조카)을 치료해 고종의 총애를 받아 왕실부 시의관으로 임명되었습니다. 시의관이 고종에게 근대식 병원 설립을 건

의해 설립된 것이 광혜원입니다. 광혜는 '널리 은혜를 배풂다'라는 뜻으로 일반 백성의 질병을 치료하는 일을 담당하는 한국 최초의 서양식 국립의료기관입니다. 이후 광혜원은 제중원으로 이름을 바꾼 후 왕실에서부터 평민에 이르기까지 다양한 사람들을 진료하는 기관으로 성장했습니다.

▶ 조선시대의 실학자들은 서양의학에 관심이 많았나요?

전염병 환자들이 많아지자 관심을 가지기 시작했습니다. 이익의 〈성호사설〉 서국의 편에서 조선 최초로 고대 로마 클라우디우스 갈레누스의 생리학을 생리원칙, 혈액, 호흡, 뇌척수신경계에 대한 내용을 다루었습니다. 최한기는 서양의학 체제 전반과 임상의학 전반에 관심을 가지면서 서양의학을 널리 도입하게 되었습니다.

기타 교과 세특

보건
음주예방교육 시 '윤창호법에 대한 모든 것'을 조사하면서 질문에 대해 꼼꼼하고 정확하게 작성하였으며 특히 베트남과 중국의 처벌 규정을 비교하면서 우리나라 처벌은 아직도 미약함을 강조함. 마약 및 약물오남용 예방교육 시 마약의 위험성을 알고 약물 오·남용을 정확히 구분할 줄 알며 약물을 바르게 사용하겠다는 태도를 보임. 감염병 예방 교육 시 병원체의 종류와 전파경로를 자세히 설명하였으며 영화 '감기'를 통해 개인적·사회적·국가적 차원의 감염병 관리체계를 엿볼 수 있었으며 개인적 차원의 기침 예절이 얼마나 중요한지 깨닫게 되었다고 발표함.

▶ 우리나라와 외국의 음주운전 처벌 규정에 대해 알려주세요.

우리나라보다 외국의 처벌 수위가 높습니다. 외국인이 미국에서 음주운전으로 사람에게 상해를 입히는 경우는 입국이 금지될 수 있습니다. 워싱턴주의 경우는 사망자 발생 시 50년에서 종신형에 처하고 있습니다. 중국은 음주운전에 대한 처벌이 매우 강력한 나라 중 하나입니다. 만취로 적발되면 사형까지 선고된 판례가 있습니다. 터키의 경우는 재미있게도 음주운전자를 도심에서 30km 떨어진 외곽에 데려간 뒤 걸어서 귀가하게 한 후 구금할 정도로 음주운전 처벌 규정이 높습니다.

▶ 코로나 이후 우리나라의 감염병 관리체계에는 어떤 변화가 있었나요?

질병관리본부가 질변관리청으로 승격이 되었습니다. 감염병 대응 총괄기관으로 코로나 19 대응 및 치료제·백신 개발까지 총체적으로 관리할 정도로 체계적으로 관리하고 있습니다. 또한 만성질환, 희귀질환 및 기후변화 등 미래 건강위험도 관리를 하고 있습니다. 그리고 의료 인공지능, 재생의료 전담 부서가 신설되어 맞춤형 정밀의료 구현 및 재생의료 임상연구 안정성을 높이기 위한 연구를 할 정도로 체계적입니다.

학부모 질문

Q 보건과목은 성적 등급이 안 나온다고 알고 있습니다. 그런데 발표를 위해 시간 투자를 할 필요가 있을까요?

A 네, 보건과목이 석차 등급은 안 나오더라도 이를 통해 진로와 연관된 내용으로 확장해서 발표할 수 있기에 추천합니다. 대학에서는 사회에 관심이 많고 문제점을 해결하기 위해 다양한 해결책을 제안하고, 친구들과 어울리면서 함께하는 활동에 좋은 점수를 주고 있습니다. 따라서 팀 프로젝트에 적극적으로 참여할 것을 추천합니다. 차후에 음주와 관련된 질병 치료법에 대한 심화보고서를 작성할 수 있는 장점도 있습니다.

Q 우리 학교는 보건 과목이 개설되어 있지 않은데 어떻게 하면 들을 수 있나요?

A 신청한 학생 수가 적거나 개설을 못 하는 학교들이 있습니다. 이때는 공동교육과정을 이용하거나 교실온닷(온라인 공동교육과정)에서 보건과목을 신청해서 이수할 수 있습니다.

외국의 음주 처벌에 관련한 규정 발표 후 학생들이 호기심을 가지고 많은 질문을 해 더 많은 나라들을 조사해 보고서를 제출하고 보건 시간에 재발표한 사례

(보건) 외국의 음주운전 처벌 규정 사례 발표 후 학우들이 외국의 음주 처벌에 대해 질문해 호기심을 가지고 외국 처벌규정을 좀 더 조사해 보고서로 제출하고 발표함. 우리나라에서 '윤창호법'이 만들어졌지만 아직도 음주운전으로 사고를 내는 사람들이 크게 줄어들지 않는 것을 보면서 법이 다른 나라보다는 약하다는 내용을 추가적으로 발표하며 좀 더 강력한 법 제정이 필요하다는 의견을 제시함. 이후 음주로 인한 질병을 추가로 발표함.

외국의 독특한 음주 처벌 규정

종류	주요 성분(제품명)
태국	시신이 안치된 영안실에서 청소는 물론 사고피해자의 시신을 닦거나 옮기는 등의 봉사를 한다.
핀란드	한 달 급여가 몰수된다. 그리고 술주정하다가 3회가 적발되는 경우는 병원 강제 입원치료를 하게 된다.
뉴질랜드	음주운전 적발 시 해당 운전자의 차를 매각한 뒤 벌금을 제외한 나머지 비용을 돌려준다. 여기에 1년간 차량 등록을 금지한다.
일본	0.03% 이상이면 음주운전자와 운전자에게 술을 제공하거나 권한 사람, 술자리에 동석한 사람까지 모두 처벌하고 있다.
말레이시아	운전자는 즉시 감옥에 수감되고, 기혼자는 음주 운전자 당사자는 물론 배우자도 함께 수감되어 다음 날 훈방한다.
영국	최고 14년의 징역 및 최소 2년의 운전자격 박탈에 처하며, 벌금형에 처하는 경우 법정 상한이 없다.
러시아	최대 35만 루블(약 600만 원)의 벌금, 그리고 법원 판결로 사회봉사 480시간(하루 8시간 기준 60일), 약 2년의 강제노역, 3년의 면허정지 및 2년의 징역을 추가할 수 있다.
아랍에미레이트	벌점 24점을 부과하고, 차량은 최대 60일 동안 압류한다. 또한 최대 2만 디르함(약 653만원)의 벌금이나 구류·금고에 처할 수 있다.

보건

임신과 분민에 관심을 가지고 수업에 참여하였으며, 임신으로 인한 생리직 변화를 이해하고 고위험 임신에 해당하는 자간전증, 포상기태, 자궁경관무력증이 무엇인지 설명할 수 있으며, 분만의 전구 증상을 3가지 이상 말할 수 있음. 인체의 방어작용과 연관해 예방접종에 대해 학습하면서, 결핵, B형감염, 사람 유두종 바이러스 감염증 등 질환별 예방접종명과 접종시기를 학습하고, 예방접종도우미 사이트를 활용해 자신의 예방 접종력을 확인해봄. 활력 징후의 정상범위를 알고 있으며, 경동맥 측두동맥, 요골동맥 세 부위의 맥박을 측정할 수 있음. 혈압계를 이용해 혈압측정 시 청진기 소리가 잘 안 들리고 밸브조절 나사를 다루는 것을 어려워하면서도 반복적으로 노력해 측정에 성공하는 모습을 보임. 심근경색 수업에서 협심증과 심근경색을 비교해 증상을 알고 있으며, 위험인자를 5가지 이상 말할 수 있음.

▶ 고위험 임신 중 자궁경관무력증은 무엇인가요?

임신 중기나 말기의 초에 진통이 없이 자궁 경부가 부드럽고 얇아지면서 유산 또는 조산되는 것을 말합니다. 자궁 경부가 약해서 점점 커지는 태아와 양수를 지탱하지 못하고 자궁 문이 꽤 열리면서 양막이 경부 밑으로 볼록 튀어나오거나 터지면서 진통이 오는 증상입니다.

▶ 결혼이 늦어짐에 따라 산모의 평균 연령도 높아지는데 안전하게 출산할 수 있는 방법에 대해 알고 싶어요.

우선 스트레스를 받지 않는 것이 중요합니다. 임신 중 스트레스가 심한 경우에는 스테로이드 분비가 늘어나 자궁 수축과 이완을 하는 세포를 자극하게 됩니다. 7개월 이후는 충분한 수면이 필요합니다. 그리고 무리한 운동이나 일은 줄이고 가벼운 산책을 통해 건강관리뿐만 아니라 체중관리를 하는 것이 좋습니다. 급격한 체중증가는 임신중독증을 일으킬 수도 있으니 관리가 필요합니다.

▶ 예방접종 사이트 외의 의료정보 서비스 사이트를 소개해주세요.

'응급의료포털' 사이트가 있습니다. 공휴일에 급하게 병원을 가야 할 경우 대학병원을 가기에는 진료비가 비싸고 긴급한 병이 아닌 경우 '응급의료포털' 사이트를 통해 질환에 관련된 병원과 운영 중인 약국을 찾을 수 있습니다.

중국어 I

중국 지도 그리기 보고서 작성을 통해 중국 행정구역의 구성을 파악하고 한국과 중국의 지리적 차이를 이해하는 시간을 가짐. 이를 바탕으로 자신이 여행하고 싶은 '베이징'에 대해 조사하고 시각화해봄으로써 중국을 이해하려는 자세를 보임. '베이징 병원'이라는 주제로 중국 문화 소책자를 만들어 베이징에서 유명한 병원 3곳을 조사해 자세히 소개함. 관심 있는 진로 분야에 스스로 주제를 선택해 소책자를 제작하였고 사진을 활용해 내용을 자세히 설명함. 병원에서 사용할 수 있는 중국어 기본문장을 조사하는 등 주어진 과제 활동에 열정적으로 참여함.

▶ '베이징 병원'이라는 중국 문화 소책자를 제작한 이유가 무엇인가요?

우리나라처럼 중국에서도 의약분업이 이루어지고 있는지 궁금했습니다. 그래서 베이징에서 의약분업을 실시하는 병원들을 조사해 표시하였으며, 근처 약국까지 같이 조사하였습니다. 그리고 그 병원 주위의 관광지와 문화예술 공연지를 정리해 질병에 대한 걱정을 하지 않고 편하게 관광할 수 있도록 중국 문화 소책자를 제작하였습니다.

▶ 중국이 의약분업을 실시한 이유는 무엇인가요?

중국 정부에서는 병원 수익의 40%를 차지하는 의약품 판매를 막기 위해 의약분업을 실시했습니다. 이를 통해 병원 이용환자들을 지역 보건소 및 약국으로 돌릴 수 있을 것이라 예상했습니다. 의약분업이 시행되는 병원의 경우는 의약품 부과세나 진료비, 진료 대기비용이 사라지면서 의료 서비스를 높일 수 있었습니다.

▶ 우리나라에서 의약분업이 실시된 이유는 무엇인가요?

선진국의 5~7배에 이르는 약물의 오남용을 줄이고 정확한 의료서비스를 제공하기 위해 실시되었습니다. 진료는 의사가 약은 약사가 제조하는 의료 역할분담제도입니다. 특별한 경우를 제외하고는 임의로 약국에서 약을 조제하는 것은 금지되어 있습니다. 하지만 부작용이 크지 않은 일반의약품으로 분류된 약은 병원에 가지 않고 직접 약국에서 구입할 수 있어 국민들에게 편의를 제공하고 있습니다.

논술

의사이자 과학자인 척 머리(Chuck Murry)의 '줄기세포로 심장근육을 재생할 수 있을까?'라는 동영상 강연을 보고 실제 재생 과정이 일어나는 과정을 쉽게 이해할 수 있는 핵심 내용이 드러나는 요약문을 작성함. 의학 분야에 대한 관심을 바탕으로 '신종 감염병들과 인플루엔자'에 대해 국내외의 다양한 사례를 중심으로 독자의 이해를 돕는 강연 원고를 작성함.

▶ 줄기세포로 심장근육을 재생할 수 있나요?

네, 줄기세포로 심장근육을 재생할 수 있습니다. 우리 몸을 구성하는 세포 중 가장 치료가 어렵고 재생이 힘든 곳이 심장입니다. 이런 심장을 줄기세포로 재생하면 질병 치료가 수월해집니다. 그동안 다양한 의학기술을 통해 여러 과정을 거쳤지만 심장을 8%밖에 회복시키지 못했습니다. 그런데 만능 줄기세포로 22%로 높였으며, 정상인과 비슷한 기능을 할 정도로 발전되었습니다.

▶ 호흡기 감염병에는 어떤 것이 있나요?

호흡기 감염병은 주로 바이러스성 질환입니다. 홍역은 강한 바이러스 질환으로 열과 발진이 생기는 급성감염병입니다. 합병증으로는 귀나 폐에 염증이 생기며, 2차 감염이 되었을 때 더 치명적입니다. 인플루엔자는 대표적인 급성호흡기 감염병 질환입니다. 발열, 오한, 근육통, 그리고 전신 몸살을 앓기도 합니다. 신종플루도 호흡기 감염병으로 돼지에게 발병해서 사람까지 감염되었습니다. 2개 이상의 바이러스가 공격하기 때문에 유전자 변형이 일어나 새로운 변종 바이러스를 만들어냅니다.

관련 단원	보도자료
생명과학Ⅰ_4단원 유전_유전체와 유전물질 생명과학Ⅰ_4단원 유전_유전자 이상과 염색체 이상 생명과학Ⅱ_6단원 생명 공학 기술_유전자 재조합 기술의 원리와 활용 생명과학Ⅱ_6단원 생명 공학 기술_생명 공학 기술의 원리와 실제 사례 논술_3단원_논술의 표현_글쓰기	줄기세포, 유전자치료 등 첨단재생의료 치료 기반 마련하다!_재생의료정책과 https://url.kr/wk7rUy 국립줄기세포재생센터 GMP 제조시설 본격 가동_연구기획과 https://url.kr/RuozIe
관련 영상	**관련 영상**
줄기세포로 심장근육을 재생할 수 있습니까?_TED https://url.kr/SQkEIx  	줄기세포 치료제, 오해와 진실은?_YTN https://youtu.be/o_C8jm7Aymc 

정보

평소 4차 산업혁명에 관심이 많고 생명과학과 의료에 관한 4차 산업혁명을 중점으로 유전체 정보 분석을 통한 생명과학과 의학기술의 발달을 통해 약물 부작용 예방과 만성질환 리스크를 파악할 수 있다는 점에 관심을 가짐. 사람의 건강관리를 IT기술과 접목해 효율적인 의료 시스템이 되었으면 하는 데 관심을 갖고 컴퓨터에서 사용하는 여러 가지 기법에 대해 성실한 자세로 수업에 임함.

▶ 우리나라의 대표적인 만성질환에는 어떤 것들이 있나요?

비만, 고혈압, 당뇨병, 이상지질혈증, 만성부전증, 간질환 등이 있습니다.

▶ 유전체 정보분석을 통한 만성질환 연구가 진행되고 있나요?

만성질환 연구를 위해 한국인유전체역학조사사업을 진행하고 있습니다. 비만, 고혈압, 당뇨병, 이상지질혈증, 만성신부전증, 간질환 등을 연구하기 위해 장기적으로 국민의 의료 건강 데이터를 수집하는 대규모 코호트 사업을 진행하고 있습니다. 이 연구를 통해 특정 발병 요인에 노출된 집단과 그렇지 않은 집단을 비교해 질병의 원인을 규명할 수 있습니다.

▶ DTC 유전자 검사의 특징에 대해 설명해주세요.

'DTC 유전자 검사'는 병원 외 온라인이나 매장 등을 통해 검사 기관 및 기업에 직접 의뢰하는 간단한 유전자 검사 서비스입니다. 2020년 55종에서 15종이 늘어난 70종 서비스가 가능합니다. 검사의 종류가 늘었지만 암이나 치매, 기저질환 관련 유전자 검사가 대상에서 빠져 있습니다. 이 부분은 기술적으로 불가능한 것이 아니라 의사 처방이 있어야 가능하기에 기술발전에 제약이 있습니다.

관련 단원	보도자료
생명과학Ⅰ_4단원 유전_유전체와 유전물질 생명과학Ⅰ_4단원 유전–사람의 유전 생명과학Ⅱ_4단원 유전자의 발현과 조절_유전물질의 구조와 DNA 복제 생명과학Ⅱ_4단원 유전자의 발현과 조절_유전자의 발현 생명과학Ⅱ_4단원 유전자의 발현과 조절_유전자의 발현 조절	소비자 대상 직접(DTC) 유전자검사 56항목, 배아·태아 대상 유전자검사 24항목 추가 검사 가능_보건복지부 https://url.kr/5kemqj 산업부와 복지부는 DTC 유전자 검사의 생명윤리심의위원회(IRB) 심의 통과를 위해 관련 기업과 지속적으로 소통하면서 지원하고 있음_산업통상지원부 https://url.kr/obDdZ3

K-MOOK	관련 영상
유전체 정보분석과정 https://url.kr/9LvGhq 	유전자로 질병을 예측한다? DTC 유전체 분석_산업통상자원부 https://www.youtube.com/watch?v=u9azh7pkVbQ 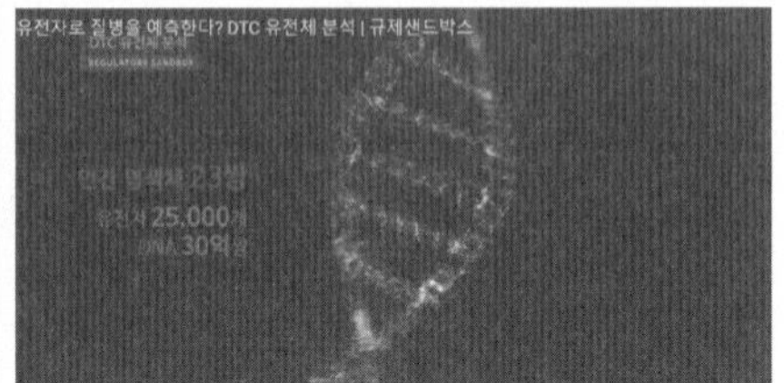

독서
심화 탐구

전공적합성 인재 독서

성체줄기세포, 재생 기제의 열쇠(Lee Keun Pyo, 바른북스)

성체줄기세포, 재생 기제의 열쇠 줄거리

〈성체줄기세포 재생 기제의 열쇠〉는 새로운 미래 의학의 트렌드인 재생의학과 성체줄기세포 영양 요법에 대해 다룬다. 우리가 가지고 있는 '재생 잠재력'을 극대화해서 건강을 회복하고 유지하기를 원한다면 성체줄기세포들이 필요로 하는 영양소들의 섭취는 물론, 라이프 스타일 전반에 걸친 요소들도 모두 다 강화시키려는 노력을 동시에 기울일 필요가 있다.

이를 위해 이 책에서는 첫째, 성체줄기세포가 가지고 있는 재생 기제에 관한 전반적인 내용을 알아보고, 둘째, 성체줄기세포들이 가지고 있는 재생의 잠재력을 극대화하는 라이프 스타일 요소들과 반대로 저하하는 라이프 스타일 요소들에 대해서 정리해본다. 마지막으로 성체줄기세포가 가지고 있는 '재생의 잠재력'을 적절한 영양소 공급으로 증가시킬 수 있다는 결과를 보여주는 연구들을 살펴봄으로써 영양학적 접근의 중요성을 새롭게 인식하도록 돕는다.

성체줄기세포는 조직과 기관 내 분화된 세포 사이에 위치하는 상대적으로 미분화된 세포다. 성체줄기세포는 체세포분열을 통해 증식해 그 수를 조절하며, 이들 세포가 있는 조직의 세포 대체, 기능 회복, 조직 재형성 등의 기능을 담당한다. 이러한 성체줄기세포는 재생의학의 세계를 열어줄 열쇠로 평가되고 있다.

▶ 재생의학이란 무엇인가요?

인간의 세포와 조직, 장기를 대체하거나 재생시켜서 원래의 기능을 할 수 있도록 복원시키는 의학 분야입니다.

▶ 재생의학은 어떤 방법으로 치료를 하나요?

회복이 불가능한 조직이나 장기의 신체 고유의 회복 메커니즘을 활성화하거나 손상된 조직을 교체함으로써 손상된 부위를 재생시킵니다. 또한 신체가 스스로 치유할 수 없는 조직, 장기를 실험실에서 배양하고 이식도 합니다. 환자 자신의 세포를 이용한 장기를 배양해 치료하기에 부작용이 없습니다.

▶ 최근 의료기술이 재생의학에 어떤 영향을 미치고 있나요?

웨어러블 센서를 이용해 환자의 피부에서 실시간으로 상처를 모니터링해 빠른 진단과 치료가 가능하도록 돕고 있습니다. 오픈 메쉬 전기기계식 바이오센서는 피부의 마이크로 구조를 반사합니다. 이 센서는 피부 위의 산소 등을 추적 및 분석하는 물리화학적 검출기와 생물학적 요소로 구성됩니다. 모바일 피부 바이오 프린팅 시스템은 피부 치료가 필요한 환자의 상처 부위 위에 이중 레이어 피부를 곧바로 인쇄해 붙일 수 있는 프린터입니다.

▶ 자가 지방 줄기세포 치료술이 인기가 많은 이유가 궁금해요.

자가 지방 줄기세포 치료술은 주로 무릎, 배, 엉덩이 등의 '지방 조직'에서 얻은 것으로 '지방 유래 중간엽 줄기세포'라고도 합니다. 툴레인대학 의대 연구팀은 무릎관절염 환자에게 자신의 체지방에서 파생된 자가 줄기세포를 한 번만 주입해도 심각한 부작용 없이 최대 1년 동안 골관절염 무릎 통증을 크게 줄일 수 있습니다. 또한 특히 O자, X자 모양으로 휜 다리 교정과 무릎연골 손상을 줄기세포로 치료할 수 있습니다.

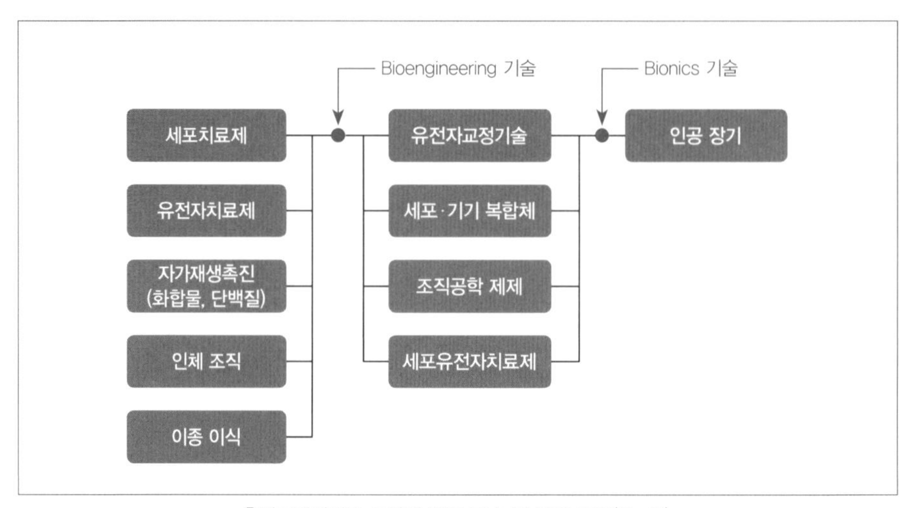

출처 : 재생의료 분야의 핵심 기술 및 향후 전망(Bio IN)

진화의 배신(리 골드먼, 부키)

진화의 배신 줄거리

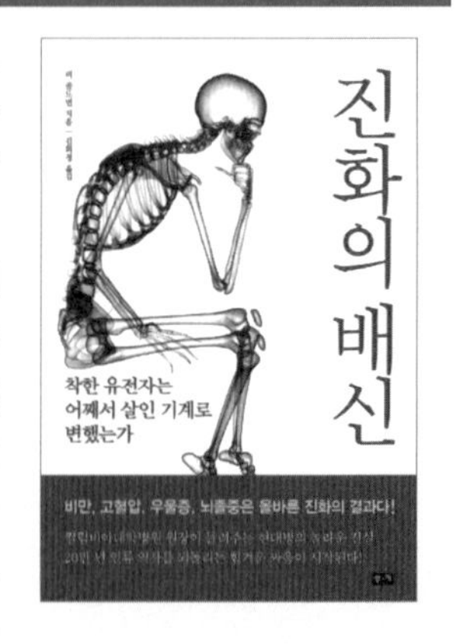

인류의 유전자가 진화하면서 인간은 비만, 고혈압, 우울증 등의 질병도 함께 얻었다. 착한 유전자가 우리 몸속 살인 기계로 변한 유전자의 비밀, 인류 진화의 역사로 현대병의 비밀을 밝히는 '진화의 배신'은 현대병의 해결책을 함께 제시한다.

저자는 정밀 의학 시대의 도래에서 긍정적인 전망을 엿본다. 현대 생물학과 의학의 발달로 각 개인에게 최적화된 치료법을 선택해 적용할 수 있으며, 태어나기 전부터 건강을 관리하는 일이 가능해질 것이다. 물론 맹신과 남용은 금물이다. 목표는 우리 모두가 약에 취한 좀비처럼 사는 것이 아니라, 현재 나와 있거나 미래에 개발될 치료법을 신중하게 활용해 생물학적 한계를 극복하고 건강한 삶을 도모하는 것이다. 그리고 인류가 가진 뛰어난 뇌를 십분 활용해 타고난 체질과 시대의 요구를 일치시켜야 하는 것이다. 결국 이런 문제를 야기하게 된 것도 우리 뇌의 힘 때문이다. "20만 년에 걸쳐 살아남은 인류가 성공적으로 헤쳐 온 모든 어려움을 생각해보면, 충분히 승산이 있는 싸움이다."라고 저자는 강조한다.

▶ 〈진화의 배신〉 책에서 제일 인상 깊은 내용은 무엇인가요?

"인체는 음식이 넘쳐나는 상황을 모른다."라는 구절이 있습니다. 인체는 과식을 하면 남은 열량을 축적해 필요한 에너지로 바꾸고, 굶주림은 개인뿐 아니라 생물 종 전체의 목숨을 앗아갈 수 있기 때문에 지나칠 정도로 과식하게 합니다. 이 탁월한 지방 저장 능력이 현대인을 위협한다는 내용입니다. 만병의 근원이 비만이라는 의견에 찬성하기 때문에 이 내용이 제일 인상 깊었습니다.

▶ 우울증이 심각한 질병인 이유가 궁금해요.

우울증은 심리적 본능이 낳은 가장 심각한 병입니다. 해결 불가능한 일이나 이길 수 없는 상황에서 낮은 자존감은 사회적 과잉 위축과 슬픔이 반복됩니다. 점점 자기 내부로 향하는 경향이 심해져서 불안증이 높아집니다. 최근 기사에서 코로나19로 인해 격리된 환자나 혼자 사는 노인들, 그리고 취업이 되지 않아 우울증을 앓던 이들이 자살로 이어지는 경우가 많다고 합니다. 최근에는 노인들은 뇌혈관이 좁아지면서 '혈관성 우울증'이 많아지고, 어린이들은 '우울함'의 감정을 모른 우울증에 걸리기도 합니다.

내 몸 안의 주치의 면역학(하기와라 기요후미, 전나무숲)

내 몸 안의 주치의 면역학 줄거리

면역학은 병의 고통을 벗어나기 위한 방법을 찾는 것에서 시작되었다. 이 책은 면역학에 관한 내용을 쉬운 설명과 만화를 이용해서 어려운 과학이 아닌 누구나 보고 읽을 수 있는 교양 과학서이다. '면역학이란 무엇인가'에서부터 면역작용으로 인한 질병과 면역에 관여하는 세포들을 통해 생명의 신비까지 쉽고 자세하게 알 수 있다.인간의 몸을 이루는 무수히 많은 세포들은 제각각 모양이 달라도 모든 세포에는 자신만의 클래스Ⅰ MHC라는 단백질이 있다.

개개인의 특별한 차이로 세포에 들어있는 변하지 않는 단백질이기 때문에 다른 세포가 있음을 알게 되면 킬러T세포(세포 상해성T세포)가 클래스Ⅰ MHC가 다른 외부세포를 공격하게 된다. 타인의 장기를 이식받았을 때 거부반응이 일어나는 것은 이런 면역체계에 의해 생기는 것이다. 면역반응은 '내 몸속의 성분(자기 항원)'은 건드리지 않고 외부의 항원에만 일어난다. 이것이 어떻게 선택적으로 반응이 가능한가? 그것은 우리 몸의 흉선(胸線)이라는 장기를 통해서 일어나는데 항체의 한 종류인 T세포가 미숙 상태에서 성숙 상태로 커가는 중간에 흉선에서 자기 항원과 반응할 것 같은 T세포를 제거한다. 마치 정교한 프로그램처럼 인체 안에서 일어나는 세포를 선택하는 과정을 재치있게 흉선학교라 칭해 교육과정에 빗대 설명해준다.

▶ 이 책을 어떤 사람들에게 추천해주고 싶나요?

이 책은 의학이나 약학에 관심이 있는 사람들에게 권하고 싶습니다. 면역학이 생긴 배경부터 면역의 구조, 질병의 구조, 생명의 현상으로 구성돼 있으며 각 단락마다 구체적인 설명과 이해를 돕기 위한 재미있는 만화가 들어가 있어 더 빠져들게 합니다. 전문적인 내용이지만 일반 사람들이 읽어도 무리가 없는 교양과학서입니다.

▶ 면역세포들의 방어체계에 대해 설명해주세요.

우선 바이러스가 침입하면 면역체계의 중추적인 역할을 하는 대식세포(Macrophage)가 바이러스를 직접 공격해 침입한 바이러스에 대한 정보를 수집합니다. 이때 대식세포는 T림프구에 바이러스에 대한 중요한 특징과 정보를 제공해 직접 공격해서 제공할 수 있습니다. 또한 보조T림프구와 B림프구와 결합해 바이러스를 없애는 물질인 항체(Antibody)를 만들어 침입한 세균이나 바이러스를 중화시켜 무력화시키거나 제거합니다.

청소년을 위한 의학 에세이(서민, 해냄출판사)

청소년을 위한 의학 에세이 줄거리

결핵, 소아마비, 콜레라 등 질병의 원인이 밝혀지고 예방법이 개발된 것은 숱한 실패에도 굴하지 않고 의학 연구에 매진한 과학자들 덕분이지만, 우리나라 초등학생 중에서는 단 2.5퍼센트만이 과학자를 꿈꾼다고 한다. 4차 산업혁명 시대를 준비하는 시점에서 아이들이 과학에 흥미를 잃어가는 현실을 어떻게 극복해야 할까?

총 5장으로 구성된 이 책 중 '1장 질병의 정체를 밝히다'에서는 말라리아, 스페인독감, 광우병 등 미지의 영역으로 남아 있던 질병의 원인을 밝혀낸 과학자들의 성취를, '2장 치료법을 찾아내다'에서는 결핵, 소아마비, 신부전 등에 대한 효과적인 치료법으로 수많은 생명을 살린 발견을, '3장 병의 전파 경로를 파악하다'에서는 질병의 전염 과정을 추적해 감염 차단에 공을 세운 과학자들의 이야기를 다룬다. '4장 의료, 연구 기술을 발견하다'에서는 시험관 아기, MRI 등의 의료 기술과 고분자 질량 분석, 자가포식 등의 연구 기술의 개발을, 마지막으로 '5장 새로운 의학 영역을 개척하다'에서는 혈액형, 신생아학 등 틀을 깬 생각으로 의학의 영역을 넓힌 성취를 소개한다. 결핵 치료의 열쇠를 찾아낸 셀먼 왁스먼, 말라리아 벡터를 밝혀낸 로널드 로스, 자가포식 연구에 몰두한 요시노리 오스미 등 노벨상을 수상한 과학자들의 이야기를 각 장 끝에 실어 위대한 과학자가 되기 위해서는 연구를 향한 열정과 번뜩이는 아이디어 외에도 고통을 견디는 힘, 실수를 너그럽게 인정하는 태도, 아무도 하지 않는 것에 주의를 기울이는 시선 등의 자질이 필요함을 역설한다. 평생을 바친 연구가 실패로 끝날지도 모를 상황 속에서도 자신이 옳다고 믿는 바를 끝까지 추구했던 과학자들의 삶을 담은 이 책은, 청소년들이 의학 분야에서 주목해야 할 지식과 함께 꿈을 이뤄가는 과정에서 가져야 할 삶의 태도를 배울 수 있는 계기가 될 것이다.

▶ 이 책을 읽고 느끼고 배운 점이 궁금해요.

이 책에 소개된 많은 과학자들은 그 시기에 연구되고 있는 연구 내용을 모두 믿지 않았습니다. 지식이 부족해서 그 사실을 받아들이지 못하는 경우도 있으며, 그 당시 사회적으로 당연하다고 생각한 것이 절대적인 진실이라고 믿어 새로운 것을 받아들이지 못하는 경우가 많습니다. 무조건 아니라고 생각하거나 태도를 버려두면 과학뿐만 아니라 의학의 발전을 가져다줄 수 없을 것입니다.

▶ '약물 오남용 교육' 후 제출한 보고서는 어떤 내용인가요?

약물 오남용 교육에서 항생제를 남용하면 안 된다고 배웠습니다. 그런데 의사 선생님이 몸이 괜찮더라도 항생제 복용을 중단하지 말고, 처방받은 약은 다 먹으라고 하셔서 그 부분이 궁금해 조사하게 되었습니다. 이후 항생제 오남용으로 인한 다제내성균은 이미 심각한 수준이라는 사실을 알게 되었고, 항생제 복용법도 공부하게 되었습니다. 항생제 복용기간의 중요성을 조사하면서 내성균이 남지 않도록 완전히 제거하기 위한 목적임을 알게 되었습니다. 임의 중단하면 내성균이 살아남게 됩니다. 그렇게 되면 다른 균들에게도 내성을 전달하고 증식하게 된다는 것을 알게 되었습니다.

보도 자료	KOCW
항생제 내성균 감소를 위한 다분야, 범부처 연구 협력강화_보건복지부 https://url.kr/B4b5E2 항생제 내성 확산방지를 위한 국제공조 강화_식품의약품안전처 https://url.kr/pZ6Jqt	감염치료학_삼육대학교 https://url.kr/WxE6RQ 

 치과의사가 말하는 치과의사(안상수 외, 부키)

치과의사가 말하는 치과의사 줄거리

다양한 전문직군에 대한 진로, 직업 가이드를 소개하는 「부키 전문직 리포트」 제21권 〈치과의사가 말하는 치과의사〉. 다양한 분야에서 일하는 전·현직 치과의사 19명의 일과 일터에 대한 진솔한 이야기를 들려준다. 동네에서 흔히 볼 수 있는 작은 치과병원, 치과의원부터 대학병원, 국립소록도병원, 보건복지부, 국제보건의료재단, 나아가 저 멀리 미국에 있는 치과병원에서 일하는 치과의사들의 삶을 엿볼 수 있다. 또 치대생, 인턴, 레지던트, 공중보건의 및 구강내과, 구강악안면외과, 교정과, 치과보존과, 보철과, 소아치과 전문의 등 다양한 치과의사의 세계를 통해 대한민국에서 치과의사가 된다는 것, 치과의사로 산다는 것이 어떤 것인지, 어떠한 애환과 애로, 기쁨과 보람이 있는지 알 수 있다.

▶ 이 책을 읽고 후속 활동으로 무엇을 하면 좋을까요?

궁금한 내용을 현직 치과의사를 찾아가 인터뷰하는 것도 좋습니다. 다양한 환자분을 만나면서 보람을 느낀 이야기를 들어보면서 꿈을 구체화할 수 있습니다. 책을 읽은 후 할아버지의 치아 교정을 해드려 편하게 음식을 씹어 드실 수 있도록 도움을 준 사례가 가장 기억에 남습니다. 처음에는 연세도 많으신데 교정을 하는 것에 고민이 되었지만 의사선생님이 친절하게 필요성을 설득해 교정을 진행하였습니다.

▶ 양악수술은 어떤 사람들에게 필요한가요?

양악 수술은 부정교합의 문제로 발음의 문제가 있거나, 저작기능이 떨어지는 경우와 무턱이 심해 기도가 눌리며 호흡문제를 야기하는 경우에 필요합니다. 그리고 안면비대칭, 턱관절 장애나 얼굴의 부정적 인상 때문에 수술을 하기도 합니다. 하지만 단순한 미용을 위해 성형을 하는 경우는 지양할 필요가 있습니다.

▶ 부작용 없이 양악수술을 하기 위해서는 어떤 과정을 거쳐야 하나요?

수술과정을 시뮬레이션하고, 예측하는 과정이 중요합니다. 그래서 현재 3D양악수술을 많이 사용하고 있습니다. 얼굴뼈를 다각도에서 확인해 3D프린터를 직접 출력하고 모의 수술을 진행한 후 문제점을 파악하고, 구체적인 수술계획을 세우는 과정이 필요합니다. 이런 과정을 통해 수술 후에도 환자들의 만족도가 높았습니다.

미래의료 4.0(김영호, 전파과학사)

미래의료 4.0 줄거리

전문가들은 4차 산업혁명시대가 이미 시작되었다고 말한다. 아직은 나와 상관없을 것 같은 4차 산업혁명시대의 첨단기술들은 내 삶을 어떻게 바꿔놓을까? 잠시 스마트폰을 생각해보자. 10년 전 스마트폰이라는 것이 등장하더니 어느새 우리는 아침부터 잠들 때까지 손에서 스마트폰을 놓지 않는 삶을 살고 있다. 전화는 물론이고 카카오톡으로 친구나 애인과 수다를 떨고, 인터넷에 접속해 뉴스나 게임도 즐긴다. 스마트폰이 처음 나왔을 때는 휴대폰이 전화만 되면 되지 다른 기능이 무슨 필요가 있느냐고 생각했던 사람이 많았다. 하지만 요즘은 갓난아기부터 노인에 이르기까지 모든 사람이 스마트폰을 이용하며 즐긴다. 4차 산업혁명시대의 첨단기술도 이처럼 모든 사람이 이용하게 될 것이다.이 책에서는 4차 산업혁명시대 첨단기술이 의료기술과 만나 만들어내는 7가지 스마트한 미래의료기술을 소개한다. 인공지능, 빅데이터, 3D 프린팅, 로봇, 사물인터넷, 유전정보, 정밀의료 등과 같은 4차 산업혁명의 핵심기술들이 병을 진단하고 치료하는 기술과 만나면 어떤 일이 벌어질까? 바로 인공지능 의사, 건강관리 빅데이터, 인공장기를 만드는 3D 프린팅, 수술로봇과 간호로봇, 개인맞춤 질병 치료기술 등이 탄생한다. 이 모든 첨단의료기술은 머지않아 우리 모두의 삶에 큰 영향을 미칠 것이다.

▶ 미래의료기술에 대해 소개해주세요.

의료용 드론으로 샌프란시스코의 Zipline에서는 혈액을 운반하고 있고, 제세동기를 드론으로 운반하는 사업을 추진 중입니다. 또한 약이 나오는 스마트콘택트렌즈도 임상시험을 실시하고 있습니다. 개발이 완료되면 녹내장, 당뇨병성 망막증, 염증, 정맥폐색 등의 질병을 실시간으로 파악해 치료할 수 있을 것입니다.

▶ 3D프린팅으로 인공장기를 만드는 방법이 궁금해요.

인공장기를 만들 때는 살아 있는 세포를 배양해 직접 프린팅해 3차원 구조로 인체에 적용 가능한 조직과 장기를 만들 수 있습니다. 바이오프린팅 기술에서 가장 중요한 것이 바로 '바이오잉크'입니다. 바이오잉크는 세포를 보호할 수 있는 하이드로젤(hydrogel)에 탑재한 것인데, 일반적으로 콜라젠(collagen)이나 알긴산(alginate) 등을 많이 사용하고 있습니다. 이는 조직이나 장기의 특성을 반영하지 못한다는 단점을 가지고 있습니다. 이를 보완하기 위해 최근에는 '조직유래바이오잉크(tissue specific bioink)'를 만들었습니다.

▶ '조직유래바이오잉크(tissue specific bioink)'는 무엇인가요?

각 조직이나 장기의 세포 환경을 재현해 주기 위해 프린팅하고자 하는 조직과 장기를 돼지로부터 확보해서 탈세포화한 후, 이를 바이오잉크로 만든 것을 말합니다.

백신의 덫(후나세 슌스케, 북뱅)

백신의 덫 줄거리

이 책은 우리가 지금까지 몰랐던 백신의 어두운 이면을 들춘다. 병의 예방을 위해 맞는 예방접종의 각종 부작용 및 위험성을 경고하는데 그치지 않고 이미 소멸해 사라진 병이나 가볍게 앓고 지나갈 수 있는 병에 대해서도 무분별하게 백신 접종이 이루어지고 있는 현실을 꼬집으며 백신 신화가 탄생하게 된 경위와 실체를 파헤친다.
과도한 의료행위로 보이는 백신 접종이 아이를 가진 모든 부모의 의무처럼 일반화된 이유는 뭘까? 이를 통해 막대한 이익을 얻는 세력이 있기 때문이다. 바로 거대 제약회사다. 후나세스케는 국민들의 건강을 챙기고 아이들의 미래를 생각한다면 이러한 거대한 세력에 맞서 백신의 유해함을 제대로 알고 은밀히 추진되고 있는 강제적인 의료 시스템에 제동을 걸어야 한다고 주장한다.

▶ 독감 예방접종으로 죽는 사람들이 많은데 다른 부작용은 없나요?

접종한 부위가 부어오르거나 통증을 느끼는 사람도 있고, 온몸에 열이 나고, 무기력한 사람들도 있습니다. 근육통과 두통을 경험했다는 사람도 있습니다. 그리고 미국의 루스벨트 대통령이 앓았던 말초신경질환인 '길랭-바레 증후군'도 있습니다.

▶ '길랭-바레 증후군'의 원인과 증상은 어떻게 되나요?

정확한 원인이 알려져 있지 않지만 장내세균 활동과 호흡기바이러스감염이 원인이라고 전문가들은 추측하고 있습니다. 급성 염증성 탈수초성 다발 신경병증(AIOP)이라고도 하는데 감염에 의해 유도된 항체가 말초신경을 파괴해 마비를 일으키는 신경계 질환입니다. 완치 후에도 후유증으로 마비가 오기도 합니다.

▶ '길랭-바레 증후군'은 어떻게 치료를 하나요?

치료는 정맥주사와 혈장분리 교환술을 시행합니다. 대부분의 환자(85% 이상)는 빠른 회복을 보입니다. 하지만 50%는 병 이전의 근력을 회복하지 못하고, 2~3%는 사망하는 경우도 있어서 조기발견과 적절한 치료가 필수적입니다.

▶ 코로나 백신 가격이 폭등할까요?

코로나와 독감(인플루엔자) 유행 시즌이 겹쳐 독감 예방접종 사업에 유례없는 대혼란을 겪고 있습니다. 트윈데믹 공포와 백신의 물량 부족 상태를 예측해 정부에서 백신 및 치료제 개발회사에 지원금뿐만 아니라 비임상시험 지원정책으로 후보물질 개발을 위해 생물안전연구시설(BL3) 활용 지원과 약물의 유효성 확인, GLP독성평가 시험 지원 등을 위한 동물모델 실험을 지원해줍니다. 또한 임상시험 지원정책으로 신속 제품화 촉진 프로그램 운영, 임상시험센터 구축으로 기업의 임상시험 애로 해소를 지원, 해외 임상 및 개발 지원 등에 도움을 주고 있습니다. 그래서 백신이 폭등하는 것을 막아주고 있습니다.

참고자료 : https://www.khidi.or.kr/kps

만약은 없다 (남궁인, 문학동네)

만약은 없다 줄거리

응급의학과 의사가 응급실에서 마주했던 죽음과 삶의 기록을 담은 책이다. 수만 명의 환자와, 수천 명의 자살자와, 수백 구의 시신을 만나는 일이 일상인 응급실. 한때 죽으려고 했으나 곧 죽음에 맞서 제 손으로 죽음을 받아내기도 놓치기도 해봐야겠다는 생각에 응급의학과를 평생의 길로 선택한 한 의사가 있다. 〈만약은 없다〉는 응급의학과 의사 남궁인이 마주했던 죽음과 삶, 그 경계의 기록을 담았다.

책은 두 챕터로 1부는 죽음에 관해, 그리고 2부는 삶에 관한 것으로 구성되어 있다. 마치 두 권의 책을 읽듯 결을 달리하는 1부와 2부는 죽음을 마주하는 고통과 삶의 유머를 넘나든다. 마지막 순간 그의 손을 잡고 생의 길로 돌아왔거나 죽음의 경계를 넘어간 사람들, 그리고 의사로서 마주한 다양한 삶의 아이러니와 유머가 책 속에 고스란히 담겨 있다.

▶ 〈만약은 없다〉 제목이 의미하는 바는 무엇인가요?

'환자를 위해 최선을 다하고 후회하지 말자'는 의미를 가지고 있는 것 같습니다. 의사는 환자의 생사를 두고 빠르게 판단해야 하는 응급의학과 의사의 입장에서 자신이 내렸던 오더와 결정들에 대한 책임이 있습니다. 결과가 좋은 경우는 상관이 없지만 나쁜 경우에는 그때 그 결정이 최선이었는지, 계속 고민할지도 모릅니다. 하지만 상황은 끝났기 때문에 '만약은 없다'는 후회와 죄책감으로 자신에게 스트레스를 주지 말라는 의미인 것 같습니다.

▶ 이 책에서 가장 기억에 남는 내용은 무엇인가요?

책 속 내용 중 "인간이 인간을 다룸에 미안하다."라는 구절이 있습니다. 결국 살리지 못한 환자 앞에서 자신이 '최선을 다했는지', '최선을 다했다'라는 이야기를 읽으면서 확신이 있었더라도 환자를 살리지 못한 책임은 본인이 잘못했다는 내용에서 뭉클함을 느꼈습니다. 응급의학과는 힘든 곳이라는 생각했는데 응급실의 치열한 현장이 저의 의사가 되고 싶은 열정적인 에너지를 만들어 주었고, 느긋한 저에게 좀 더 계획성 있는 삶을 살 수 있도록 지표를 만들어 주었습니다.

 유전체, 다가올 미래 의학 (김경철, 메디게이트뉴스)

유전체, 다가올 미래 의학 줄거리

현대 의학을 넘어 다가올 미래 의학을 5P의 의학시대라 부른다. 즉, 개인맞춤의학Personalized Medicine, 예방의학Preventive Medicine, 예측의학Predictive Medicine, 참여의학Participatory Medicine, 그리고 정밀의학Precision Medicine의 시대다. 5P를 통해 환자의 진단과 치료에 있어서 획기적인 진보를 이루고 나아가 질병을 극복함과 동시에 건강을 최적화하는 시대가 올 것이다. 학부 때 체계적으로 유전체의학을 배우지 못하고, 바쁜 임상 현장 가운데 감당하기 어려울 만큼 쏟아지는 최신 지식이 두렵기만 한 임상의사들에게 최대한 알기 쉽게 유전체의학의 개요와 임상에서의 적용을 전달하고자 한다.

최근에는 15분 만에 시퀀싱을 한 후 휴대폰에 바로 연결해서 분석 결과를 볼 수 있는 스미지온의 실물이 공개됐다. 이런 신속한 결과 분석은 현장에서 바로 진단해 진료에 활용하는 포인트오브케어 시대를 가져오게 할 것이다. 즉, 미지의 바이러스를 진료실 현장에서 검체를 받아 바로 시퀀싱 분석해서 원인을 파악하고 수술 전 특이체질을 알아내어 사망 위험을 감소시킬 수 있다. 비즈니스 세계에서는 보다 광범위한 응용이 가능한데, 매장에서 화장품을 고르기 전 자신의 피부 특성을 즉석에서 체크하고, 식당에서 음식을 먹기 전 맞춤 유전체 검사를 하는 날도 머지않았다.

▶ 시퀀싱은 무엇이며 어떤 특징이 있나요?

시퀀싱(sequencing, 염기서열 해독)은 염기의 순서를 화학적으로 읽어내는 것으로 DNA와 RNA를 주로 해독을 합니다. DNA염기서열 정보의 해독, 즉 게놈 시퀀싱의 핵심은 개인차 및 민족적 특성을 파악하거나 유전자 이상과 관련된 질병에서 염색체 이상을 포함한 선천적 원인을 규명하고 복합질병의 유전자 결합을 파악할 수 있도록 도움을 주고 있습니다. 차세대 염기서열분석(NGS)을 통해 대용량 염기서열 정보를 보다 쉽고 저렴하게 분석할 수 있는 장점이 있습니다.

▶ 과학기술의 발달로 예방의학이 더욱 발전할 것으로 예상되는 구체적인 사례를 들어주세요.

예방의학(Preventive Medicine)은 질병을 조기에 진단하고 치료하는 소극적 예방의학과 예방접종 등 질병에 대한 노출을 최소화하려는 능동적 예방의학이 있습니다. 실제로 캐나다의 온타리오 병원에서는 미숙아 모니터링 장비를 통해 빅데이터를 수집해 미숙아의 질병 감염 여부를 빠르게 판단하고 처방해 치료한 사례가 있습니다. 한국에서도 데이터를 기반한 치료를 위해 국가전략프로젝트 정밀의료사업단(K-MASTER), 정밀의료 병원 정보 시스템 P-HIS개발 사업단을 본격적으로 출범해 연구하고 있습니다. 또한 ETRI는 그동안 빅데이터, 인공지능 기술을 바탕으로 다양한 변수로 구성된 데이터를 분석하는 '자가적응분석 엔진 기술'을 개발했습니다. 새로운 기계학습 모델과 인지적 데이터 분석 알고리즘을 적용한 의료데이터 분석엔진 '사이버 디엑스(CyberDx)'를 바탕으로 질병 위험도 분석 연구를 진행 중입니다. '사이버 디엑스'에는 머신러닝 기술을 이용한 자가분석 엔진 기술과 자가적응형 엔진 기술, 개인 맞춤형 질병 진단 분석 기술 등이 적용되어 보다 정확한 진단과 치료를 가능하도록 도와주고 있습니다.

- **맞춤의료**(tailored medicine) : 개인 맞춤 의학은 환자 개인의 특성과 체질에 따라 진단하고 치료해 진단의 정확도를 높이고 치료 효과를 극대화하려는 목적이 있습니다.

- **참여의학**(Participatory Medicine) : 의료의 수혜자로만 여겨지던 환자가 의료의 공급자인 의사와 대등한 위치에서 자신의 정보를 공유하고 능동적으로 건강을 유지하는 개념입니다
- **정밀의료** : 맞춤의료의 한 단계 업그레이드된 버전으로, 기존의 임상병리학에 분자 의학 기술을 도입함으로써 진단부터 치료에 이르기까지 모든 단계를 유전, 환경, 생물학적 특성 등 환자 개인의 조건에 맞게 실시한다는 포괄적 개념입니다.
- **예측 의학**(Preventive Medicine) : 개인이 어떤 질병이 걸릴 것을 미리 예측하고 나아가 어느 시기에 걸릴 것인지를 알려줘 예방할 수 있도록 합니다.

죽고 싶은 사람은 없다(임세원, 알키)

죽고 싶은 사람은 없다 줄거리

우울증을 가장 잘 아는 정신과 의사가 가슴으로 들려주는 책이다. 이 책은 크고 작은 심리적 위기 상황을 맞으며 고단한 하루하루를 견뎌내는 사람들에게 저자는 자신의 솔직한 경험담과 함께 다양한 환자들의 사례와 최신 연구결과를 내놓으며, 그럼에도 불구하고 왜 삶은 계속되어야 하는지, 마음의 고통을 덜어내는 데 필요한 것은 무엇인지를 차분하게 들려준다. 자기 앞에 놓인 뜻밖의 불운을 두고 '순순히 어둠을 받아들이지 않겠다고' 다짐하는 저자의 진솔한 고백은 그 자체로 감동이며, 읽는 이들에게 크나큰 위안을 안겨 준다.
나의 선의가 타인의 선한 반응을 이끌어내고, 그 결과 타인의 선함을 경험하면서, 나의 모난 모습이 조금씩 누그러지는 것을 느낀다. 우울감과 괴로움에 시달릴 때에도, 내 과거 삶을 스스로 가혹하게 비난하며 더 큰 괴로움에 빠진다든가, 객관적이어야 한다는 강박으로 인해 내 미래를 비관적으로 전망하는 일도 줄어들었다. 오히려 나 자신의 실수를 받아들이게 됐고, 과거와 현재를 분리해 지금의 나를 스스로 위로할 수 있게 됐다.

▶ 우울증의 원인이 궁금해요.

스트레스가 편도체와 시상하부를 흥분시키면 시상하부에서는 뇌하수체와 부신피질을 자극해 스트레스 호르몬인 코티졸을 분비시킵니다. 만약 이때 만성적인 스트레스로 이어지면 지속적인 코티졸 분비로 해마를 손상시켜 결국에는 코티졸을 억제하는 기전 손상으로 우울증이 발생합니다. 또 뇌간의 작용으로 우울증이 만들어지기도 합니다. 코티졸이 분비되면 뇌간의 청반핵에 작용해 노르에피네프린 분비를 억제합니다. 또 봉선핵에 작용해 세르토닌 분비를 억제해 우울증을 초래하기도 합니다.

▶ 우울증 치료는 어떻게 하나요?

우울증의 보편적 치료방법은 항우울제를 이용한 약물치료입니다. 재발예방을 위해 최소 5~6개월 유지치료가 필요하지만 보통의 환자들은 증상이 완화되면 약 복용을 중단합니다. 최근에는 의료기술의 발달로 비약물·비침습 치료법인 경두개 자기자극술(TMS)치료가 임상에서 환산 중입니다. 경두개 자기자극술은 자기장파동을 두뇌로 전달해 신경세포를 자극해, 도파민과 세로토닌 분비를 증가시켜 치료합니다.

융합형
인재 독서

빅데이터와 데이터 과학(박성현 외 2명, 자유아카데미)

빅데이터와 데이터 과학 줄거리

이 책은 대한민국 과학기술계 최고의 석학들이 모인 한국과학기술한림원의 '석학, 과학기술을 말하다' 시리즈 중 하나로, 빅데이터와 데이터 과학의 발달과 그것이 우리 삶에 미치는 영향을 알기 쉽게 설명한 책이다.
4차 산업혁명 시대에 접어드는 오늘날, 이 책에서 다루는 통계학, 컴퓨터 과학, 빅데이터, 데이터 과학 등의 발전은 우리에게 매우 중요한 의미를 부여한다. 그 중심이 되는 데이터 과학(data science)은 통계학과 컴퓨터 과학의 융합 이후 응용 분야인 의학, 공학, 유전학, 경영, 금융 등 각 분야의 지식과 연결되어, 새로운 지식을 창출하는 새로운 융합학문이다.
이 책에서는 이러한 데이터 과학과 빅데이터 활용의 중요성과, 그것이 우리의 삶에 어떻게 적용되고 있는지를 실제 다양한 사례들을 통해서 독자들의 이해를 돕고 있다. 또한 독자들로 하여금 데이터 기반의 지능 디지털 변혁(data-based intelligent digital transformation)인 4차 산업혁명의 본질을 이해하고, 4차 산업혁명의 밑바탕이 되는 데이터 과학의 중요성을 인식하는 계기를 제공하고 있다.
세균, 수인성 전염병, 비타민 성분의 발견 등 역사적으로 굵직한 사건들 외에도 일상생활에서 우리는 경험적으로 데이터를 활용해 결론을 도출하곤 한다. 지식 기반 정보화 사회는 데이터 홍수의 시대라고 할 수 있으며, 이러한 데이터로부터 필요한 정보를 순발력 있고 정확하게 추출할 수 있는 능력이 매우 중요하다. 또한 데이터로부터 얻은 어떤 현상을 예측하기 위한 모델링과 이로부터의 예측은 경제와 사회 발전에 중요한 역할을 하고 있다.

▶ **의학통계학적 방법에 대해 소개해주세요.**

기술통계량(Descriptive Statistics), t-검정(t-test), 분산분석(ANOVA), 비모수 통계분석(Nonparametrics), 범주형 자료분석(Categorical Data Analysis), 상관분석 (Correlation Analysis), 회귀분석(Regression Analysis), 로지스틱 회귀분석(Logistic Regression Analysis) 등 일반적으로 의학논문에 주로 사용되는 통계학적 방법입니다.

▶ **수인성 질병은 무엇인가요?**

네. 수인성 질병은 오염된 물과 음식물에 의해서 주로 전파되며, 매우 적은 양의 세균으로도 감염될 수 있습니다. 콜레라, 장티푸스 등이 있습니다.

▶ **수학적 모델링이 사용해 의료를 예측한 사례를 소개해주세요.**

수학적 모델을 통해 확진자 데이터를 토대로 코로나 진행상황 로지스틱 모델과 지수증가 모델에 대해 설명이 가능합니다.

〈의학통계학적 방법의 사용〉

기술통계량 (Descriptive Statistics)	연구 대상에 대해 그 특성을 파악하고 정의하는 데 사용되고 이를 통해 그 자료의 성격을 알 수 있기 때문에 통계학적인 분석 이전에 사용
t-검정(t-test)	두 집단의 평균의 차이를 검정하기 위해 사용
분산분석(ANOVA)	셋 이상의 집단의 평균에 차이가 있는가를 검정하고자 할 경우에 사용
비모수 통계분석 (Nonparametrics)	관찰된 자료의 수가 적은 경우, 자료가 정규분포를 가정하기 어려운 경우, 그리고 측정한 자료의 수준이 순위형인 경우에 효율적으로 사용
범주형 자료분석 (Categorical Data Analysis)	분석하고자 하는 자료가 연속형 자료가 아닌 이산형 자료인 경우에 사용

상관분석 (Correlation Analysis)	두 개의 연속형 변수들 간에 어떠한 연관성이 존재하는지 알아보기 위한 방법
회귀분석 (Regression Analysis)	분석하고자 하는 주변수(outcome, 혹은 종속변수)가 연속형 변수일 때, 이 주 변수에 영향을 주는 변수(독립변수)와의 인과관계를 수립하고자 할 때 사용
로지스틱 회귀분석 (Logistic Regression Analysis)	회귀분석을 적용해야 하는 상황에 종속변수가 두 가지 값만을 취하는 질적 변수(예를 들면, 질병의 유/무 등)여서, 일반적인 선형 회귀분석을 그대로 적용할 수 없을 때 사용되는 방법
생존분석 (Survival Analysis)	생존시간(survival time)에 관한 추정을 하거나 두 개 혹은 그 이상의 집단 생존시간을 비교할 때 사용
다변량 통계분석 (Multivariate Statistical Analysis)	다변량 통계분석(Multivariate Statistical Analysis)다변량분석(multivariate analysis)이란 연구자가 연구대상으로부터 두 개 이상의 변수들을 측정하였을 때, 변수 간의 관계를 동시에 분석할 수 있는 통계학적인 기법

출처 : 의학통계학적 방법의 사용과 오류

〈식중독을 일으키는 균〉

포도상구균	식중독의 흔한 원인균으로 포도상구균은 오염된 음식물을 섭취한 후 2~4시간 후 증상이 나타났다가 빨리 좋아짐.
살모넬라균	저온 살균으로 충분히 사멸되나 최근 개, 고양이 등 애완동물이 오염원으로 주목받고 있기 때문에 애완동물을 기르는 경우 각별한 주의가 요구됨.
장염비브리오	여름철 어패류나 해산물을 날로 먹었을 때 잘 발생하며, 콜레라균에 오염된 음식물을 섭취한 경우 쌀뜨물 같은 설사를 계속 반복하면 의심함.
병원성 대장균 중 E, coil 0157	감염력이 매우 강하며 발병 후 단기간에 사망에 이를 수도 있기 때문에 치명적인 질환임.
보툴리눔 식중독	보관상태가 나쁜 통조림이나 소시지를 섭취한 후 발생할 수 있으며 말단 운동신경마비를 일으켜 호흡근 마비를 유발해 사망할 수도 있음.
웰치균 식중독	집단 급식시설 등 다수인의 식사를 조리할 경우 발생되기 쉬워 '집단 조리 식중독'이라고 부르기도 함. 오염원인 가축과 가금류가 도살장에서 해체되는 과정 중에 원인 균이 발생함.
노로바이러스	바이러스성 위장관염의 50%를 차지하며, 식수나 수영장 물을 통해 감염될 수 있고 전염성이 강해 집단적인 발병 양상을 보임.

출처 : 가톨릭대학교 대전성모병원

우리는 왜 잠을 자야 할까?(매슈 워커, 열린책들)

우리는 왜 잠을 자야 할까? 줄거리

인생의 3분의 1을 완벽하게 활용하는 방법은 무엇일까. 그것은 바로 잠의 중요성을 아는 것이다. 인간은 인생의 3분의 2를 깨어 있는 상태에서 보내고, 나머지는 잠을 자는 데 시간을 쓴다. 우리는 의식을 가지고 이리저리 움직이며 이른바 생산적인 시간을 보낸다. 사회 활동을 하고, 생존의 위협으로부터 스스로를 보호하고, 식량을 얻고, 자손을 번식시킨다.

사람은 잠을 자야 한다. 저자가 이 책에서 던지는, 잠과 관련된 거의 모든 질문은 우리가 잠을 자야만 하는 이유를 완벽하게 설명해준다. 카페인과 알코올은 잠에 어떻게 영향을 끼칠까? 렘수면 때 실제로 어떤 일이 일어날까? 우리의 수면 양상은 왜 나이를 먹음에 따라 달라질까? 흔히 접할 수 있는 수면제는 어떻게 작용하며, 장기적으로 우리에게 어떤 피해를 끼칠 수 있을까? 꿈은 어떻게 학습, 기분, 활력을 증진시키며, 호르몬을 조절할 수 있을까? 아이들의 성장, 노동 현장의 능률과 성취도와 생산성은 잠과 어떤 관련이 있을까? 명료하면서 흥미진진하고 이해하기 쉽게 쓰인 이 책은 수면과 잠에 관한 독자의 이해와 인식을 완전히 바꿔 놓을 것이다. 하루의 3분의 1을 완벽하게 활용해 보자. 그것이 인생의 남은 3분의 2를 가장 효율적이고 완벽하게 활용하는 방법이다.

▶ 카페인과 알코올이 잠에 어떻게 영향을 주나요?

카페인은 정신 활성 자극제로써 정신을 맑게 해주고 수명의 질을 바꾸기 때문에 신체 기능 회복을 위한 깊은 수면 상태인 REM수면을 방해합니다. 카페인 활성지속력은 5~6시간 후에는 50%, 10~12시간 후에는 25%가 몸속에 남아 계속 순환합니다. 알코올은 수면제가 아니라 진정제 역할을 합니다. 술을 마시면 알코올이 뇌세포의 활성화를 중지시키는 진정작용을 하는데 이것을 깊은 잠에 빠지는 것으로 오해합니다. 또 투쟁 도피 반응을 관장하는 신경계를 자극하고 활성화시키고 REM수면을 막는다고 합니다.

▶ 렘수면(Rapid Eye Movement Sleep)은 무엇인가요?

수면단계 중에서도 두뇌 활동이 가장 활발한 시간을 말합니다. 약 90분 간격으로 4회에서 6회 발생하며 짧게는 10분, 길게는 30분가량 진행됩니다.

▶ 수면제는 어떻게 작용하나요?

대부분의 수면제는 중추신경계를 억제해 수면을 유도하거나 유지시킵니다. 벤조디아제핀계 약물, 이미다조 피리딘계 약물, 바르비탈류, 클로랄 유도체, 독세핀, 항히스타민제, 생약제제인 길초근(valerian root)과 호프(hop) 복합제 등이 이에 해당됩니다. 수면제 중 멜라토닌은 뇌에서 분비되는 생체리듬 조절 호르몬인 멜라토닌이 부족할 때 외부에서 공급해 줌으로써 수면주기를 조절하고 수면의 질을 높일 수 있습니다.

〈수면제의 종류〉

분류	계열	세부분류	사용 목적	약물	제품예
전문의약품–향정신성의약품	벤조디아제핀계	단시간형	수면 유도	트라아졸람	할시온
		중·장시간형	수면 유지	플루라제팜	달마돔
				플루니트라제팜	라제팜
	이미다조피리딘계		수면유도(서방정: 유도 및 유지)	졸피뎀	스틸녹스 그틀녹스CR
	바르비탈류		처치 등의 전단계에서 수면 유도	펜토바르비탈	엔토발
			수면 유도 및 유지	페노바르비탈	페노바르비탈
	클로랄 유도제		수술 전 진정, 불면증 치료	포수클로랄	포크랄
	항우울제		수면 유지	독세핀	사일레노
전문의약품–비(非)향정신성의약품	멜라토닌 수용제 작용제		수면의 질 개성(55세 이상 환자에 한함)	멜라토닌	서카딘

일반의약품	항이스타민제	불면증 일시적 완화	디펜히드라민	디펙타민 슬리팰
		불면증 보조치료, 진정	독시라민	아론, 잘덴
	생약제제	수면 유도 및 유지, 수면 시 불편함 해소	길초근+호프	레돌민

출처 : 약물백과

 나를 속이는 뇌, 뇌를 속이는 나(로랑 코앙, 북스힐)

나를 속이는 뇌, 뇌를 속이는 나 줄거리

뇌의 중요성에 대해서는 누구나 고개를 끄덕일 것이다. 그렇게 중요한 뇌를 잘 알고 있냐고 묻는다면 고개를 끄덕일 수 있는 사람이 얼마나 될까? 과학의 발전과 함께 그동안 미지의 세계라고 여겨졌던 뇌의 미스터리가 하나씩 그 모습을 드러내고 있다.

인터넷과 대중매체에서도 뇌에 대한 다양한 이야기가 넘쳐나지만 진위를 판단하기 어려울 때가 많다. 유쾌한 뇌 과학 전문가 로랑 코앙이 안내하는 뇌의 세계에서는 진짜처럼 보이는 매력적인 가짜에 휘둘리지 않고 자신의 머릿속 미스터리를 낱낱이 파헤칠 수 있다.

저자의 노련한 말솜씨를 따라 술술 읽어나가다 보면 뇌 과학의 기본 윤곽이 그려진다. 뇌가 색깔과 그림자를 어떻게 인식하는지, 왜 사람마다 수학적 능력이 다른지, 왜 우리는 가만히 있지 않고 뭔가를 하려고 드는지 등 뇌에 관한 다양한 물음에 쉽고 명쾌하게 답한다.

또한 신경학자이자 신경과 의사의 시각으로 뇌 손상을 입은 환자들을 통해 뇌의 기능을 밝혀주고, 신경 과학의 중요한 발견들이 의료와 교육 분야에서 직접적으로 활용되는 사례들도 보여준다. 이 책을 끝까지 따라가면 한때 인터넷을 뜨겁게 달궜던 '파·검/흰·금 드레스 색깔 논란'이나 벼락치기 공부법의 하나인 '색반전 암기법'의 비밀을 풀 수 있을 것이다.

▶ '파·검/흰·금 드레스 색깔 논란'에 대해 설명해주세요.

케이틀린 맥네일 '드레스색깔' 논란입니다. 실제 원피스 색깔은 파란색과 검은색입니다. 하지만 사진의 밝기를 조금 올리면 흰색과 금색으로 보입니다. 이 논란은 우리나라뿐만 아니라 외국에서도 화제가 되어 인터넷 조사 결과 '흰색과 금색'이라는 의견이 74%, '파란색과 검은색'으로 보인다는 의견이 26%로 나타나 실제 원피스 색깔을 보는 사람들이 더 적었습니다.

▶ '드레스 색깔'이 다르게 보이는 원리는 무엇인가요?

같은 색을 보더라도 사람마다 뇌가 보정해주는 값이 다르기 때문입니다. 색 보정이 잘 안 되면 본래의 색인 파랑-검정으로 보이고, 잘 일어나면 흰색-금색으로 보이는 것입니다. 또한 사람 시세포 수의 영향일 수도 있습니다. 사람의 눈에는 3가지 색(적색, 녹색, 청색)의 원추세포가 있는데, 망막의 적:녹:청 원추세포 비율이 무려 40:20:1입니다. 그래서 일반적으로 사람들은 적색, 녹색에 비해 청색에 둔감한 편입니다. 게다가 다른 사람들보다 파랑 원추세포가 덜 예민한 경우에는 더욱 파랑색을 못 보고 하얀색으로 받아들이기 쉽습니다.

▶ '드레스 색깔'처럼 시각적 차이를 보인 다른 사례가 있나요?

'핑크에 흰색 줄무늬 운동화' 논란이 있습니다. 시각에 따라서 회색과 민트로 보입다고 합니다. 핑크와 흰색으로 보이는 사람들은 조명색과 물체색을 잘 분리하는 사람이고, 민트와 회색으로 보이는 사람은 색의 절댓값을 잘 판단하는 사람이라고 합니다. 또한 호르몬과도 관련이 있는데 남성호르몬이 많으면 회색에 민트, 여성호르몬이 많으면 핑크에 흰색이 많이 보인다고 합니다.

포스트바디 레고인간이 온다(몸문화연구소 , 필로소픽)

포스트바디 레고인간이 온다 줄거리

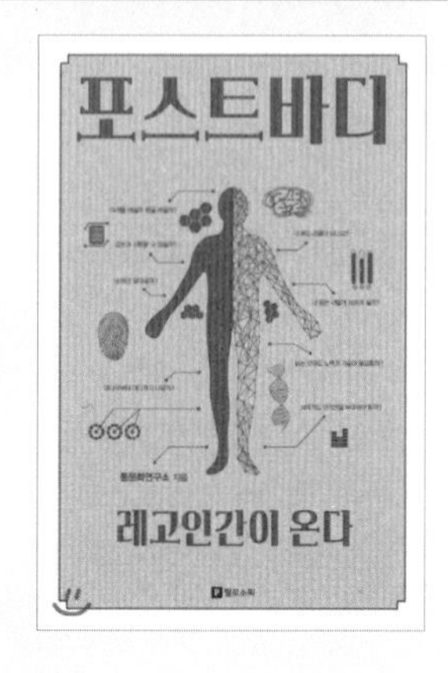

과학기술의 발전은 불가능이라 여기는 다양한 것들을 가능으로 바꾸고 있다. 최첨단 의학기술은 인간의 몸도 자동차처럼 제 기능을 하지 못하면 부품 바꾸듯 교체할 수 있는 시대를 꿈꾸게 한다.
이 책은 몸이 그저 주어진 고정불변의 것이라는 기존의 사고에서 벗어나 '몸'을 새롭게 규정하고 그로 인해 발생하는 다양한 쟁점을 다룬다. 인공 자궁과 맞춤 아기 시술, 두뇌 임플란트 기술 등 인류에 새롭게 등장한 과학기술을 살피고 노화와 죽음을 끊임없이 극복하려는 욕망의 이면을 파헤쳐 본다.
포스트바디 시대가 도래하면 우리가 일상에서 마주하게 될 문제다. 머리 이식 수술은 곁가지에 불과할 뿐이다. 포스트바디 시대, 우리는 어떤 삶을 추구해야 하는가. 그리고 21세기 인문학은 이에 대해 어떤 답을 내놓아야 하는가. 이 책은 독자들에게 그러한 화두를 던지고 함께 답을 모색해보고자 한다.

▶ 이 책에서 가장 관심 있는 부분은 무엇인가요?

노화는 자연스러운 현상이라고 생각했는데 이 책에서 질병으로 인식해 의료미용 분야에 초점을 맞춘 것이 흥미로웠습니다. 젊게 살기 위해 임플란트와 다초점 인공수정체 삽입술을 비롯한 염색체 말단을 보호하는 텔로미어까지 손을 대고 있습니다. 이런 의료과학이 미래 인간의 삶에 어떤 영향을 미칠지, 노인들의 삶의 변화는 어떻게 될지 미래가 궁금해졌습니다.

▶ '다초점 인공수정체 삽입술'에 대해 설명해주세요.

나이가 들면서 수정체의 조절력이 떨어지고 혼탁해지면서 뿌연 시야와 시력저하 등을 일으키는 병입니다. 요즘은 자외선, 근거리작업 등의 영향으로 비교적 젊은 층에서 백내장을 앓는 사람들도 많아졌습니다. 백내장이 발생하면 시력

저하가 얼마나 심한지에 따라 수술 여부를 결정해 혼탁해진 수정체를 제거하고 적합한 인공수정체를 삽입하는 수술을 합니다. 기존에는 단초점 인공수정체 삽입술을 사용했는데 최근에는 다초점 인공수정체 삽입술을 통해 노안까지도 치료하고 있습니다.

▶ 단초점 인공수정체 삽입술과 다초점 인공수정체 삽입술은 어떤 차이가 있나요?

단초점 렌즈는 초점이 한 곳에만 모이지만 다초점 렌즈는 근거리, 원거리 두 군데 초점이 맺힙니다. 그래서 단초점 렌즈의 경우에는 근거리와 원거리를 모두 볼 수 없기 때문에 수술 후에는 돋보기를 써야 합니다. 하지만 다초점 렌즈의 경우에는 돋보기를 쓰지 않아도 됩니다.

〈다초점 인공렌즈〉

레스토 렌즈	원거리의 초점기능과 자외선 차단을 위한 코팅이 되어 백내장 수술 후 자외선에 의한 망막손상을 예방할 수 있습니다.
테크니스 렌즈	먼 거리와 가까운 거리를 모두 잘 볼 수 있는 노안 교정용 인공수정체. 비구면 처리가 되어 있어 백내장 수치를 효과적으로 교정, 시력의 선명도를 높일 수 있습니다.
리사 렌즈	백내장 치료와 노안 교정이 가능한 수술법, 광학기술을 이용해 망막에 전달하는 빛의 양을 자동으로 조절해 원거리 빛의 양과 근거리 빛의 양을 분배해 잘 볼 수 있게 하는 방법을 이용합니다.

누가 자연을 설계하는가(실라 재서노프, 동아시아)

누가 자연을 설계하는가 줄거리

중국에서 최초로 '유전자 편집' 아기가 태어났다는 소식에 세계는 충격에 빠졌었다. 중국 생물학자 허젠쿠이가 유전자 편집을 통해 에이즈 감염 가능성을 차단한 쌍둥이 아기를 탄생시킨 것. 이 보도에서 눈여겨보아야 할 부분은 중국 당국의 태도이다. 중국 정부는 공식적으로 유전자 편집 아기의 존재를 인정했지만 '불법연구'를 한 허젠쿠이 교수에 대한 처벌을 시사했다. 저자는 생명과학에서 도전이 나타났을 때 국가가 생명과학을 규제할 뿐 아니라 생명과학도 국가의 민주주의가 작동하는 방식에 영향을 미친다고 주장한다. 과학이라는 주제에서 출발했지만, 민주주의가 어떤 과정을 통해서 이루어지는지 매우 구체적으로 보여준다는 데 이 책의 의미가 있다.

여기서는 생명과학에서 나타난 사례를 중심으로 이야기를 풀어냈지만, 우리는 과학기술이 발전함에 따라 이러한 논의가 앞으로도 끊임없이 지속될 것임을 알고 있다. 과학기술 분야도 다양한 합의가 필요한 것이다. 이 책은 '과학기술에 무지하고 정보가 결핍된' 대중이 아닌 과학기술 정책 담론에 참여하고 실행하는 시민의 등장이 필요하며, 이런 시민이 새롭게 부상하고 있다는 것을 말해주고 있다.

▶ 과학기술이 인류에 편의뿐만 아니라 어떤 도움을 주고 있나요?

물리학의 발달로 핵폭탄이 만들어졌고 화학은 나치의 생화학 무기, 고엽제 등이 등장했습니다. 생명과학에서는 윤리를 무시한 유전자 편집 등이 문제가 되었습니다. 이런 문제들은 아직까지 정치적·문화적 논쟁이 되고 있습니다.

▶ 이 책에서는 과학기술 분야에도 시민들의 합의가 필요하다고 합니다. 다른 나라에서는 어떻게 수용하고 있나요?

영국의 경우는 프랜시스 크릭과 제임스 왓슨이 유전 암호를 해독하고 노벨상을 수상한 나라로 유전학의 연구가 진행되고 있어 생명공학의 위험은 저평가될 것이라고 예측했습니다. 하지만 아실로마 회의와 유럽 입법 과정에서 영국은 미국의 과학 자문위원회나 정책 입안자들보다 신중한 태도를 취했습니다.

▶ 위 질문의 사례를 이야기해주세요.

영국에서 '유전자 조작' 과정을 포함한 실험실 작업은 1974년에 제정된 직장 내 보건 안전법으로 노동계, 산업계, 그리고 지방과 중앙정부라는 영국의 가장 강력한 세 개의 사회 협력 단체를 대표하면서, 상대적으로 독특한 삼자 구조의 자문위원회를 만들었습니다. 유전자 조작 자문그룹에 노동계가 포함되어 있다는 사실은 재조합 DNA 연구가, 과학적으로 확인되지 않은 위험 때문에 인류와 환경에 손해를 끼칠 수 있다는 점을 의미합니다.

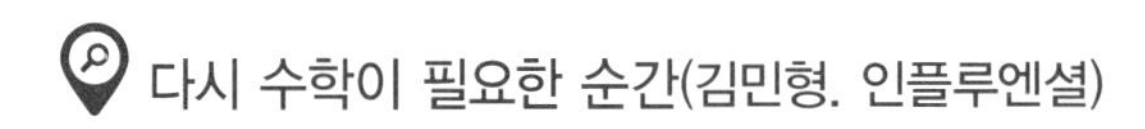

다시 수학이 필요한 순간(김민형. 인플루엔셜)

다시 수학이 필요한 순간 줄거리

지금 이 순간에도 인간의 사고는 수학으로 진화하고 있습니다. AI·빅데이터 시대를 돌파하기 위해서는 더욱더 수학적 사고의 힘이 중요합니다. 실수나 등식이 없던 그리스 시대의 사람들과, 전염병의 감염 추이 그래프를 누구나 쉽게 이해하는 지금 우리의 사고법에는 어떤 차이가 있을까? 급변하는 21세기, 수학의 질문은 어떻게 세상을 거듭 진화시키고 있는가? 2018년 〈수학이 필요한 순간〉을 통해 단숨에 베스트셀러에 올라 바야흐로 '수학 교양서 시대'를 연 한국인 최초의 옥스퍼드대 수학과 교수, 김민형 교수는 2020년 8월 〈다시, 수학이 필요한 순간〉으로 독자들을 다시 찾아왔다. 이 책은 수학의 거장이 중학생부터 현직 수학교사, IT개발자, 미술작가 등 세대와 성별을 뛰어넘는 다양한 독자 7인과 교감하며 나눈 아홉 번의 세미나를 생생하게 옮긴 것이다. 일상적 대화로 시작해 깊은 이해로 다가가는 튜토리얼 형식의 세미나를 통해, 그는 오래도록 세상을 견인해온 광대한 수학적 문명의 세계로 독자를 인도한다.

수의 기본 개념부터 AI 시대의 근간을 이루는 현대수학 이론까지, 앞으로의 상식이 될 수학의 언어에 정면 도전하는 위대한 수업이 펼쳐진다. 이 책을 통해 자연과 우주, 그리고 인간의 생각이 작동하는 방식까지, 우리를 둘러싼 모든 순간에 수학이 존재하고 있음을 깨닫게 될 것이다.

▶ 이 책에서 제일 인상 깊은 내용은 무엇인가요?

무한해 보이는 정보 사이에 상관관계를 가능한 한 많이 발견하면, 정보의 '차원'을 효율적으로 줄일 수 있습니다. 빅데이터와 AI가 주도하는 정보과학 시대에는 눈에 보이는 정보의 기저에 있는 '다차원'을 이해하는 것이 매우 중요한 감각이 될 것입니다. 이처럼 빅데이터와 AI, 수학과의 만남은 미래 의학 분석에도 큰 도움이 될 것이라 예측합니다.

▶ '데이터 3법'이 국회 본회의 통과로 의료계에는 어떤 영향을 주게 되나요?

의료제품, 의료서비스 등에 빅데이터가 적극 활용될 수 있습니다. 기업이나 의료기관 등이 보유한 임상데이터를 결합해 개인 맞춤형 의료 서비스나 임상의사결정 지원 등 활용 목적에 맞게 제공하는 것이 가능하며 예방의학의 시대가 올 수 있습니다. 또한 기존의 데이터 활용범위를 확대해 빅데이터 기반 제품과 서비스의 질 개선 및 신규 비즈니스 모델 발굴이 가능할 것으로 기대하고 있습니다. 이때 데이터들은 가명정보를 제공해 개인정보를 보호하면서 의료기술의 발전을 도모하고자 합니다.

▶ 다른 나라들은 의료 데이터를 어떻게 활용하고 있나요?

영국은 완전한 의료 디지털화를 위해 전자의무기록 등 기본적인 통합 디지털 시스템을 구축하고 있습니다. 미국은 민간 차원에서 영리 환자 네트워크 플랫폼인 페이션츠라이크미(PatientsLikeMe) 만들었습니다. 가입한 환자(75만 명 이상)들의 증상과 관리법 등 정보를 제공하며 페이션츠라이크미의 데이터를 바탕으로 100건이 넘는 연구결과를 논문 등으로 발표하기도 했습니다. 중국의 경우, 빅데이터 기술과 기존 의료산업이 융합해 진행되고 있습니다. 빅데이터를 활용해 병실 공실률을 줄인 광둥성 인민병원의 사례를 살펴보면 중국 내 빅데이터 활용 실태를 알 수 있습니다. 인민병원은 환자와 병원의 데이터를 통합해 기존 환자들의 개인별 행동 양식, 심리상태, 발병률, 입원률 등을 분석해 병실의 배치를 바꿨고, 공실률을 13%에서 8%로 줄일 수 있었습니다.

〈빅데이터 강화 분야〉

분야	의료 빅데이터 활용 사례
개인 맞춤형 의료/관리	• 연령별, 지역별, 소득수준별 맞춤형 건강증진/검진 서비스, 만성질환 맞춤형 관리 • 개인의 신체상태, 식습관, 생활패턴 등 의료데이터를 활용해 질병 예측 및 예방을 위한 건강관리 *예 : 셀바스AI(셉비체크업) • 유전정보 분석을 통한 미래 발병 가능 질환 예측 및 병원·의료진 추천 • 사업장별(단체), 근로환경별(개인) 건강 위해요소 예측 및 조기경보
의료질과 안전향상	• 유전적 특성에 기반한 약물 효과성 분석 예측기반 치료 최적화(맞춤약물)
임상 의사결정지원	• 질환별 새로운 학술정보와 치료법 등을 의료진에게 통합 제공 • 영상자료 유전정보, 투약 및 수술기록 등 데이터를 종합적으로 분석해, 인공지능과 결합한 임상의사결정 지원 *뷰노(본에이지), IBM(왓슨)

출처 : 생명공학 정책 연구 센터 2019

우아한 방어(맷 릭텔. 북라이프)

우아한 방어 줄거리

퓰리처상 수상 작가 맷 릭텔은 면역질환, 감염병, 암, 염증까지 면역은 우리를 어떻게 지키고, 어떻게 해치는가. 정체를 알 수 없는 바이러스가 일상을 뒤흔들어 놓은 초유의 팬데믹 사태를 겪으며 그 어느 때보다 우리 몸속에서 우리를 지키기 위해 작용하는 면역학에 대한 관심이 높아져 가고 있다.

류머티즘, 루푸스, 호지킨병, 알츠하이머 등 자신뿐 아니라 사랑하는 사람들의 삶마저 고통스럽게 하는 자가면역질환에서부터 흑사병, 스페인독감, 에이즈, 에볼라 등 전 세계를 휩쓸며 사람들의 삶을 파괴해 온 위력적인 전염병까지 소개한다. 건강한 상태와 병든 상태, 이 두 상황 사이에 놓인 위험한 방어 체계 '면역'을 주제로 세기를 넘나드는 과학사적 모험들과 함께 어느 날 면역 이상을 겪게 된 네 사람의 생생한 삶과 투쟁을 밀착 취재한, 퓰리처상 수상 작가 맷 릭텔의 놀라운 도전이 소개된다. 이 책은 면역학의 태동에서 시작해 지금도 연구실에서 속속 밝혀지고 있는 최첨단 발견을 아우르며 면역의 과거와 현재, 그리고 내일을 조망한다.

▶ 〈우아한 방어〉 책에 소개된 낯선 질병들에 대해 소개해주세요.

루푸스, 호지킨병 등이 있습니다. 루푸스는 요약 면역계의 이상으로 온몸에 염증이 생기는 만성 자가면역질환입니다. 피부, 관절, 신장, 폐, 신경 등 전신에서 염증반응이 나타납니다. 호지킨병은 림프절의 종창을 초래하는 대표적인 질환으로 발열이 있고 발한이 심하며, 황달을 일으킬 수도 있습니다.

▶ 면역세포는 어떤 기능을 하나요?

선천적 면역세포는 비특이적 자연면역 기능을 담당하고, 후천적 면역세포는 병원체에 대응하면서 학습과 기억이 되어 특이적 면역기능을 담당합니다. 선천적 면역세포가 인체 내에 침입한 병원균과 바이러스를 1차 공격하고 대식세포가 그 정보를 획득해 면역세포에 전달합니다. 이때, 정보를 받은 B세포와 T세포는 재침입한 병원균과 바이러스, 암세포를 2차 공격하는 과정을 거칩니다.

▶ T세포와 B세포의 차이점은 무엇인가요?

T세포는 T세포 수용체를 가지고 있고, B세포는 면역글로불린 생산능력을 갖고 있습니다. 즉, T세포는 독성 T림프구가 되어 세포를 직접 공격해 제거합니다. B세포는 활성화된 B림프구가 되고 이후 형질세포와 기억세포로 분화됩니다. 형질세포는 항체로 변화되어 혈장 속에 있는 병원체를 제거하는 기능을 합니다. T림프구 수용체와 면역글로불린을 동시에 생산하는 림프구는 존재하지 않습니다.

▶ 항체치료와 세포성 면역치료의 차이는 무엇인가요?

종양세포는 세포 표면과 세포 내에 종양항원을 발현합니다. 항체치료는 세포 표면에 종양항원을 발현하는 종양세포만 살해 가능합니다. 그러나 대부분의 종양세포는 세포 내 종양항원을 발현하므로 이러한 종양세포를 살해할 수 있는 세포성 면역치료가 필요합니다.

▶ 세포성 면역치료 방법에는 무엇이 있나요?

수지상세포 백신은 인체 내에서 항원 특이 T세포를 제조하는 방법이고, T세포 면역세포치료법은 시험관 내에서 수지상세포를 이용해 항원 특이 T세포를 제조해 인체 내로 재주입하는 방법입니다.

유레카의 순간들(김형근, 살림 FRIENDS)

유레카의 순간들 줄거리

'유레카의 순간'을, 길 가다가 지갑을 줍는 것처럼 하늘에서 뚝 떨어지는 우연이나 횡재가 아니라 묵묵히 한길을 걸으면서 오랫동안 노력하면 얻을 수 있는 '학문적 깨달음'이라고 정의했다. 그만큼 다양한 노력이 만들어낸 필연의 산물이라는 것이다. 예를 들어 케쿨레는 잠을 자다가 꿈속에서 벤젠 구조를 목격하고 연구의 실마리를 찾았다. 존 하이엇은 코끼리의 상아로 만들던 당구공이 너무 비싸서 값싼 재료를 찾다가 플라스틱을 발명했다. 여성 과학자 매클린톡은 유전학에 관한 자신의 이론을 인정받기 위해 무려 30여 년을 인내했고, 미국의 의사 제시 러지어는 모기가 황열병을 전염시킨다는 가설을 입증하기 위해 직접 모기에 물려 황열병에 걸렸다. 이들이 맞이한 유레카의 순간은 어찌 보면 운이 좋았거나 그저 오래 기다렸거나 무모한 도전을 펼친 결과처럼 여겨질 수도 있다. 하지만 그들의 업적이나 행운보다 더 중요한 것은 그들이 하나의 목표를 설정해 간절히 염원하고 끊임없이 노력했다는 점이다. 앞서 소개한 파스퇴르의 명언과 〈유레카의 순간들〉이 청소년 독자들에게 선사하는 메시지도 이와 같다. 원하는 결과는 바라고 몰두하고 노력하는 자의 것이다. 그런 의미에서 이 책은 청소년 독자들에게 과학적 사고력뿐만 아니라 과학적 인성까지 키워주는 교양서라고 할 수 있다.

면접

이 책의 내용 중 소개하고 싶은 내용이 있나요?

저는 호기심에서 시작해 DNA 지문을 발견한 제프리 박사 이야기를 제일 재미있게 읽었습니다. DNA X레이 실험을 하고 있을 때 자신을 돕고 있었던 한 기술자 가족의 DNA에 있는 유전자들의 유사점과 차이점을 발견하게 되었습니다. 이때 유전자 배열의 차이를 이용해 유전자 암호를 이용해 동일한 사람인지 아닌지를 가려낼 수 있지 않을까 생각했습니다. 30분 만에 내린 결론으로 생물학적으로 누군가를 분간해 낼 수 있는 발견의 시작이었습니다.

학교생활 중 '유레카'의 경험을 해본 적이 있나요?

저는 학교생활 중 과제탐구 시간과 수학 교과시간에 경험했습니다. 과제탐구 시간에 생활 속 건강을 위해 라돈측정기를 직접 만들었습니다. 안내서가 원서였기 때문에 단어 하나씩 찾아가면서 완성했습니다. 하지만 측정값은 0이었습니다. 라돈이 많을 거라고 예상한 청소기 속 먼지를 모아서 다시 측정했지만 여전했습니다. 그래서 만든 라돈측정기를 분리하고, 안내서를 다시 번역해서 몇 번을 실험했지만 측정이 되지 않아 다시 체크해보니 트랜지스터가 달랐습니다. 그때 순간적으로 '유레카'를 외쳤습니다. 무언가를 발견한 건 아니더라도 제 스스로 해결해서 뿌듯했습니다. 또한 수학 교과시간에는 다양한 풀이법을 생각할 때마다 '유레카'를 느꼈습니다.

 선택된 자연: 생물학이 사랑한 모델생물 이야기(김우재, 김영사)

선택된 자연 줄거리

"모델생물은 과학사의 방향을 완전히 뒤바꿔놓기도 한다!" 26종의 모델생물이 펼쳐 보이는 생물학의 여정, 과학과 사회를 이해할 수 있는 도서이다. 우수과학도서 〈플라이룸〉의 저자인 초파리 유전학자 김우재는 이번엔 26종의 모델생물들과 함께 독자들을 찾아왔다. 모델생물이란 초파리, 예쁜꼬마선충, 애기장대, 효모, 쥐, 제브라피시처럼 생물학의 현상을 연구하기 위해 특별히 선택된 생물이다. 우리가 작고 사소하게 여겼던 이 생물들이 자연에 숨겨진 비밀들을 보여주며, 때론 과학사의 방향을 완전히 뒤바꿔놓기도 한다.

저자는 26종의 모델생물을 중심으로 모델생물의 독특한 특징, 놀라운 과학적 발견과 생물학의 흐름, 선택의 주체인 과학자의 삶을 조화롭게 엮어 풀어낸다. 이 책을 통해 독자는 풍부한 생물학적 지식을 얻을 뿐만 아니라 모델생물과 함께 자연의 비밀을 발견하는 순간을 만나고, 과학자와 함께 생물학의 현장에 있는 듯한 느낌을 받게 될 것이다.

▶ 모델생물에 대해 알려주세요.

생물 현상의 이해를 위한 실험 또는 인간의 질병을 치료하는 연구를 위한 실험을 위해 사용되는 생물입니다. 모델생물을 이용하는 이유는 여러 동물의 생리 및 병리 현상이 생명체의 공동 조상으로부터 진화했기 때문에 여러 가지 면에서 공통점을 가지고 있을 것이라는 가정에서 시작되었습니다. 그러나 실제로 생명체 각 종간에는 계통에 따른 차이가 커서 모델생물에서 얻어진 지식이나 정보를 다른 동물 또는 인체의 생리·병리현상에 적용할 때 주의를 기울여야 합니다.

▶ 모델생물 중 예쁜꼬마선충을 활용하는 이유가 궁금해요.

예쁜꼬마선충은 정상적인 조건에서 사멸 주기가 3주 정도로 짧으며 실험실에서 한천 접시(Agar plate)나 대장균 배양액에서 쉽게 배양이 가능하고 유지비가 적게 듭니다. 또한 얼려서 보관할 수 있어 장기간 보관이 가능하다는 특징이 있습니다. 예쁜꼬마선충을 이용해 RNA이중나선 분리효소인 HEL-1이 생명체의 수명 조절에 핵심적인 역할을 한다는 사실을 미국립과학원회보(PNAS)에 발표했습니다. 예쁜꼬마선충에서 HEL-1을 과다 발현시키면 수명이 최대 18% 증가하고, HEL-1 단백질 기능을 저해시키면 수명이 39% 줄어드는 것을 발견했습니다. 예쁜꼬마선충은 '신체적으로 건강하게 살아가는 기간'을 뜻하는 건강수명을 예측하는 지표에 활용됩니다. 예쁜꼬마선충이 성체가 된 뒤, 6일이 지나면 예외없이 순간 최고 운동속도가 느려지는 것을 관찰해 건강수명을 측정하고 있습니다.

통계학 빅데이터로 잡다(조재근, 한국문학사)

통계학 빅데이터로 잡다 줄거리

빅데이터의 활약, 인공지능의 고군분투가 갈수록 눈부시게 두드러지는 시대다. 빅데이터의 선거결과 예측, 인공지능 알파고의 바둑 대결 등 이제 우리 사회에서 빅데이터, 인공지능이라는 말은 하나의 시대적 화두를 넘어 우리들 삶을 종횡무진 운용하는 실제적인 사회적 기제가 된 것이다.

이 책에서는 통계청을 비롯한 국가기관이 관리하는 사회·경제 통계와 더불어 의학·생물학·금융 등 여러 분야를 두루 넘나드는 통계학의 다양한 모습들이 펼쳐진다. 빅데이터와 인공지능의 현재 모습을 살펴보는 것은 물론이다. 저자의 풍부한 인문적 시선을 바탕으로 딱딱한 수치로만 인식되었던 '통계'가 다양한 관점에서 매우 흥미로운 모습으로 그려지는데, 이로써 독자들은 누구나 쉽게 '통계'의 매력에 빠질 수 있으며, 통계가 지닌 '천의 얼굴'을 확인할 수 있을 것이다. 세상을 움직이는 '힘'으로서의 통계를 절감하게 되는 것이다.

면접

이 책에서 가장 관심 있게 읽은 부분이 있나요?

'내기와 도박' 챕터에서 탐욕인가, 본능인가, 아니면 과학인가라는 부분이 가장 인상 깊었습니다. 학교에서 다루어 본 프랑스의 파스칼과 페르마가 편지를 주고받으면서 몇몇 도박문제를 논의하고 풀이도 제시한 부분이 인상적이었습니다.

그러면 학교에서 빅데이터를 이용해 활동한 적이 있나요?

'소셜그래프'라는 도박에 빠진 친구를 보고 연구한 적이 있습니다. 이 게임은 쉽고 빨리 끝나기 때문에 학생들 사이에 인기가 있었습니다. 저희는 과제연구에서 빅데이터를 모아 가설을 설정한 결과 아무리 베팅을 많이 하더라도 돈을 벌 수 없는 구조라는 것을 확인했습니다. 그리고 교내 도박 방지 캠페인을 했습니다.

 우리 몸이 세계라면 (김승섭, 동아시아사)

우리 몸이 세계라면 줄거리

이 책은 데이터를 통해 인구집단의 건강을 말하는 사회역학 연구자인 저자가 지난 20년 동안 의학과 보건학을 통해 공부해온 몸과 질병에 관한 주제들을 '지식'에 방점을 찍고 새로 집필한 책이다. 집필 기간은 1년이었지만 20년간의 고민과 공부가 담겨있다.

저자는 이 책에서 인간의 몸은 다양한 관점이 각축하는 전장이라고 이야기하며 지식의 전쟁터가 된 우리 몸에 대해 다룬다. 병원 진단 과정이나 의학 지식을 생산하는 과정에서 남성의 몸만을 표준으로 삼아 생긴 문제들을 지적하고, 신약개발에 있어서 고소득국가에서 소비되는 약만 개발되면서 저소득국가에서는 필요한 약이 개발되지 못하는 현실을 지적하는 등 몸을 둘러싼 지식의 생산 과정에 대해 이야기한다.

과학과 역사의 사례, 현대의 여러 연구를 망라하며 사회역학자의 글답게 데이터를 근거 삼아 몸을 둘러싸고 어떤 지식이 생산되고 어떤 지식이 생산되지 않는지, 누가 왜 특정 지식을 생산하는지, 우리에게 필요한 지식을 만들기 위해 상식이라 불리는 것들에 질문해야 하는 이유는 무엇인지 자세하게 보여준다.

▶ 이 책의 특징은 무엇인가요?

이 책은 인간이 하는 일이기에 정확하다고 믿는 과학도 편파적일 수 있다고 알려줍니다. 편파적이라고 이야기하면 나쁘게 받아들일 수도 있는데 이 책은 자연스럽게 받아들일 수 있습니다. 다각도에서 바라보려는 시도가 있어야 하고, 과학적 결과가 나왔다면 그 결과와 과정에서 오류가 없었는지 생각하게 만듭니다.

▶ 의학 실험에서 여성을 대상으로 실험한 내용이 궁금해요.

독일에서 일어난 탈리도마이드 사건을 계기로 여성을 보호하는 차원에서 여성은 임상실험에서 배제되었습니다. 유럽의 경우 여성 참여의 중요성과 필요성을 언급하고 있으나, 아직까지 여성 단독의 임상실험 관련 지침은 없고, 필요성만 제기하고 있습니다. 미국 FDA의 경우, 오히려 여성을 보호하는 차원에서 의약품 임상 실험을 실시하고 있습니다. 초기에는 배제하도록 했으나 2차 임상실험부터는 참여가 가능하다는 '정의'만 내렸으며 1993년부터 가임기 여성까지 초기 임상실험 참여를 허가하였습니다. 또한 관련 데이터를 수집하고 분석할 것을 '권고'하였습니다.

▶ 여성 임상실험이 꼭 필요한 질병이 있나요?

보통 여성들이 대부분 걸리는 부인과 질환과 류머티즘 관절염의 경우 여성 환자가 더 많기 때문에 여성 임상실험도 필요하다고 생각합니다.

송기원의 포스트 게놈 시대 (송기원, 사이언스북스)

송기원의 포스트 게놈 시대 줄거리

생명 과학 기술은 인간의 사유가 쉽게 따라가지 못할 정도로 인간의 사상과 가치관을 빠른 속도로 앞질러 가고 있다. 그러나 인간 배아의 유전체 편집이 실제로 일어난 일임에도 불구하고, 유전체가 무엇인지조차 제대로 들어보지 못한 이들은 자세한 내용을 이해하고 싶어도 복잡한 과학적 개념의 장벽 때문에 무슨 일이 일어나고 있는지를 잘 이해하지 못하는 경우가 많다. 실제 생명 과학 기술 연구가 상당히 급진적으로 진행되고 있지만 그 연구 결과들은 대중에게 현실로 다가가지 못하고 유리되고 있는 것이다.
생명 공학이라는 학문 분야는 생명의 정체성과 인간성에 예리한 질문을 던지며 우리 자신의 존재 인식에 첨예한 갈등을 일으키는 논쟁적인 분야이다. 생명 과학이 생명체 창조라는 꿈을 꾸고 있는 현재, 이 학문이 가진 사회·윤리적 의미만으로도 현대를 살아가는 사람들 모두와 함께 공유되고 토론될 필요가 있다.
이 책은 합성 생물학, 크리스퍼 가위, 세포 치료제 등 생명 과학의 최전선에 있는 지식을 체계적이고 밀도 높게 담아내며 입문자와 전공자 모두에게 유익한 개괄서가 되고 있다.

▶ 합성 생물학은 무엇인가요?

합성 생물학은 생물학과 과학의 결합이라고 할 수 있습니다. 지금까지 알려진 생명정보와 생물 구성요소 및 시스템을 바탕으로 기존 생물 구성요소 및 시스템을 모방해 변형합니다. 기존에 존재하지 않던 생물 구성요소와 시스템을 설계, 구축하는 학문입니다.

▶ 합성 생물학은 어떤 분야에 응용하나요?

미생물을 이용한 바이오연료 및 화학물질 생산을 할 수 있습니다. 대사공학을 적용해 생상 균주가 만들어진다면 미생물을 이용한 바이오 에탄올, 화장품, 의학 산업에도 활용이 가능합니다. 바이오센서를 활용해 다양한 화학물질을 감지해 형광이나 색을 띠게 하는 인공적 유전자 회로를 디자인하고 이를 미생물에 도입할 수도 있습니다.

▶ 우리나라에서도 합성 생물학을 활용한 어떤 연구들이 진행되고 있나요?

최근 국내에서도 프로바이오틱스인 '대장균 니슬 1917'을 이용해 살아 있는 약을 만들 수 있는 기술이 개발되었습니다. 장에 발생한 염증의 바이오마커인 질산염을 인식해 형광물질을 생산할 수 있는 유전자 회로를 개발해 대장균 니슬 1917에 장착했습니다. 이렇게 똑똑해진 대장균 니슬 1917을 실험동물 쥐에 주입해 6일 동안 관찰했더니 쥐의 장 속 염증이 심해지자 쥐의 분변에서 형광세기가 비례해 증가했습니다. 즉, 프로바이오틱스가 쥐의 장 속에 살면서 염증의 발생을 알려준 것이라고 생각할 수 있습니다. 또한 해당 연구진은 염증의 진단 정확도를 높이기 위해 염증의 또 다른 표지물질인 티오황산이 질산염과 동시에 장 속에 존재할 때만 형광물질을 만들어내는 유전자 회로도 개발했습니다.

자소서 엿보기

계열별 관련 학과 자소서 엿보기

의예(학)과 관련 학과 자소서

학습 경험

고등학교 첫 시험 때 분명히 교과서를 모두 외웠는데 하나를 틀렸습니다. 단백질을 포함한 것을 모두 고르라는 문제에서, 선지에 적혈구가 있었는데 교과서에 나온 내용이 아니라서 몰랐습니다. 이를 만회하기 위해 틀린 이유를 고심한 결과, 수업시간에 선생님이 하신 말씀을 빠뜨렸기 때문이라는 사실을 알게 되었고 저는 그때부터 선생님의 사소한 말 한마디까지 다 적은 뒤 자기주도 학습시간에 정리하고 모두 암기했습니다. 그렇게 외우고 문제를 푸니 암기문제는 거의 다 맞았고 그 뒤로 제 공부는 '암기'가 1순위가 되었습니다. 하지만 2학년이 되어 늘어난 과학과목 때문에 공부 할 분량이 너무 방대해 암기가 엄두가 나지 않아 물리 선생님께 공부법에 대해 여쭤보니 암기는 중학교 공부방법이라고 지적하시면서, 원리를 이해하고 풀어야 한다고 조언해주셨습니다. 그래도 저만의 방법을 고집했는데, 지구과학에서 더는 진전할 수가 없었습니다. 지구과학은 새로운 상황을 주면 그것을 분석을 할 수 있어야 했는데 암기를 중요시했던 탓에 이해할 수 없는 상황이 많았습니다. 그때부터 교과서를 천천히 읽으면서 과정을 이해하려고 노력했고 문제집 옆에 있는 빈칸문제를 풀면서 이 단원에서 중요한 개념이 무엇인지 숙지했습니다. 문제집을 거듭해서 풀고 틀린 문제를 다시 분석하면서 오답정리를 하다보니 물리는 전보다는 수월해지고 재밌게 느껴졌으며, 이해도를 높이기 위해 학습 중 궁금한 사항이 있으면 과제연구 주제로 선정해 보고서 작성 및 발표를 하면서 개념의 원리와 응용사례까지 명확히 알게 되면서 심화된 지식을 습득할 수 있었습니다. 물리 선생님께서 저의 변화를 인지해 수업시간에 공개적으로 칭찬해주셨을 때 정말 뿌듯했습니다. 친구들이 꺼리는 지구과학의 천체 단원도 저는 정말 재밌게 공부하였고 그 결과 두 과목 모두 1등을 할 수 있었습니다. 실패는 성공의 어머니라는 평범한 말이 진리라는 사실을 깨닫게 되었으며 내가 잘못된 길을 갈 때 조언을 해줄 수 있는 선생님과 친구들이 있다는 사실에도 감사하게 되었습니다.

자율활동	진로활동
멘토-멘티활동으로 물리와 수학의 멘토로서 최선을 다하는 모습을 보임. 본인의 잘못된 학습법을 인식해 시험기간 전 무조건 암기하는 멘티에게 마인드맵과 백지 학습법으로 정리할 수 있도록 도와줌.	깊이 있는 활동을 위해 학습 중 궁금한 내용을 과제연구주제로 선정해 탐구함. 돌림힘에서 정역학 파트의 문제 예시가 복잡한 수식으로 표현된 것을 정리함, 일반물리학을 참고함.
국어 세특	**독서**
'인생을 바꾸는 힘' 발표시간에 실패는 성공의 어머니라는 평범한 말이 본인을 어떻게 바꿨는지 발표함. 서로를 격려할 수 있는 삶의 중요성을 어필하면서 미래 의학자로서 환자의 아픔을 같이 나누는 의사가 되겠다는 포부를 이야기함.	나와 조금 다를 뿐이야(이금이) 마음vs뇌(장현갑) 골든 아워1(이국종) 왜 세계의 절반은 굶주리는가(장 지글러)

의미 있는 활동

저는 〈세렝게티 법칙〉이라는 책을 읽고 대자연의 생태계가 조절되는 원리와 우리 몸의 조절 원리가 같다는 사실에 충격을 받았습니다. 이를 계기로 효소가 우리 몸의 조절에 중요한 역할을 하므로 질병 치료에 많은 기여를 할 수 있다고 생각해 효소에 관심을 가지게 되었습니다. 교과서에서 유전자가위 효소를 이용한 질병 치료를 보고 따로 조사하던 도중 크리스퍼 기술을 알게 되었고 이 기술이 난치병 치료, 식량문제에 기여하지만 그 효용만큼 높은 위험성을 가지고 있다는 것도 알게 되었습니다. 이를 주제로 과학 수업시간에 발표를 하게 되었으며 저는 기술 발전은 막을 수 없다고 생각했기 때문에 발전 방향이 쟁점이며, 이 발전 방향은 과학자가 아닌 시민이 주도해야 함을 피력했습니다. 기술을 개발하는 것과 통제하는 것은 동전의 앞뒷면처럼 분리될 수 없음을 다시 생각해보게 되었습니다.

진로활동	생명과학 세특
과학기술 분야 전문가의 특강과 질의응답을 통해 평소 궁금증을 해소하고 과학·의료 기술 분야 직업과 미래에 대해 구체적으로 알게 되었음. 이후 크리스퍼 기술에 관심을 가짐.	유전자가위 효소를 이용한 질병치료보고서를 제출함. 이 보고서에 의료연구기술은 과학자가 아닌 시민이 주도해야 함을 피력하며, 외국의 다양한 사례를 제시함.

자율활동	독서활동
독서토론회에서 〈세렝게티 법칙〉을 읽고 독후감을 제출함. 대자연의 생태계가 조절되는 원리와 우리 몸의 조절 원리가 같다는 사실에 충격을 받았다는 이야기를 전달함. 또한 생태계의 균형 상태에 대한 판단이 인간중심적이지 않나라는 비판하는 모습도 보임.	세렝게티 법칙(션 B. 캐럴) 인생의 마지막 순간에서(샐리 티스테일) GMO 사피엔스의 시대(폴 뇌플러) 이기적 유전자(리처드 도킨스) 사피엔스(유발하라리)

의미 있는 활동

2학년 축제 때 동아리부스를 열게 되었습니다. 생물동아리 특성을 살려 관련된 내용을 찾으면서 동시에 할로윈 시즌에 맞춰 할로윈 분위기를 낼 수 있으면 좋겠다고 생각했습니다. 저는 교과서에 나오는 혈액형 판정을 소재로 제안했고 부원친구들이 의견을 덧붙여 혈액팩 모양의 팩에 주스를 담아주기로 했습니다. 다른 동아리와 다르게 부스를 할로윈 컨셉에 맞춰 꾸미고 음료수까지 제공해서 입소문은 금방 타게 되었고 저희 동아리 부스는 가장 많은 인기를 얻었습니다. 아쉬웠던 점은 겉으로 보이는 것에 치중한 나머지 실험원리를 친구들이 이해하기 쉽게 설명하지 못했다는 점이었습니다. 설명을 붙여놨지만 읽는 친구들은 소수였고 직접 말로 설명할 때도 한 귀로 듣고 흘리는 경우가 많았습니다. 또한 채혈을 무서워하는 친구들도 있었는데, 상대방의 입장을 고려하지 못하고 단순히 채혈을 피 한 방울 뽑는 것이라고 대수롭지 않게 생각해 어떻게 하면 아프지 않게 채혈할 수 있을까 고민하지 않았던 점을 반성하며 이를 계기로 대수롭지 않게 생각되는 상황에서도 상대방의 입장을 다시 한 번 확인해보는 습관도 가지게 되었습니다.

동아리활동	게시판 캠페인
할로윈 시즌에 혈액팩 모양의 팩에 주스를 담아주고 혈액형 판정 실험을 진행함. 음료수의 인기로 학생들은 모였지만 실험원리를 친구들이 이해하기 쉽게 설명하지 못한 아쉬움과 상대방 입장을 고려하지 않은 채혈을 반성함.	동아리 축제 부스 운영 시 실험원리를 잘 전달하지 못한 것에 아쉬움이 남아 실험원리를 그림과 함께 자세히 설명해 게시하는 활동을 함. 이후 동아리활동에서 실험과정을 영상으로 찍어 학교 홈페이지에 업로드함.
생명과학 세특	**진로 축전**
혈소판을 주제로 보고서를 작성함. 주위에 쉽게 멍이 들거나 코피가 자주 나는 친구를 보고 호기심을 가짐.	헌혈을 주기적으로 하며 진로 축전에서는 헌혈에 대한 부스를 만들어 헌혈의 중요성을 언급함.

조사 중 면역기전에 의해 골수의 혈소판 수가 감소하면서 생기는 질환인 '특발성 혈소판 감소성 자반증(ITP)'에 대해 알게 됨.
만성의 경우는 혈소판 수혈, 스테로이드, 면역글로불린요법의 치료가 필요하다고 함.

코로나로 인해 혈액의 수급률이 떨어지고 혈액의 부족을 통계치를 조사해 친구들에게 헌혈을 홍보함.

의미 있는 활동

세균 배양 배지를 만드는 실험 과정 중 이를 이용해 손의 세균을 배양해 손 씻기 중요성을 알리면 좋을 것 같다는 생각이 들었습니다. 인식변화를 파악하기 위해서 손을 얼마나 자주, 어떻게 씻는지에 대해 설문조사를 진행했습니다. 이후 실험결과를 바탕으로 1달 동안 캠페인을 진행하고 다시 설문조사를 실시했습니다. 캠페인의 도움 여부는 약 80%였는데 올바른 방법으로 손을 씻는 경우는 7% 정도만 증가했습니다. 저는 이를 이상하게 여기고 인터뷰를 진행해 왜 이런 결론이 도출되었는지 확인했습니다. 그 결과 교내 화장실에 비누가 제대로 구비가 되어있지 않음을 알게 되었습니다. 저희 동아리는 캠페인 결과를 바탕으로 보고서를 작성해 학생회에 손세정제 구비를 건의함으로써 교내 손 씻기 환경을 개선해나갔습니다. 실험 하나가 학교의 숨겨진 문제를 찾아내 해결하는 과정이 놀라웠고 이런 실험을 더 많이 해보고 싶다는 생각이 들었습니다. 결과적으로 '나'를 위한 실험이 아니라 '모두'를 위한 실험이 되어서 뜻깊었습니다.

과학 탐구 동아리

세균 배양 배지를 만드는 실험을 통해 손 씻기의 중요성을 홍보하기로 함.
설문조사를 통해 손을 씻는 횟수와 방법에 대해 조사한 후 1달 동안 캠페인을 진행했음.
하지만 생각보다 캠페인 효과가 저조해 문제점을 분석한 결과 손세정제 구비가 잘 되어있지 않음을 인지해 문제를 해결함.

학생회 건의

동아리 캠페인 결과 보고서를 바탕으로 학생회에 손세정제 구비를 건의해 환경을 개선함.
차후 동아리원들이 순번을 정해 화장실 손세정제의 유무를 확인 체크해 학생들의 청결에 신경씀.

보건 세특

개인위생을 강조하며, 손세정제의 성분에 대해 조사함.

관련 영상

사이언스 올_손 세정제에 어떤 성분이 들어 있을까?
https://url.kr/H1sDgJ

가장 대표적으로 알려진 항균 물질인 '트리클로산(Triclosan)'은 세균이나 박테리아 등 미생물을 제거하거나 성장 억제 효과를 가진 성분이지만, 아직 건강증진에 도움이 된다는 연구가 없다고 언급함.
일반비누로도 30초 이상 손 씻기를 하는 것과 별 차이가 없다는 의견을 제시함.

지원동기와 노력과정

교내 환경모니터 요원으로 매일 학교를 돌면서 쓰레기를 줍다 보니 등교할 때 무심코 지나쳤던 식물들을 다시 보게 되었는데 제가 모르는 식물들이 많았습니다. 그래서 제가 부장으로 있던 자율동아리 활동으로 '교내 식물사전 만들기'로 결정했습니다. 사계절을 나눠서 사진을 찍고, 각자 맡은 분량의 식물의 이름, 계, 문, 강, 목, 특징들을 조사해오기로 했습니다. 하지만 약속한 날에 자료를 제출한 부원들은 몇 없어 도감을 작성하기에는 많이 부족했습니다. 저는 이 문제를 해결하기보다는 감정에 앞서 부원들에게 맡은 일을 제대로 하지 못한 이유를 추궁했습니다. 생각대로 일이 진행되지 못하는 것에 화가 났기 때문이었습니다. 동아리활동을 마무리하고 다시 생각해보니 부원들을 온전히 믿지 못했던 까닭에 단독으로 동아리활동내용을 구상하고 활동내용을 건의하면서 제가 주도적으로 동아리활동을 결정해버린 저의 책임도 많다고 여겨졌습니다. 역할 분담도 제가 직접 하면서 모든 걸 결정해주는 것이 부원들에게 도움이 되며 그들에게 편할 것이라고 생각했는데 입장을 바꿔 따져보니 제가 너무 독단적이어서 부원들이 소극적으로 활동했던 것이 아닌지 하는 생각이 들었습니다. 마지막 동아리 회식에서 부원들에게 진심으로 사과했고 부원들은 사과를 받아들여 다시 한 번 저를 믿어 다음 해에도 동아리가 유지될 수 있었습니다. 다음 활동부터는 부원친구들이 하고 싶은 활동을 2개씩 정해온 뒤 하고 싶은 활동을 투표로 정하게 했습니다. 2주에 한 번씩 하는 회의에 동아리활동의 더 나은 방향을 위해 의견을 제시하는 그들의 모습에서 뚜렷한 변화를 느낄 수 있었습니다. 1개의 실험일지라도 순번제로 책임자를 달리 하자 부원들은 적극적으로 각자가 맡은 일에 참여하게 되었고, 좋은 결과를 효과적으로 도출할 수 있게 되었습니다. 부원들의 역량에 따라 세분화된 활동들이 주제에서 벗어나지 않도록 중심을 잡아주는 것이 리더의 역할임을 알게 되었습니다. 또한 리더가 팀원들의 능력을 믿고 일을 맡기는 일이 중요함을 배울 수 있었습니다.

교내 환경 모니터 요원

환경 모니터 요원으로 학교 주변의 미관을 망치는 플랜카드 및 홍보물 관리 및 교내 쓰레기 분리 등 학교 환경관리에 최선을 다함.
교내 쓰레기를 줍다가 모르는 식물들에 관심을 가짐.

자율동아리활동

'교내 식물사전 만들기' 프로젝트를 진행함. 하지만 부원들과의 소통 없이 혼자서 결정하고 역할을 나누는 과정에서 문제점을 발견하고, 동아리 활동에 투표제 및 회의를 진행해 모두가 참여할 수 있는 동아리를 만듦.

행동특성 및 종합의견

생명과학실에 남다른 애착을 가지고 있어 항상 자신이 먼저 나서서 생명과학실을 관리하고, 새로운 실험에 적극적으로 참여함. 이러한 결과로 교내에 서식하는 식물을 채집해 식물도감을 편찬함.

또래나눔

학우들에게 학습 전략 공유, 문제 해결 단서 제공, 토론 및 시험범위 내용을 정리해 요약집을 만들어서 도움을 줌. 멘티 학생들이 스스로 답을 찾아갈 수 있도록 독려하고, 부족한 부분을 가르쳐주면서 나눔과 배려의 학급문화를 구축함.

의학과 면접

〈세렝게티의 법칙〉을 읽고나서 느낀 점을 이야기해주세요.

세렝게티 법칙이란 아프리카 세렝게티는 생태계가 하나의 법칙으로 유지되고 있다는 것을 말합니다. 이 원리는 우리 몸에도 적용이 가능합니다. 우리 몸은 약 37조 개의 세포가 적당한 수만큼 유지되기 위해서 조절 작용이 필요합니다. 만약 이 조절 원리가 실패해 췌장의 인슐린이 적어지면 당뇨병이 되고, 세포가 조절능력을 잃어버려 증식하게 되면 그게 암이 됩니다. 저는 이 책에서 조절의 원리의 중요성을 한 번 더 생각하게 되었고, 세렝게티 법칙 유지를 위해서는 자연환경을 잘 유지할 필요성을 알게 되었습니다.

특발성 혈소판 감소성 자반증(ITP)은 어떤 질병인가요?

특발성 혈소판 감소성 자반증은 면역기전에 의해 혈소판이 파괴되면서 혈소판이 감소하거나 출혈이 나타나는 자가면역질환입니다. 치료법으로는 혈소판을 수혈하거나 스테로이드를 투여합니다. 면역글로불린요법을 사용하기도 합니다. 만약 스테로이드 치료가 되지 않는 경우는 비장을 절제해 혈소판 감소를 막기도 합니다.

특발성 혈소판 감소성 자반증(ITP)을 예방할 수 있는 방법이 있나요?

왜 이 병에 걸리는지 아직 알려지지 않아 예방하기는 힘듭니다. 하지만 출혈이 잘 멎지 않기 때문에 평소에 상처를 입지 않도록 조심해야 합니다. 혈소판 감소증이 있는 환자의 경우에는 아스피린 및 비스테로이드성 진통소염제의 복용을 줄일 필요가 있습니다. 만약 비장절제술을 받은 환자라면 폐렴구균에 쉽게 감염되므로 예방접종을 반드시 해야 합니다.

치의예과 관련 학과 자소서

학업경험

“어떤 고통이나 비극을 겪고 있다면 그것은 어떤 좋은 것을 얻을 수 있는 기회이기도 하다.”라는 멕사인 슈널의 말이 있습니다. 제 고모부는 원인 모를 병을 앓고 계십니다. 목 뒤에 큰 몽우리처럼 무언가가 나와 있는데 그 몽우리는 지금도 커지는 중입니다. 처음엔 당뇨병 합병증 중 하나인 줄로만 알았는데, 병원에서 이런 증세를 보이는 병이 없어 고모부의 병은 불치병이라 결론지어졌습니다. 매일 병원에서 주사를 꽂고 활동하시는 고모부를 보며 저는 이 병에 대한 정확한 의료진단과 치료법을 알아내고 싶어졌습니다. 이를 계기로 과학탐구동아리의 탐구주제로 ‘미래의료기술’을 정하였고, 조사 중 줄기세포 응용기술에 대한 내용을 접하였습니다. 줄기세포의 정의 및 종류와 응용사례 등을 각자 조사해와 동아리 부원들과 토의하는 시간을 가졌습니다. 이 과정에서 줄기세포는 상대적으로 발생이 덜 된 세포로, 여러 조직 세포로 분화할 수 있는 능력을 지녔다는 사실을 알게 되었습니다. 그중 배아줄기세포는 비교적 추출하기 쉽지만 한 생명체가 될 수 있는 배아를 파괴한다는 윤리적 문제가 있고, 성체줄기세포는 윤리적 문제는 없지만 증식능력이 떨어진다는 단점을 갖고 있다는 것을 알게 되었습니다. 이 두 줄기세포의 단점들을 유도만능줄기세포가 보완할 수 있다는 것을 발견한 후 이를 바탕으로 앞으로의 줄기세포 발전 가능성에 대해 학생들에게 알리는 캠페인을 진행하였습니다.

이러한 활동을 통해 줄기세포의 잠재성을 알게 되었고 불치병에 대한 희망을 가지게 되었습니다. 이전에는 문제점을 해결함에 있어서 한계에 부딪힌다고 느끼면 포기하고 싶은 마음을 누르고 억지로 끌고 나간다는 느낌이 컸습니다. 하지만 줄기세포 탐구 과정을 통해 문제점을 해결하려 노력하고 계속해서 생각하면 희망이 생기게 되고, 끈기 있게 연구하고 탐구하면 좋은 결과를 향해 나아갈 수 있다는 생각을 하게 되었습니다. 어떤 일을 시도하기도 전에 가능성이 있는 일임에도 망설이느라 도전조차 못했던 제 자신을 성찰하고 보다 적극적인 자세로 삶을 살아가야겠다고 다짐하게 하였습니다.

공과 실험 동아리	생명과학 세특
'미래의류기술'의 줄기세포 응용기술에 대해 조사함. 배아줄기세포, 성체줄기세포, 유도만능줄기세포 각각의 장단점에 대해 탐구함. 탐구 후 줄기세포의 발전 가능성 홍보 캠페인을 진행함.	미국 하버드대 한국인 교수 연구팀이 파킨슨병 환자의 맞춤형 줄기세포로 신경세포를 만들어 질환 치료에 처음 성공했다는 기사를 소개하고 줄기세포의 잠재성을 발표함.
진로활동 롤 모델	**화법과 작문 세특**
진로와 관련해 국경없는의사회에서 활동 중인 이효민 의사를 롤 모델로 삼음. 진정한 의료인이란 어떤 의미를 갖는지에 대해 생각해보는 계기를 가짐. 이효민 의사와 가상인터뷰 상황을 구성해 치과의사로서의 자신의 모습을 상상함.	〈아내를 모자로 착각한 남자〉를 읽고 환자를 의학적 질병의 관점에서만 파악하는 것이 아니라 환자가 처한 상황이나 주변 환경을 파악하고 조심스러운 접근이 필요하다고 생각함. 환자들의 행복과 바람을 이뤄 줄 수 있는 진단을 내리는 의사가 되고 싶다고 독후활동으로 답변함.

의미 있는 활동

어려운 의학지식을 상대방의 눈높이에 맞춰서 설명하는 태도는 의료인에게 필요하다고 생각합니다. 저는 이러한 생각을 친구들에게 여러 질병을 쉽게 소개하기 위해 참여한 '창의적 체험활동 발표대회'에서 실천할 수 있었습니다. 교과서 속 외우기 어려운 질병을 쉽게 소개할 방법을 찾던 중 친숙한 동화 속 캐릭터들의 상황에 질병을 적용하는 방법이 떠올랐습니다. '동화 속 주인공들에게도 병이?'라는 주제로 창의적 체험 활동 발표대회에 나가기로 결정했습니다. 토드증후군, 헌팅턴 무도병, 스톡홀름 증후군 등의 여러 질병 및 증후군을 이상한 나라의 앨리스, 빨간 구두, 미녀와 야수 등의 동화로 엮어 나갔습니다. 각 동화의 배경을 PPT로 정리하는 과정에서 단순히 내용만을 발표하면 친구들의 흥미를 이끌지 못할 것 같다는 생각이 들었습니다. 더 흥미로운 방법을 고민해보다가 3명의 친구들을 모아 짧은 연극을 넣어 진행하기로 결정했습니다. 발표 당일이 되자 전교생이 저를 쳐다본다는 사실에 긴장도 많이 되었고 발표를 하면서 떨리는 목소리를 가다듬기도 하였습니다. 그렇지만 저희 팀의 쉬운 해설과 연극에 친구들이 호응해주고 발표내용을 이해하는 태도를 보여주어 뿌듯하게 발표를 마무리할 수 있었습니다.

저에게 이 발표는 환자나 일반인 보호자에게 어려운 의학용어나 치료기술에 대해 쉽게 설명해야 하는 의료인으로서의 태도에 대해 생각해보고 적용해봤던 인상 깊었던 활동이었습니다.

진로 스터디 그룹	독서 세특
'빅데이터로 분석한 의료기기 관련 단어'라는 주제를 통해 어려운 용어들을 이해할 수 있었음. AI가 앞으로 의료기술에 미칠 영향이나 사례들을 토의하면서 미래 의료기술에 대해 생각함.	〈병원장사〉를 읽고 '더불어 사는 삶'이라는 주제로 원고를 작성해 발표함. 의료 상업화에 대한 고민을 통해 구체적인 통계와 자료 용어들을 알기 쉽게 설명하는 방식이 인상적이었음. 나아가 공공의료의 활성화 방안에 대한 구체적인 해결책을 제시함.
창의적 체험 학습 발표회	**영어 세특**
복잡한 증후군이나 질병들에 거부감을 느끼는 것을 보고 동화 속 주인공들의 상황을 예시로 들어 설명함. 짧은 연극과 간결한 설명으로 학우들의 이목을 집중시키고 내용 파악에 도움을 줌.	전문가 집단이 최선의 의료행위를 결정하는데 의견이 나뉠 수 있다는 내용의 글을 읽고 주제-예시 구조로 글을 분석, 쉽게 정리하고 게시해 학우들의 이해를 도움.

의미 있는 활동

저는 과학시간에 물리에서는 상대성이론 부분에서, 지구과학에서는 우주와 행성분야에서, 생명과학에서는 현미경원리, 화학에서는 원자모형과 전자배치분야에서 빛의 가시광선 영역에 대해 배웠습니다. 빛의 영역에 관한 내용을 다양한 분야에서 배우다 보니 가시광선 외의 빛의 영역들에 대해서도 탐구해보고 싶어졌습니다. 적외선, 자외선, 감마선, X선 등의 다양한 빛의 종류 중에서도 일상생활에서 가장 많이 사용하고 있는 X선에 관심이 가서 X선의 원리와 활용사례들을 찾아보았고 활용사례들 중 치과에서 쓰이는 엑스레이에 흥미가 생겼습니다. 치과에서 쓰는 엑스레이는 한 종류인줄 알았는데 조사하는 과정에서 엑스레이에도 파노라마, 치근단, CBCT 등의 여러 종류가 있다는 것을 알게 되었습니다. 치과에 내원하면 흔히 볼 수 있는 엑스레이는 파노라마로, 입 안 전체의 치아상태를 평면 이미지로 찍어내는 기술로 입체적인 얼굴을 표현하기에는 왜곡될 수 있다는 결점을 갖고 있어, 치조골의 두께나 신경의 위치 등을 정확하게 필요로 하는 임플란트를 식립할 경우에는 CBCT 기술로 보안한다는 것을 알게 되었습니다. 치과에서 파노라마 다음으로 흔히 볼 수 있는 치아 한 부분만 보여주는 사진은 파노라마로 찍은 사진을 단순히 확대한 줄 알았는데, 치근단이라는 기술로 필름을 물고 찍어 파노라마로는 보기 힘든 자세한 부분을 볼 수 있는 다른 기술이었다는 것을 알았습니다. 이때의 활동으로 단순히 빛의 영역에 대한 학습 내용뿐만 아니라 일상에서 찾아볼 수 있는 여러 기술들에 쓰이는 과학적 원리와 관심 있는 분야 관련 지식들을 접하게 되었습니다. 학업 내용을 진로와 연결시켜 치의예과 자체만이 아니라 여러 과목과 접목해 공부를 하게 되면서 학업에 대해 과목 전체적으로 흥미가 높아지게 되었습니다.

물리학Ⅰ 세특	진로활동
의료 분야에 적용되는 다양한 물리이론을 찾아 보고 보고서를 작성함. X선에서는 기본원리와 발견과정, 실제 병원에서 사용되는 X선 촬영장치의 작동과정을 설명함.	틀니의 불편함을 제시하고 임플란트가 대중화되고 있다는 사실과 기존 임플란트 기술이 가진 문제점을 뉴스 기사의 내용과 함께 제시함. 임플란트 문제점을 보완해줄 무절개 임플란트 기술의 시술과정, 시술기간, 고통의 정도 등에 대한 조사를 통해 치과의 미래 전망 가능성을 예측함.
공학 동아리	**독서활동**
현대 과학기술에 필요한 결정체인 인조다이아몬드, 인조루비, 인조수정, 텅스텐선, 저마늄·실리콘 등이 만들어지는 과정을 보고 결정성장 기술에 관심을 가짐. 결정이 커지는 과정을 실험을 통해 직접 관찰함.	치과의사가 말하는 치과의사 (안상수, 오동찬 외 1명) 떨림과 울림(김상욱) 물리학을 낳은 위대한 질문들(마이클 블룩스) 생명과학을 위한 인체물리(Roderick M Grant)

치의학과 면접

CT와 CBCT의 차이점을 알고 있나요?

CT는 촬영할 부위를 관구가 회전하면서 층층이 촬영해 한층, 한층의 방사선 사진을 만듭니다. 그 다음 컴퓨터 프로그램으로 합성해 우리가 보는 움직이는 영상을 만듭니다. 하지만 치과에서 사용하기에는 기계가 너무 크고, 비용도 비싸서 치과에서는 CBCT를 많이 사용합니다. CBCT는 CT와는 달리 촬영 부위를 3~4방향에서 촬영한 다음 이 영상을 컴퓨터 프로그램으로 합성합니다.

그럼 CBCT의 장·단점을 알고 있나요?

장점은 앉거나 서서 빠르게 촬영이 가능하고 CT보다 가격도 저렴하고, 방사선 조사량도 줄일 수 있습니다. 하지만 이미지 구성 방식의 차이에 의해 해상도나 골질 판단이 부족한 경우가 있으나 치과적 진단에는 문제가 없습니다. 예전에 치과에서 사용하던 일반 파노라마보다는 방사선 조사량이 높지만 그 정도는 안전한 수준이라고 합니다.

동화 속 캐릭터들의 상황에 따른 질병을 설명할 수 있나요?

먼저 피터팬에 나오는 윌리엄스 증후군(Williams syndrome)입니다. 심장질환으로 정신지체와 함께 치켜 올라간 코, 작은 턱을 가지고 있습니다. 또래에 비해 키가 작으며, 머리가 회색으로 되고 피부에 주름이 지는 등 나이가 들어 보입니다. 인지능력이 떨어지지만 피터팬에 나오는 요정 팅커벨처럼 언어를 유창하게 구사하고 악기도 연주할 수 있습니다.

엄지공주에서는 러셀 실버 증후군(Russell–Silver syndrome)을 볼 수 있습니다. 이 경우는 염색체 이상으로 키는 자라지 않지만, 지능은 정상입니다. 얼굴은 역삼각형 모양에 이마가 툭 튀어나와 있습니다. 작은 입과 턱, 입 양쪽 주위가 아래로 처져 있으며 동화 속 주인공 이름을 따 '엄지공주 증후군'으로 부르기도 합니다.

한의예(학)과 관련 학과 자소서

학습 경험
저에게 학업이란 융합적 사고를 확장시키고 그 과정에서 궁금증이나 호기심을 해결하는 과정의 연속이라 말할 수 있습니다. 과학과 수학 과목을 좋아했지만 단지 문제를 풀고 시험을 잘 보는 것뿐만이 아니라 실생활과 사회현상에서 활용된 사례와 연계하고 응용해 이해하려고 하였습니다. 그 결과는 문제의 본질을 꿰뚫어 보는 능력과 이해도가 높아졌으며, 이는 활용과 응용력을 발현하는데 도움이 되어 심화된 학습으로 확장할 수 있었습니다. 그 예로 수학시간에 배운 수열부분에서 피보나치수열과 황금비율에 대한 이해를 위해 정방행렬의 고유치와 고유벡터에 대한 개념을 이해하려 학습하였고 이와 관련해 통계학의 회귀분석을 선행대수적 관점에서 살펴보려 노력하였습니다. 이렇게 근본을 알고 이해하려고 하는 과정에서 학업 역량이 높아졌으며 이런 수학적 역량이 매년 열리는 수학경시대회에서 우수한 결과를 낳은 원동력이 되었습니다.

수학Ⅰ 세특	기하 세특
피보나치 수열과 황금비율에 대한 이해를 위해 정방행렬의 고유치와 고유벡터에 대한 개념을 이해하려 노력함.	정방행렬의 고유치와 고유벡터의 내용 심화를 위해 고유치의 합·곱과 정방행렬과의 관계와 서로 다른 고유치에 대한 고유벡터는 선형 독립이라는 것을 보고서로 작성해 제출함.

확률과 통계 세특

통계학의 회귀분석을 선행대수적 관점에서 해석하려는 노력이 돋보임.
학우들의 이해를 돕도록 '회귀'의 역사를 생물학적 현상으로 키가 큰 부모로부터 태어난 자녀의 키가 당대의 평균으로 회귀하는 경향이 있다고 설명함.

수학경시대회

학업 역량의 상승으로 매년 열리는 수학경시대회 수상도 등위가 높아짐을 확인함. 문제의 본질을 분석하고, 응용해 다양한 문제를 푸는 방법을 선호함.

학습 경험

생명과학 수업시간에 '생물의 항상성'에 대한 발표를 위해 자료조사를 하면서 교과서에서 배우지 못한 여러 사례들을 알 수 있었으며 그중 '보툴리눔 톡신'이란 독성물질이 식중독을 일으키지만 근육 및 신장근과 관련된 치료제로 쓰이며 이것이 지금의 '보톡스' 주사에 근간이 됨을 알게 되었습니다. 또한 그에 따른 부작용을 찾아보게 되었고 이 과정에서 독을 독으로 치료하는 방법들에 대한 자료를 보게 되었으며 이는 이고제고(以苦除苦)의 원리와 비슷한 대체의학에 관련된 부분이란 것과 한의학에서 많이 활용되고 있다는 것을 알게 되었습니다. 이런 활동들은 동양의학에 대한 관심을 두게 된 계기가 되었습니다. 이렇게 학업 중 생긴 호기심을 거기에서 그치지 않고 모든 분야를 망라하고 호기심이 풀릴 때까지 다방면으로 자료를 찾아보고 탐독하는 방법이 저의 학습 방법이며 이는 자칫하면 지루해질 수 있는 교과 성적을 우수하게 유지하는 데 기반이 되었습니다. 또한 수업 중 배운 모든 교과활동에서 미비한 점이 있으면 관련 동아리활동과 연계해 탐구하였으며 심화함으로써 지식의 폭을 넓혀갔습니다.

생명과학Ⅰ 세특

'생명의 항상성'이라는 주제로 조사활동을 수행하고 시각자료를 준비해 발표수업을 진행함. 항상성의 정의, 조절의 원리, 작용예시, 관련 호르몬의 작용 등을 심도 있게 준비해 설명함.

영어 독해와 작문 세특

의학, 건강 분야의 지문 중 박테리아와 관련된 지문에서 박테리아의 상호 간 의사소통 방법에 대해서 자세히 알 수 있었고 이에 흥미를 느껴, 박테리아 해독제 개발과 사람에게 해로운 박테리아의 종류, 공기를 통해서도 이동할 수 있는 E.coli 박테리아에 대한 보고서를 제출함.

동아리 보고서 제출	독서활동
드라마에서 비충독을 치료하기 위해 더 강력한 독인 녹두독을 사용하는 것을 보고, '약이 되는 독' 보고서를 작성함. 복어 독과 사약 독초를 치료에 사용하는 사람들의 이야기를 소재로 사용함.	생물학카페(이은희) 생명 그 아름다운 비밀에 대해 과학이 들려주는 16가지 이야기(송기원) 일상적이지만 절대적인 생물학적 지식50 (j.v.샤마리)

의미 있는 활동

새로운 것을 경험하고 사람들의 의견을 경청하고 토론하는 것을 좋아하는 저에게 3년간 활동한 동아리활동은 저에게 가장 의미 있는 활동이었습니다. 생명과학과 의료계열에 관심을 가지고 있는 학우들과 의학과 생물에 관한 주제를 탐구하고 토론하는 자율동아리를 만들었습니다. 소규모로 시작한 동아리는 차츰 고등학교 의학협의회로 발전하였고 카페와 블로그 운영으로 소통하고 탐구하였으며 요양병원에서 어르신들을 봉사하는 활동으로까지 확장되었습니다. 또한 의사, 한의사 선생님들을 모시고 생명을 다루는 의사로서 갖추어야 할 소양과 자세 그리고 미래 의료의 방향 등 다양한 주제의 강의와 경험담을 들으면서 생명에 대한 경외심과 의사로서의 사명감을 가지게 되었습니다. 이 자율동아리는 2학년이 되어서는 가장 인기 있는 동아리가 되었고 최우수동아리로 선정되면서 학교의 권유로 정규동아리로 승격되어 운영하게 되었습니다. 동아리 큰 틀은 변화를 주지 않고 고등학교 의학협회를 유지하면서 생명과학 동아리와 연합해 생명과학 분야를 보강하였으며, 각종 과학실험 및 해부실험을 해보았습니다. 그리고 실험 보고서를 작성하고 이를 기반으로 토의하고 실험 중 있었던 문제점과 꼭 알아야 할 점 등을 정리해 'JUMA 실험보고서 모음'을 만들어 다른 학우나 후배들에게도 참고가 될 수 있게 하였습니다. 이렇게 동아리를 결성하고 기장으로서 활동하면서 소통과 협동으로 리더십을 발휘해 이끌었으며, 지식의 확장뿐만 아니라 소통하고 함께해 가장 우수한 동아리로 키워갔다는 것에 큰 자부심을 느낍니다.

진로멘토 직업특강	생명과학 동아리
의사, 한의사로서의 역할에 대한 특강을 경청함. 식물인간인 환자를 꾸준히 관심과 애정을 가지고 치료한 결과 기적적으로 환자가 코마 상태에서 깨어났다는 경험을 들으며 감동했고, 자신도 꼭 누군가에게 도움을 주는 의사가 되겠다고 결심함.	최우수동아리로 선정되는 쾌거를 거두었으며 타학교 생명과학 동아리와 연합 동아리 'JUMA'를 조직함. 특히 동아리 내에서 봉사부에 속해 단체봉사활동 진행과 연합 실험 준비에 적극적으로 참여함.

미래 의료 보고서	JUMA 실험보고서
영화 '마이너리티 리포트'를 보면서 미래사회 범죄를 예측해 '살인 예정 혐의'로 체포하는 장면을 보고 질병도 미리 예방할 수 있지 않을까 고민함. 예방의학 중 유전자검사를 안젤리나 졸리로 유명해진 BRCA 유전자에 대해 설명하면서 미래 의료 보고서를 제출함.	후배들을 위한 실험보고서를 쓸 때 꼭 알아야 하는 내용과 참고사항, 실험 중 생길 수 있는 안전사고에 대한 내용을 담음. 이후 이 보고서는 다른 실험동아리에서도 신입생 오리엔테이션에 활용하는 모습을 보임.

의미 있는 활동

인간의 삶에 영향을 미치는 요인에 대해 알아보고자 총동창회 직장체험에서 보건환경연구원을 찾았고 세균 배양 및 검출 실험을 통해 다양한 미생물과 발효에 관심을 가지게 되었습니다. 이는 미생물의 쓰임새에 대한 궁금증이 생겨 직접 조사하고 싶다는 생각으로 이어졌고, 자료조사 중 농촌진흥청에서 곰팡이의 가치를 다룬 매우 흥미로운 보고서를 발견하였습니다. 평소 곰팡이가 페니실린, 효모와 같이 약이나 식품의 제조 과정에서 유용하게 사용된다는 사실은 알고 있었으나 곰팡이의 용도는 생각보다 다양했습니다. 국내기술로 개발된 '큐팩트'곰팡이가 분비하는 화학물질 등은 농업에서 친환경 농약으로 쓰일 만큼 좋은 소재이고 또한 곰팡이는 단백질이 풍부해 차세대 식량자원으로 주목받는다는 사실을 알게 되었습니다. 쉽게 번식할 수 있는 곰팡이의 특성은 대량생산이 가능하다면 생물자원으로 이용하기 훌륭할 것이라는 생각으로 이어졌고, 새롭게 알게 된 곰팡이의 종류나 특성, 달라진 나의 인식 등을 친구들에게 소개해주고 싶었습니다. 이에 보고서를 작성해 생물 수업시간에 발표하였고, 곰팡이를 단순히 병원체로의 시각으로 바라볼 것이 아니라 여러 분야에서 차세대 신소재로써 주목해야 한다는 저의 생각을 제시하였습니다.
탐구 과정에서 미생물이 분비하는 물질을 우리의 삶에 유용하게 사용할 수 있도록 연구해보고 싶다는 생각이 들었으며 미생물의 쓰임새를 의학 분야 쪽으로 더욱 확장시키고 싶다는 생각을 하는 계기가 되었습니다.

총동창회 직장 체험	생명과학Ⅰ 세특
보건환경연구원을 찾아 실험을 통해 미생물과 발효에 관심을 가지게 되었음. 그중 곰팡이에 대한 궁금증으로 '큐팩트' 곰팡이에 대해 새로운 사실들을 알게 됨.	곰팡이의 종류와 특성, 그리고 곰팡이에 대한 생각을 발표함. 곰팡이를 단순히 병원체의 시각이 아니라 신소재로서 주목해야 한다는 생각을 제시함.

곰팡이의 특성으로 다양한 곳에 활용 가능한 자원이라는 사실에 흥미를 가짐.

세제나 청바지 탈색과정의 효소나 친환경 선도 보존제로 식품에 첨가되는 글루콘산의 곰팡이 활용에 대해 설명함.

미생물 탐구 보고서

항생제, 항암제, 백신 등 대부분의 의학 용품의 보고서를 정리함.
항생제로 세균은 죽일 수 있지만 바이러스는 죽일 수 없다는 사실에 호기심을 가지고 내용을 조사함. 숙주 안에서 사는 바이러스의 특징을 확인하고 신종플루 치료제인 '타미플루'와 에이즈 치료제 '칼레트라'를 바이러스의 다른 활용도로 설명함.

독서활동

이기적 유전자(리처드 도킨스)
제네시스:생명의 기원을 찾아서
(로버트M, 헤이즌)
인간 복제의 시대가 온다(김홍재)
만약은 없다(남궁민)

지원동기와 노력과정

학교에서 튜터링 프로그램을 통해 수학부분을 맡아 점심시간마다 1:1로 학습 코칭을 하였습니다. 축구를 좋아하는 친구에게 점심시간마다 축구를 하지 못하고 교실에서 수학공부를 하는 일은 매우 고역스러웠을 것입니다. 처음에는 합의한 대로 따라주었으나 점차 친구를 기다리는 일이 많아졌으며 이 과정에서 종종 마찰을 겪게 되어 갈등의 골이 깊어만 갔습니다. 포기하고 그만할까 생각하다 친구의 입장을 생각해보며 학습시간을 조율하고 학습 동기를 위해 진로 및 진학활동도 병행하기로 했습니다. 친구는 달라진 수업방식에 만족해했고 저희는 프로그램 시간 이외에도 종종 만남을 가졌습니다. 저는 제가 겪었던 경험과 학습방법을 바탕으로 친구에게 수학지식을 전달하며 공부습관을 만들어주려 노력하였습니다. 저희는 점차 우정을 쌓으며 서로의 꿈을 응원해주는 관계로 거듭나게 되었습니다. 이 활동을 통해 내가 경험하고 성공했던 방법이라고 해서 남들에게도 꼭 좋을 것이라는 일방적인 생각이 얼마나 편협적인 사고였는가를 아는 계기가 되었습니다.

튜터링 활동

수학 과목을 가르치면서 튜티에게 힘이 될 만한 조언을 통해 수학에 대한 자신감을 불어넣어주는 활동을 함.

수학스피드퀴즈

반 대표로 참여해 몸짓과 여러 가지 명제들을 사용해 개념들을 설명해 평소에 잘 생각해보지 않았던 개념들을 복습함. 이때 튜터링 활동이 많이 도움이 되었음.

자신 또한 튜티를 알려주면서 수학 공부가 되어 성적 향상에 큰 도움이 되고자 하는 의지와 끈기를 가지고 튜터링 활동에 임함.	아이들과 협동하면서 문제를 풀어가는 과정에서 공동체 협력의 중요성에 대해 깨닫는 시간을 가짐.
수학토크 콘서트	**행동 특성 및 종합의견**
나이트를 이동시켜 체스판의 모든 칸을 지나는 방법, 돈으로 계산하는 경우의 수 등에 대해 탐구하는 시간을 가짐. 직접 여러 사람들 앞에서 문제를 풀어보고 피드백을 받으며 단순히 공식 암기 위주의 수학보다는 다양한 풀이를 통해 접근하는 방법을 익힘.	항상 말을 먼저 걸고 다툼이 있는 친구들을 중재할 수 있을 정도의 친화력을 갖고 틈틈이 친구들의 공부 도우미, 행사 도우미로 활동하며 공동체 구성원으로서의 책임과 배려심을 키우려 노력함.

지원동기와 노력과정

또 다른 경험으로는 연합동아리에서 요양병원에 정기적으로 방문해 어르신들의 말벗과 식사 및 산책 등 일상적인 활동들을 통해 건강한 삶이 얼마나 소중한지 경험하게 되었습니다. 정기적인 방문 활동으로 할머니께서 요통과 호흡곤란으로 힘들어 하시는 모습을 자주 보았습니다. 몸에는 파스가 떨어질 날이 없었고 굽은 등과 잔기침을 하시는 모습을 보면 왠지 안타깝고 슬펐습니다. 동아리에서 발효식품에 대해 자료를 찾던 중 도라지 발효액이 기침에 좋다는 자료를 보고 마침 집에 있는 도라지 발효식품을 가져다 드렸습니다. 그러나 얼마 지나지 않아 중환자들만 계시는 곳으로 가게 되었다는 소식을 들었으며 그 후로 뵌 적이 없습니다. 대부분의 노령 환자분들이 신경계와 호흡기 질환에 시달린다는 것을 알게 되었습니다. 저는 한의학적 처방이 어르신들에게 자극적이지 않아서 적합한 처방이라고 생각하며 제가 한의사가 되어 노령인구가 많은 우리 지역 의료 발전에 기여해야겠다고 다짐하게 된 계기가 이때부터였습니다.

봉사활동	행동 특성 및 종합의견
봉사의 의미를 일상생활에서 찾고자 하는 노력과 자원봉사의 생활화가 돋보이는 학생으로 주말과 방학을 활용해 소외된 사람과 사회적 약자를 찾아 자원봉사활동을 꾸준하게 이어옴.	동아리, 진로, 학업 등의 바쁜 학교생활 속에서도 소외된 이웃에 대한 관심을 갖고 주말과 방학을 활용해 지역 아동센터를 찾아가 장애가 있는 어린이들을 위해 학습과 생활 도우미 역할을 함. 요양병원 봉사 시 한의학적 처방의 필요성을 느낌.

학습 경험

'배워서 남 주자!' 고등학교 3년동안 저희 학교 슬로건인 이 문구를 마음에 새기면서 학교생활에 임했습니다. 2학년 때 생명과학에 나오는 유전자에 대해 공부를 하던 중 어렸을 때 책에서 접했던 복제 양 '돌리'가 떠올랐습니다. 이 때문에 유전자에 관심이 생겨 '유전자를 활용한 치료 방법에는 무엇이 있을까?'와 '다른 학문과는 어떤 연관성이 있을까?'라는 생각을 하게 되었습니다. 첫번째 의문에 대한 답을 유전과 관련된 독서인 '바이오 테크 시대'를 통해 해결할 수 있었습니다. 유전자에 관한 내용을 심화학습한 후 생명과학 시간을 통해 소논문(ppt)을 작성해 발표하였습니다. 유전자를 활용한 기술을 식품, 의료 등 다양한 분야에 사용한다는 사실을 알게 되었습니다. 특히 세균의 생존에는 필수적이지 않으나 다른 종의 세포 내에 전달될 수 있는 플라스미드와 DNA 분자의 특정한 염기서열을 인식해 그 주변을 절단하는 제한효소를 이용한 유전자 재조합 기술을 중심으로 발표를 준비하였습니다. 이러한 유전자 재조합 기술을 이용해 인류의 식량 문제를 해결할 것이라는 내용으로 발표를 마무리하였습니다.
두번째 의문에 대한 답은 화학에서 찾아볼 수 있었습니다. 화학 시간에 배운 화학이 인간의 건강에 미치는 영향에 대해서 알아보았습니다. 오늘날 진통제, 해열제로 많이 쓰이는 아스피린에 대해 화학적 성분과 역사에 대해 발표하였습니다. 이를 통해 생명과학이 다양한 학문과 연계가 되어 있다는 사실을 알게 되었고 수업시간을 활용한 발표를 통해 저의 의문점을 해결할 수 있었던 것 같습니다. 이러한 의문점을 해결하는 과정을 통해 우리나라의 의료 시스템에도 관심이 생겼습니다. 이 부분은 3학년 때 '히포크라테스' 동아리에 가입해 미국남장로교선교사들이 당시 조선에 와서 조선의 열악한 의료 환경과 실태를 작성한 'THE MISSIONARY'라는 책을 통해 그들의 숭고한 정신과 남에게 조건없이 베푸는 마음에 대해서 알게 되었습니다.

생명과학Ⅰ 세특	화학Ⅰ 세특
〈바이오테크 시대〉를 읽고 유전자 심화 학습을 해 소논문을 쓰고 보고서를 작성함. 유전자를 활용한 식품, 의료에 대해 정리하고, 유전자 재조합 기술에 대해 깊이 있게 조사하고 발표 시 식량문제 해결에 초점을 맞춤.	화학이 인간의 건강에 미치는 영향을 알아보기 위해 아스피린의 화학적 성분과 역사에 대해 발표함. 이를 통해 학문과의 연계성, 실생활 속 화학을 느낄 수 있었음.
'히포크라스' 동아리	**독서활동**
의료 관련 동아리로 의료에 관련된 다양한 활동을 진행함. 미국 남장로교선교사들의 희생정신과 우한 폐렴 사태를 가장 먼저 알리고 본인도 감염되어 생을 마감한 중국 안과의사 리원량의 생전 마지막 인터뷰를 읽고 의료인의 역할을 한 번 더 생각함.	사피엔스(유발 하라리) 뇌와 뉴런 신경세포(뉴턴프레스) 호모데우스(유발 하라리) 지구멸망 보고서(오승헌)

의미 있는 활동

평소 의학과 생명과학에 관심이 많았습니다. 하지만 학교 자체 프로그램만으로는 이러한 호기심에 대해 집중적으로 연구할 수가 없었습니다. 그래서 학교에서 지원해주는 자율동아리 시스템에 저와 같이 의학과 생명과학에 관심이 많은 친구들을 모아서 자율동아리를 개설하였습니다. 자율동아리에서는 '인체'라는 큰 틀을 가지고 세부적으로 활동하기 시작하였습니다. 인간의 신체를 인체 모형 키트 조립을 통해 공부해보았습니다. 생명과학 시간에 배운 소화계를 비롯해 뇌의 구조에 대해서 심층적으로 분석해 학교 국어시간 비문학 지문인 '분리뇌와 해석기'에 관한 발표에 적용시켰습니다. 인간의 뇌가 온몸의 세부적인 부분까지도 담당하고 뇌의 잠재력이 엄청나다는 사실을 알게 되었습니다. 신체를 움직이는 데 필수인 근육을 수수깡으로 마이오신 필라멘트와 액틴 필라멘트를 직접 만들어서 근수축원리에 대해서 깊게 공부하였습니다. 한층 더 세부적으로 들어가 혈액에 대해 공부를 하였습니다. 어렸을 적 병원에서 피를 뽑은 뒤 간호사 분이 혈액이 담긴 실린더를 기계를 통해 돌리는 모습을 본 적이 있었습니다. 혈액을 돌리는 이유에 대해 의문이 생겨 자율동아리를 통해 혈액 원심 분리에 대해서 알게 되었습니다. 혈액 원심 분리를 하는 이유는 질병이 발생한 부분을 집중적으로 파악하기 위해 사용한다는 사실에 대해 공부한 후 이를 간이 원심분리기를 통해 기름과 색소를 섞은 물을 직접 원심 분리 시켜봄으로써 궁금증을 해소하였습니다.

자율동아리활동	언어와 매체
의료계열 전공에 관한 배경지식과 관심 분야를 탐구하고 관련 분야 이슈 등을 토론하는 활동을 진행함. '인체 탐험을 주제로 다양한 실험을 계획하였음. 인체모형을 직접 조립하고, 간이 원심분리기를 통해 원심력으로 혈액을 분리하는 과정을 수행함.	'분리 뇌와 해석기' 지문을 활용해 왼쪽 시야에 물체가 있을 때, 오른쪽 눈과 왼쪽 눈의 오른쪽에 상이 맺힌 연후에 오른쪽 반구의 시각피질로 전달할 때 뇌의 역할과 기능적 전문화가 이루어지게 되는 이유를 친구들과 공유함.

의미 있는 활동

어렸을 때부터 저는 비염과 축농증이 심했습니다. 양의학병원에서 자주 치료를 해보았지만 별 효과를 얻지 못한 채 한의원에 방문한 적이 있었습니다. 치료할 때 코와 귀에 침을 놓아주시는 한의사 선생님을 보며 귀에 침을 놓는 것에 대해 궁금증이 생겼습니다. 이 궁금증을 자율동아리 자유전공발표 시간을 통해서 귀에 침을 놓는 기술인 '이침'에 대해서 발표를 하였습니다.

이를 통해 조상들이 닦아놓은 한의학에 대해서 깊은 관심이 생기게 되었고 양의학과 한의학의 기술을 서로 절충해 새로운 의학 기술을 만들어보고 싶다는 생각을 하게 되었습니다. 생명과학에 관해 더 깊게 공부를 하고 싶었습니다. 더 깊게 공부하고자 학교 정규 수업시간으로 따로 편성되어 있는 생물 탐구 실험을 수강하게 되었습니다. 코로나로 인한 온라인 개학 중 'COVID-19의 증상 및 대책'을 주제로 한 발표 수업에서 COVID-19라는 이름의 유래와 WHO 전염병 최고 단계인 팬데믹에 대해 발표하였고 특히 코로나 바이러스가 변종이 엄청 심한 RNA바이러스라는 사실을 비롯해 RNA바이러스의 숙주 활물 기생에 대해서 집중적으로 발표하였습니다. RNA바이러스에 관해 집중적으로 공부를 하다 보니 RNA와 DNA의 차이가 궁금해졌습니다. DNA 모형제작 시간을 활용해 DNA가 두 가닥의 폴리 뉴클레오타이드가 나선형으로 꼬여있고 RNA는 한 가닥으로 이루어져 있다는 사실과 한 염기쌍과 다음 염기쌍 사이의 거리와 DNA 사슬의 폭이 일정하다는 사실도 발견해 DNA의 구조적 특징을 통해 궁금증을 해결하였습니다. 화학시간에 PH에 대해 배운 다음 이를 생명과 연관시켜보았습니다. 녹말용액을 분해하는 아밀라아제의 역할을 주제로 한 실험에서 PH1부터 PH12까지의 용액에 따라 요오드-요오드화 칼륨의 색변화가 어떻게 변하는지에 대해 알게 되었습니다. 이를 통해 생명과학이 다른 학문과도 밀접하게 연관되어 있다는 사실을 알게 되었고 생물 탐구 실험을 통해 평소 저의 궁금했던 부분에 대해서도 해결할 수 있었던 좋은 시간이 될 수 있었습니다.

자율동아리

'이침'에 대해 조사하면서 양의학과 한의학의 기술을 서로 절충해 새로운 의학기술을 만들어보고 싶다는 생각을 하게 됨. 발표 시 귀의 모양이 자궁 속 태아가 거꾸로 있는 형태와 비슷하다고 설명하자 친구들이 호기심을 가짐. 수험생들에게 좋은 혈점 위치를 정리해 각 반에 게시함.

생명 탐구 실험 세특

COVID-19라는 이름의 유래와 WHO 전염병 최고 단계인 팬데믹에 대해 발표하고, RNA와 DNA 차이에 대해 조사함. 그 활동을 통해 DNA의 구조적 특징의 궁금증을 해결함.

활동 보고서

자율동아리에서 '이침'에 대해 조사한 후, '귀와 건강상태'라는 활동보고서를 제출함. 귓불의 주름으로 인지장애나 대뇌의 백색변성·대뇌의 허혈성 질환과 치매물질이 쌓였다는 설명을 함. 심장 이상의 '프랭크 징후'를 이야기하면서 한 번 더 귀와 인체의 신비에 대해 이야기함.

독서활동

인체 소화 과정(아이뉴턴 편집부)
동의보감 몸과 우주 그리고 삶의 비전을 찾아서(고미숙)
실용 동양의학(네모토유키오)
동양의학은 병을 어떻게 치료하는가(김동영)
위험한 서양의학 모호한 동양의학(김영수)

한의학과 면접

'프랭크 징후'에 대해 알고 있나요?

프랭크 징후는 '이침'을 공부하면서 알게 되었습니다. 일반인과는 달리 귓불에 사선으로 금이 그어져 있는 주름이 있는 사람들이 있습니다. 이 귓불 주름을 프랭크 징후라고 합니다. 귓불 주름이 있는 사람의 귀와 뇌의 MRI를 찍어보니 미세혈관의 막힘과 뇌의 작은 혈관의 변성을 볼 수 있었습니다. 연구결과 귓불 주름이 있는 사람이 뇌의 퇴행성과 치매 위험도가 높다고 합니다.

서양에서 사용하고 있는 대체의학에 대해 알고 있나요?

서양에서 말하는 대체의학은 한의학뿐만 아니라 마사지나 태극권, 요가까지 포함하고 있습니다. 여기에서는 동종요법, 카이로프랙틱, 약초요법, 한의학에 대해 정리하겠습니다.
동종요법은 인체에 질병 증상과 비슷한 증상을 유발시켜서 치료하는 치료법이며, 카이로프랙틱은 한방의 물리치료법인 추나요법과 비슷합니다. 약초요법은 약초 성분 그대로 쓰는 경우는 드물고, 의약학 연구에 '단서' 정도를 제공한다고 합니다. 한의학으로는 침술과 양약이 있습니다.

우리나라에서도 보완대체의학이 유행처럼 번지고 있습니다. 그 이유는 무엇일까요?

건강한 습관을 통해 스스로 스트레스를 관리하고 만성질환을 방지하는 자기관리를 많이 하고 있습니다. 인터넷의 발달로 정보를 이용하는 경우가 많습니다. 이는 의료비의 절감을 가져 오고, 무엇보다도 보완대체의학으로 사람들의 만족감이 높아졌습니다.

부 록

학과별 면접 기출문제

공통면접 이해하기

대학별 공통질문

공통 질문 평가항목	1	2	3	4	5
1분 동안 자기소개를 해주세요					
(의예, 한의예, 치예)학과에 지원한 동기가 무엇인가요?					
입학 후 학업계획은 세웠나요?					
대학에 진학해 학업 외 하고 싶은 게 있나요?					
본인의 장·단점을 하나씩 이야기해보세요.					
10년 후 나는 어떤 모습일 것 같나요?					
자신이 생각하기에 이 학과와 적성이 잘 맞나요?					
고등학교 시절 리더십을 발휘한 때는 언제인가요?					
제일 기억에 남는 봉사활동은?					
자신이 생각하기에 배려는 무엇이라고 생각하나요?					
고등학교 시절 제일 힘들었을 때는 언제인가요?					
교과목 중 가장 열심히 한 과목과 힘들었던 과목은 무엇인가요?					
후배들에게 추천해주고 싶은 책이 있나요?					
전공 소양을 기르기 위해 관련 도서를 읽었나요?					
동아리활동 중 기억에 남는 것을 본인의 역할 위주로 이야기해보세요.					
다양한 수상 경력이 있는데 그중 가장 기억에 남는 대회는?					
진로에 영향을 준 멘토가 있나요?					

인생의 최종 목표가 있나요?					
마지막으로 하고 싶은 이야기가 있나요?					

의예(학)과

의예(학)과 평가항목	1	2	3	4	5
지원자가 생각하는 좋은 의사란 무엇이라 생각하나요?					
의사가 되기 위해 고등학교 시절 가장 열정적으로 한 활동이 있나요?					
의사가 갖추어야 할 기본적인 소양은 무엇이라고 생각하나요?					
의사로서 양심이 필요한 경우는 어떤 경우라고 생각하나요?					
2020 의사 파업에 대해 본인 의견을 이야기해주세요.					
동아리에서 초파리 해부를 한 적이 있는데 우리 신체와 비교해보세요.					
유전병과 돌연변이에 대해 알고 있는 게 있나요?					
본인이 알고 있는 인공지능 의료기기와 활용도를 이야기해보세요.					
전공의가 된다면 어떤 과에 지원하고 싶은지 이유와 함께 이야기해보세요.					
치료를 받아야 하는 환자가 돈이 없는 경우 어떻게 대처할 수 있을까요					
실력이 좋은 의사와 가슴이 따뜻한 의사 중 어느 쪽이 더 필요하다고 생각하나요?					
공공의료에 대한 본인의 생각을 이야기해보세요.					
유전자를 이용한 인간 복제에 대한 본인의 생각을 이야기해보세요.					
바이러스를 판정하는 검사법에는 어떤 것이 있나요?					
청소년의 약물 남용에 대한 해결책은 무엇이라고 생각하나요?					
인공장기는 무엇이고, 만들기 어려운 인공장기에는 무엇이 있을까요?					
대체의학을 알고 있나요?					
최근 환경오염으로 만들어진 질병이 있나요?					
올해 노벨 생리학상 수상자의 연구결과를 간단하게 설명해보세요.					

치의예과

치의예과 평가항목	1	2	3	4	5
지원자가 생각하는 좋은 치과 의사란 무엇이라 생각하나요?					
치과 의사가 되기 위해 고등학교 시절 가장 열정적으로 한 활동이 있나요?					
치과 의사가 갖추어야 할 기본적인 소양은 무엇이라고 생각하나요?					
임플란트의 장단점을 이야기해보세요.					
최근 양악수술을 성형외과가 아닌 치과에서도 하고 있습니다. 가능한가요?					
동아리에서 돼지 심장 해부를 한 적이 있는데 우리 신체와 비교해보세요.					
치의예과 교수님과 인터뷰를 한 적이 있는데 어떤 내용이며, 느낀 점은 무엇인가요?					
아스피린에 대해 설명해주세요.					
생명과학 시간에 배운 항상성 원리에 대해 설명해보세요.					
보철 치료는 무엇인가요?					
충치균은 무엇인가요?					
건강한 이를 관리하기 위해서는 평소 어떤 습관이 필요할까요?					
발음이 부정확한 경우 치아에 문제가 있어서인가요?					
치아유지의 중요성을 심장병과 인지력에 대한 관계로 설명했는데 구체적으로 어떤 내용인가요?					
'무삭제 라미네이트'를 알고 있나요?					
구취의 원인과 치료법을 설명해주세요.					
청소년 치아교정의 적절한 시기는 언제인가요?					
AI시대 치의학은 어떤 변화를 가져올까요?					

한의예과

한의예과 평가항목	1	2	3	4	5
지원자가 생각하는 좋은 한의사란 어떤 사람인가요?					
한의사가 되기 위해 고등학교 시절 진로 관련 활동이 있나요?					
한의사가 갖추어야 할 기본적인 소양은 무엇이라고 생각하나요?					
동의보감에 대해 알고 있나요?					
사상의학에 대해 설명해보세요.					
동아리에서 소눈 해부를 한 적이 있는데 우리 신체와 비교해보세요.					
동양의학과 서양의학은 어떻게 조화를 이룰 수 있다고 생각하나요?					
한약과 양약의 차이를 알고 있나요?					
한의학의 장점은 무엇이라고 생각하나요?					
한의학을 이용해 바이러스 질환을 치료할 수 있나요?					
우리나라 청소년들이 자살률이 높은 이유와 대책방안을 말해보세요					
한의학에서 예방의학이 가능한 범위는 어디까지인가요?					
독감 예방법을 한의학적 측면에서 이야기해보세요.					
마를 이용한 소화제와 향균 작용에 대해 연구했는데 어떤 연구인가요?					
세균과 바이러스에 대해 설명해보세요.					
한의학이 필요한 이유를 설명해보세요.					
한약재는 부위에 따라 채집 시기도 다릅니다. 그 이유가 무엇인가요?					
허준 외에 알고 있는 한의학 관련 인물이 있나요?					
한의학을 발전시킬 수 있는 방법에 대해 이야기해보세요.					

제시문 면접 이해하기

기출 제시문 예시 1

※ 제시문 숙지는 20분, 면접시간은 10분입니다.

Q 제시문을 읽고 질문에 답하시오.

[가] 대한소아청소년과의사회는 2019년 2월 8일 "故 윤한덕 중앙응급의료센터장과 가늠할 수 없는 슬픔을 당한 유족들에게 본 의사회는 마음속 깊은 애도를 표한다."고 밝혔다. 故 윤한덕 의사는 명절을 앞두고 전국 각지에서 생기는 돌발 응급 상황에 대처하기 위해 재난의료상황실에서 근무를 하다가 누적된 과로로 인해 책상 앞에 앉은 자세로 사망한 채 발견됐다. 고인은 평소에도 귀가하지 않고 센터장실에 놓인 간이침대에서 쪽잠을 자면서 근무를 하시는 일이 허다했다고 지인들은 밝혔다. 또한 이에 앞서서 다른 한 병원에서는 당직 근무 중이던 소아청소년과 의사가 당직실에서 사망한 채 발견되기도 하였다. 부검 결과 이상이 없었고 경찰에서 돌연사로 사인을 발표함에 따라 근무 중 과로사로 추정되고 있다. 이에 대해 대한소아청소년과의사회는 "주 40시간 근무, 소위 워라밸이라고 하는 일과 삶의 균형이 일반화된 요즈음에도 밤낮 없이 묵묵히 의료 현장에서 본분을 다하고 있는 전국의 의사 동료들에게 깊은 존경을 표한다."라며 "국민 건강과 안전을 위해 자신의 삶을 내어놓는 의사 동료들이 보다 안전한 근로 환경에서 근무할 수 있기를 바란다."고 했다.

[나] 나는 응급실에서 근무하는 의사이다. 나는 어제 오후 6시부터 24시간 연속 근무하고 오늘 오후 6시에 당직을 끝마치고 교대할 예정이다. 다음 차례 당직 의사들이 5시 50분에 도착해 현재 응급실에 있는 환자들에 대해 인수인계를 다 마쳤을 때, 심정지 환자와 중증 교통사고 환자가 동시에 도착해 이 두 환자 모두 즉시 심폐소생술이 필요할 것 같다는 간호사의 외침이 들렸고 모두 달려 나갔다. 심폐소생술에는 많은 인력이 필요하고 30분 이상 실시하는 경우가 많다. 다음 차례 당직 의사 두 명이 모두 있었고, 나는 6시 30분에 대학원 수업에서 중요한 발표가 예정되어 있다.

(문제 1-1) 제시문 [나] 상황에서 지원자라면 심폐소생술에 참여할 것인지, 당직시간이 끝났으므로 퇴근할 것인지 결정하고 이유를 말해보시오.

(문제 1-2) 의사의 과로사가 사회적 이슈가 되는 [가]의 지문과 [나]의 상황에서 공통적으로 찾을 수 있는 문제점과 제도적 해결책을 제시해보시오.

출처 : 연세대학교 미래캠퍼스

A 학생 답안

(문제 1-1) 저는 당직의사들과 함께 심폐소생술에 참여할 것입니다. 생명을 다루는 의사라면 응급상황이나 응급은 아니더라도 환자가 많은 경우 같이 진료하는 게 맞다고 생각합니다. 대학원 발표는 30분 전이지만 양해를 구해야 할 것입니다.

(문제 1-2) 저는 故 윤한덕 센터장·소아과 전공의 두 분 모두 과로사라고 생각합니다. 다들 의사라고 하면 부러워하는 직업이지만 업무과다로 열악한 근무환경에 놓인 경우가 많은데 이 문제점이 해결되어야 됩니다. 그러기 위해서는 근무시간과 휴식시간이 명확한 근로조건이 필요합니다. 응급의사들의 충원이 시급하고, 의사들의 힘들다고 선택하지 않는 인기가 없는 외과(중증외과)의 경우는 의료수가를 올리는 방안도 국가적인 차원에서 구상이 필요하다고 생각합니다.

《예시답안》

(문제 1-1) **제시문 [나] 상황에서 지원자라면 심폐소생술에 참여할 것인지, 당직시간이 끝났으므로 퇴근할 것인지 결정하고 이유를 말해보시오.**

저라면 응급 상황에서 생명 존중을 우선하는 것이 의사의 직업윤리이므로 당장 심폐소생술에 적극적으로 참여하겠습니다.

(문제 1-2) **의사의 과로사가 사회적 이슈가 되는 [가]의 지문과 [나]의 상황에서 공통적으로 찾을 수 있는 문제점과 제도적 해결책을 제시해보시오.**

제가 보기엔 故 윤한덕 센터장·소아과 전공의 두 분은 모두 과도한 업무로 인한 근무 중 과로사로 추정되고 있어 의사들의 열악한 근무환경(근무시간 과다, 업무 과중)이 문제점이라고 생각합니다. 의사라는 직업이 환자를 위해 봉사하고 헌신하는 것이지만 이러한 봉사와 헌신이 제대로 실현되기 위해서는 최소한의 근로조건도 보장이 되어야 한다고 생각합니다. 이를 위해 응급의사들의 근무 환경을 바꾸거나 인력을 보충한다거나 외과처럼 중증 환자를 보는 힘든 과에 의료수가를 올리는 등 국가 정책이나 사회적 협의가 필요할 것으로 생각합니다.

출처 : 연세대학교 미래캠퍼스

기출 제시문 예시 2

Q 지원자가 '나'라면, 어떤 선택을 할지 여부와 그 이유를 제시하시오.

'나'는 K대학병원의 내과전문의이다. 7년 전에 A환자가 만선질환 합병증으로 우리 병원 중환자실에 입원하였을 때 내가 담당전공의를 맡았는데 크게 호전되어 퇴원하였다. A환자는 '나'를 생명의 은인으로 생각한다며, 최고의 실력과 친절을 겸비한 젊은 의사라고 주변인들에게 열정적으로 홍보까지 해주었다. 덕분에 '나'를 찾는 환자들도 많아지고 환자가 뽑은 의사상을 받기도 해 감사히 여기고 있다. A환자는 석 달 간격으로 '나'의 외래에 오고 있는데, 지난 주 외래진료 때 A환자의 혈색이 눈에 띄게 좋지 않아 보여 복부 CT를 시행한 결과 췌장암 말기로 진단되었다. 깜짝 놀라 그동안의 외래진료 차트를 다시 살펴보니, 1년 전부터 A환자가 외래방문 때마다 복통과 체중감소의 증상을 말했던 기록과 한 개의 비정상 검사수치가 있었다. 췌장암이 일찍 발견하기 어려운 대표적인 질환이긴 하지만, A환자의 증상과 비정상 검사수치를 주시하지 못하고 추가검사를 하지 않아 진단이 더 지연되었다는 생각에 죄책감이 들었다. 내일 A환자가 외래 방문하기로 하였는데. '나'는 주치의로서 실수를 솔직히 말할지, 말하지 않을지에 대한 고민에 빠졌다. 췌장암 말기 환자는 대개 6개월 이내에 사망에 이르고, 치료 과정에 환자-의사의 유대감이 무엇보다도 중요하다.

출처 : 경희대학교 홈페이지

A 학생 답안

(솔직하게 말하는 학생) 저는 솔직하게 말해야 한다고 생각합니다. 의사도 사람이라 판단의 실수가 있을 수 있습니다. 실수를 인정하고 췌장암 말기라도 치료가 가능하다면 힘든 치료지만 같이 이겨낼 필요가 있습니다. 만약 치료가 불가능하다면 지금까지 환자가 의사에게 보여주었던 고마움, 그것으로 의사로서의 긍지를 느꼈던 것을 생각해 남은 삶을 편안하게 보낼 수 있도록 도와줄 필요가 있습니다.

(솔직하게 말하지 않는 학생) 췌장암 말기는 6개월 이내에 사망을 하는 질병이기 때문에 병에 대해 이야기를 한다면 그 환자는 그 자리에서 삶을 포기할지

도 모릅니다. 지금까지 의사에 대한 믿음이 누구보다 더 강하기 때문에 병을 이야기하기보다는 앞으로 어떤 치료를 할 것이며, 남은 인생을 어떻게 보낼지에 대한 관리가 중요하다고 생각합니다.

《예시 모범 답안》

솔직히 말하는 경우와 그 이유

1. **진실이라는 소통의 가치, 정직이라는 도덕적 가치** : 의료현장은 물론 인간관계에서 진실을 말하는 것은 당연하고 공통적으로 추구하는 소통의 가치이다.

2. **고마운 사람에 대한 인간적인 상호신뢰** : 오랜 시간동안 내게 의사로서의 긍지를 느끼게 해준 고마운 환자에게 서로의 인간적인 믿음과 신뢰를 지켜야 한다.

3. **여러 복잡한 요인들이 공존하는 의료상황을 정확하게 인지하고 잘못한 부분을 솔직하게 인정하는 용기** : 현재 상황이 모두 의사의 잘못만은 아니다. 조기발견이 매우 어렵다는 점과 바쁜 외래에서 반복되는 만성환자를 세심하게 살피지 못한 점이 이 상황의 팩트이다. 단, 잘못을 부정하지 않고 시정하려는 노력을 적극 표현하는 것이 인간적, 직업적인 도리이다. 진심은 통한다.

4. **이후 진실규명 상황에서 사건의 확대 예방** : 추후 치료 과정이나 의료소송 과정에서 자신의 잘못을 감추려 했던 사실이 뒤늦게 드러나면 사건이 더욱 커질 수 있다. 그렇게 되면 시한부 환자의 정신까지 더 힘들게 만들 수 있고, '나' 스스로도 의사로서 성실성과 진실성, 도덕성의 가치가 한꺼번에 흔들릴 수 있다.

솔직히 말하지 않는 경우와 그 이유

1. **선의의 거짓말** : 진실을 아는 것이 모든 상황에서 다 좋은 것만은 아니다. 돌이킬 수 없는 지난 문제를 들쑤시는 것보다는 시한부 삶을 살아갈 환자를 위해 의사로서 앞으로의 대책이나 개선방안에 집중하는 것이 더 중요하다.

2. **환자-의사 간의 유대감과 신뢰는 모든 진료에 가장 중요한 요소** : 췌장암과 같은 심각한 질환에서 환자-의사 간의 유대감과 신뢰는 무엇보다도 중요하고, 의사에 대한 절대적 믿음을 지켜주는 것이 치료 과정이나 호스피스 관리에도 중요하다. 시한부를 선고받은 환자가 이러한 절망적인 상황이 믿어왔던 의사의 실수 때문이라고 생각하게 되면 모든 치료나 케어를 거부할 수도 있다. 환자 케어에 도움이 된다면, 상황을 유연하게 대처하는 실천적 지혜가 필요하다.

3. **과도한 팩트 체크와 면죄부성 도피는 이기적인 자세** : 일반적 도덕 가치라며 진실을 낱낱이 밝히는 것은 빨리 야단맞고 내 마음이 편해지기 위한 면죄부성 도피일 수도 있다. 때로는 진실 고백이 6개월 미만의 삶이 남아 있는 시한부 환자를 더 괴롭히는 결과를 불러올 수도 있다. 그보다 오히려 환자를 옆에 두고 성심껏 케어해주고 기억하며 앞으로 의사로서 성실성을 다지는 계기로 삼는 것이 더 바람직하다.

출처 : 경희대학교 홈페이지

나만의 학생부에서 면접문제 뽑아보기

자소서 기반 면접문제

학업역량

Q 고등학교 시절 제일 좋아했던 과목과 공부하기 힘들었던 교과목은 무엇이었는지, 그 이유는 무엇인가요?

Q 그럼 그 힘든 과목을 극복한 방법이 있나요? 있다면 그 사례를 설명해주세요.

Q 의예과를 지원하기 위해 생명과학을 열심히 했는데, 다른 과목과 달리 그 과목을 위해 노력한 부분이 있나요?

Q 한의학과를 지원하기 위해서는 교과목 중 어떤 과목이 중요하다고 생각하며, 그 이유는 무엇인가요?

Q 교과 활동 중 가장 의미 있게 한 활동이 있으면 사례를 이야기하고, 왜 그 활동인지 설명해주세요.

전공적합성

Q 공동교육과정을 통해 생명과학 실험을 수강했는데, 수업을 듣고 느끼고 배운 점을 설명해주세요.

Q 과학과제탐구 수업 시 '카페인이 암에 효과가 있을까?'라는 주제탐구를 한 적이 있는데 어떤 결과가 나왔나요?

Q 의학자가 되기 위해 수학이 중요하다는 발표를 한 적이 있는데 어떤 이유 때문인가요?

Q 영어 학습시간 투자를 많이 해 영어 논문을 읽을 정도의 영어 실력을 가지고 있다고 했는데, 그렇게 공부한 특별한 이유가 있나요?

발전가능성

Q 진로를 결정하는 데 큰 영향을 준 책(또는 롤 모델)이 있다면 설명해주세요.

Q 동아리 시간 다양한 해부를 많이 했는데, 그 활동 후 자신에게 생긴 변화에 대해 자세히 설명해주세요.

Q 동아리 팀 프로젝트 수행 후, 어떤 점이 성장했다고 생각하는지 설명해주세요.

Q 이번 실험은 실패했는데 그 결과 대학 생활에는 어떤 영향을 미칠 수 있을까요?

인성

Q 배려와 공감이 필요한 이유에 대해 설명해주세요.

Q 의학자로서 가장 필요한 소양(또는 직무윤리)은 무엇이라고 생각하는지 설명해주세요.

Q 리더십이 무엇이라고 생각하나요? 리더십을 발휘한 때는 언제였나요?

Q 자신이 수행한 활동으로 가장 보람이 있었다고 생각하는 대표적인 사례를 말해보세요.

Q 가장 기억에 남는 봉사활동을 하나만 소개해주세요

학업에 기울인 노력과 학습경험

Q 의학자로서 어떤 자질이 필요한지 말해보세요.

Q 감염병 예방과 병원수용능력 분석을 위해 SEIR그래프를 통해 SIR그래프의 문제점 및 한계에 관한 보고서를 작성한 사례를 이야기해주세요.

Q 용균성 생활사와 용원성 생활사를 비교해보세요.

Q 초과산화물 라디컬이 생성되는 원리를 설명해주세요.

Q 생명과학이 자신의 전공에 어떤 도움을 줄 수 있는지 말해주세요.

공통문항	학생부 기록사례	소재 확장 및 연계
학습경험		

지원학과와 관련된 의미 있는 교내 활동

Q 장내 미생물과 비만은 어떤 관계이며, 장내 미생물로 비만을 치료할 수 있나요?

Q 유전자 이상이 단백질 이상으로 이어지면 어떤 질병이 생기고 몸에서 어떤 변화가 일어나는지 알고 있나요.

Q TED영상 속 미래의 의학기술과 관련해 줄기세포와 의료 로봇 장치를 보고 보고서를 쓴 적이 있는데 그 내용에는 어떤 의료 로봇 장치가 있나요?

Q plasmid DNA와 제한효소에 대해 설명하시오.

Q 임플란트와 틀니는 각각 어떤 장·단점이 있나요?

Q 한의학과 서양의학을 비교한 활동들이 많은데 그럼 한의학의 장점은 무엇인가요?

공통문항	학생부 기록사례	소재 확장 및 연계
의미 있는 활동		

해당 전공(학부, 학과)에 대한 지원동기 및 진로계획

Q 4차 산업혁명의 대표적인 산물인 IOT에 대한 강연을 듣고 AI의 시대에 의사로서 환자의 미래 1형 당뇨병에 대한 연구를 하기 위해 고등학교 시절 어떤 노력을 했나요?

Q 의대 교수님의 다양한 생명 관련 주제 강의를 듣고 느낀 점은 무엇인가요?

Q '먹으면서 살 빼기' 주제의 강의에서 식량 문제 해결이라는 보고서를 제출했는데 어떤 내용인가요? 공감이 필요한 의사가 되고 싶다고 했는데 구체적으로 어떤 의사를 말하나요?

공통문항	학생부 기록사례	소재 확장 및 연계
지원동기		

학생부 기반 면접문제

공통문항	관련 질문	예상 문항
진로 동기	• 방사선종양학과는 구체적으로 무엇을 배우는 전공인가요? 그 전공을 선택한 이유가 무엇인가요? • 3년 동안 꿈이 변하지 않고, 소아전문치과 의사라는 꿈을 가지게 된 계기는 무엇인가요? • 한의사라는 직업을 위해 노력한 것은 무엇인가요? • 응급실 의사가 가져야 하는 자질은 다른 의사들과 차이점이 있을까요? • 의사라는 직업인 중 존경하는 사람은 누구인가요?	
창의적 체험활동	• 약물 오남용 교육 후 항생제의 남용에 대해 보고서를 작성했는데 구체적으로 어떤 내용인가요? • 반장으로 활동하며 친구들과의 갈등, 힘들었던 점을 극복했던 경험이 있나요? • 전교회장이 된 이유가 무엇인가요? • 의미 있게 한 학교활동에 대해 말해주세요.	
	• 동아리에서 장내 미생물에 관해 연구했네요. 기억나는 이론이 있나요? • 진로에 관한 심화동아리가 없어 직접 만들었다고 했는데, 어려운 점은 없었나요? • 동아리에서 동물실험에 대한 반대 토론을 진행했는데 어떤 내용을 준비했나요? • 자가면역질환에 대한 보고서를 작성했는데 구체적으로 어떤 내용인가요?	
	• 진로발표대회에서 어떤 내용으로 친구들을 열광하게 하였나요? • 진로독서활동을 꾸준히 했는데 후배들에게 추천하고 싶은 의학도서는 무엇인가요? • 지원학과에 관심을 갖게 된 계기(책, 멘토, 기사 등)가 있다면, 소개해주세요. • 지원학과에 입학하기 위해 준비한 가장 대표적인 노력이 있다면, 하나만 소개해주세요.	

공통문항	관련 질문	예상 문항
교과 세특	• 유전자를 증폭시킬 때 사용하는 기법인 'PCR'은 무엇인가요? • '생활에서 미적분을 활용한 사례' 하나만 말해주세요. • '염료희석법을 이용한 심박출량'을 적분으로 어떻게 계산할 수 있나요?	
	• 알캅톤뇨증은 어떤 병인가요? • 바이러스의 특징은 무엇인가요? • 황산화 물질을 생성하는 '피토케미컬'에 대해 설명해보세요. • 물벼룩의 심장박동 변화 실험에서 배우고 느낀 점은 무엇인가요? • PCR 전기 연동 실험에서는 실험의 반응이 나타나지 않았는데 어떤 문제가 있었나요?	
	• 교과서 지문을 보고 저작권에 대해 공부했는데 그러면 저작권이 존재하는 의료기기나 식품 의약품에는 어떤 것이 있나요? • '수면의 중요성'이라는 주제로 영어 에세이를 쓴 적이 있는데 어떤 내용인가요? • 중국어 시간에 '베이징 병원'이라는 주제로 중국 문화 소책자를 발간했는데 소책자를 만들게 된 동기가 무엇인가요?	
독서	• 3년 동안 읽었던 책 중 가장 인상 깊었던 책은 무엇인가요? • '의료의 역사'를 주제로 관련 도서와 논문을 탐독한 내용 중 기억에 남는 도서 하나만 선정해주세요. • 〈아내를 모자로 착각한 남자〉를 읽고 느낀 점은 무엇인가요? • 〈병원장사〉를 읽고 '더불어 사는 삶'이라는 주제를 발표했는데 어떤 내용인지 설명해주세요. • 〈약국에 없는 약 이야기〉는 어떤 내용인가요?	

MMI 면접 대비하기

기출문제 (출처 : 각 대학 홈페이지)

인제대 (지역인재)

1. 사례를 읽고 질문에 답하시오.

우리 반에 지적장애가 있는 급우 A가 있다. A는 대부분의 수업을 자신의 수준에 맞는 별도의 학급에서 받지만 일부 수업과 생활은 우리 반에서 같이 한다. 어떤 급우들은 A가 수업시간에 엉뚱한 질문을 많이 하고 쉬는 시간에도 귀찮게 한다고 불평을 한다. 최근 급우 B가 A에 대해 반장에게 심하게 불평을 하였다. 반장은 나와 친한 친구 몇 명을 불러 어떻게 하면 좋을지 모르겠다고 하소연하였다.

가. 이 상황을 어떻게 생각합니까?
나. 급우 B의 행동에 대해 어떻게 생각합니까?
다. 응시자가 반장이라면 어떻게 하겠습니까?

2. 자신이 세운 목표를 달성하기 위해 노력하였던 일 중 가장 공들여서 했던 사례를 말해주세요.

한림대 (인성영역)

[주문제]
HIV 양성으로 진단이 확진된 남자가 의사에게 부인에게는 자신의 상태를 알게 되는 것을 원하지 않으며 비밀을 지켜줄 것을 요구하였다. 주치의로서 당신은 어떻게 할 것인가?

[단계문제]
1. 환자의 부인에게 남편의 상태에 대해서 말할 의무가 당신에게 있는가?
2. 환자의 비밀을 지켜줄 경우와 지키지 않을 경우, 각각 어떤 문제가 예상되는가?
3. 국가가 환자의 비밀(성병, 법정 전염병 등)을 보고할 것을 강제하는 것이 정당화되는 윤리적 근거는 무엇일까?

한림대 (상황영역)

[주문제]
몇 년 전 파키스탄에서 귀화한 A 씨는 파키스탄에서 자신의 사촌동생과 결혼하였다. 하지만 한국대사관은 사촌 사이 결혼은 한국에서 법으로 금지되어 있으므로 부인에게 비자 발급을 거부하였고, A 씨는 혼자 한국으로 돌아올 수밖에 없었다.
A 씨는 "파키스탄의 근친결혼이 우리(한국) 관습과 다르지만, 우리가 오래전부터 살아온 방식"이라며 "파키스탄에서 합법적으로 이뤄진 혼인을 인정해 달라"고 말했다.

[단계문제]
1. 한 국가에서 서로 다른 문화가 어느 정도까지 공존할 수 있을지 학생의 의견을 예를 들어 설명해보세요.
2. 사회발전의 측면에서, 이민자나 그 후손들은, 자신의 문화를 궁극적으로 버리고 현지문화에 동화되어야 할까요, 아니면 각자 문화의 다양성을 유지하는 게 도움이 될까요?
3. 다문화 학생을 만난 경험이 있으면 위와 같은 관점에서 경험을 말해보세요.

한림대 (모의상황영역)

[주문제]
A, B, C는 친한 대학 동기들이다. C는 가정형편이 어려워 기초생활수급자이며, 이런 학생들을 대상으로 하는 장학제도가 있어 장학금을 받고 있으며, 해외연수 기회도 있어 다녀왔다고 한다. 이를 본 B는 본인도 가정형편이 풍족하지 않은데 기초생활수급자는 아니어서 장학금, 해외연수 대상자도 되지 않아 오히려 역차별을 받고 있다고 주장하였다.

[단계문제]
1. 본인이 C라면 이러한 지원을 받는데 대해 어떻게 생각할지 이야기해보시오.
2. 본인이 A라면 B의 주장에 대해 동의를 하는지 설명해보시오.
3. 본인이 A이고, B의 주장에 동의하지 않는다면 B를 어떻게 설득할지 이야기해보시오.

가톨릭대 (학교장 추천)

[제시문]

우리나라에서 장기이식 대기자는 매년 증가하고 있는 반면, 뇌사 장기 기증자는 감소하고 있다. 장기이식을 기다리다 사망하는 환자가 한 해 2천 명을 넘는다. 우리나라의 폐이식 대상자 선정기준은 대기자 등록 순서뿐 아니라 응급도를 참조한다. 인공호흡기 또는 에크모에 의존하고 있는 중증 환자에게 우선적으로 이식 수술을 시행한다. 반면, 일본에서는 대기자 등록 순서를 기준으로 하는 것은 동일하나 에크모에 의존하는 중증 환자와 60세 이상의 고령 환자에게는 폐 이식 수술을 시행하지 않는다.

[질문1]

폐이식 대상자 선택 결정에서 한국과 일본의 기준 중 어느 것이 더 타당하다고 생각하는가. 그렇게 생각하는 이유는 무엇인가?

[질문2]

52세 소방관으로 가장인 환자와 25세의 폭력전과자인 환자 중에서 누가 폐 이식의 우선 대상자가 되어야 한다고 생각하는가. 그렇게 판단하는 이유는 무엇인가?

[질문3]

스페인을 비롯한 몇몇 나라에서는 장기 기증 활성화를 위한 방안으로 옵트 아웃(opt-out) 제도를 시행하고 있다. 옵트 아웃은 개인이 행정적 절차를 통해 장기 기증에 대한 명시적 거부 의사를 밝히지 않으면 장기 기증에 대한 잠재적 동의자로 추정해 뇌사 시 장기 적출을 가능하게 하는 제도다. 우리나라에서도 옵트 아웃 제도를 시행하자는 주장이 있으나 아직 시행되지 못하는 이유는 무엇이라고 생각하는가?

성균관대(학과모집)

[제시문]

정수네 반에는 4~5명의 친구들이 같이 뭉쳐 다니며 반의 분위기를 주도하고 있었다. 이 아이들은 행동이 거칠고 다른 아이들을 무시하며 위협을 가하는 행동을 하기도 해서 정수는 가능한 이들을 피하려고 했다. 그런데 언제부턴가 그 집단에서 꽤 주도적이던 재민이란 아이가 집단의 중심인 아이와 갈등이 생겨 따돌림받기 시작했다. 어느 날 정수는 재민이가 심한 욕설이 적힌 쪽지가 잔뜩 붙어 있는 사물함 앞에서 울고 있는 것을 보았지만 두려운 생각이 들어 모른 척하고 지나쳤다. 그 뒤 가끔 재민이가 안됐다는 생각을 하기도 했지만 그런 상태로 지냈고, 재민이는 그 후 두 달쯤 뒤에 자퇴를 했다.

[질문1]

정수가 사물함 앞에서 그냥 지나친 행동에 대해 어떻게 생각하는지 말해보시오.

[질문2]

본인이 사물함 앞에서 울고 있는 재민이를 마주쳤다고 가정하고 어떻게 할 것인가?

예상문제

공동체 생활

[제시문]

2월 같은 고등학교에 배정받은 너무도 친한 두 친구(A, B)는 오리엔테이션 공지를 확인했습니다. 2박 3일의 다양한 활동 중 두 친구가 싫어하는 활동이 있었습니다. 등산과 장기자랑 코너였습니다. 등산은 모든 학생이 가야 하고, 장기자랑은 제비뽑기를 통해 각 반에서 3~5명으로 구성해 연습 후 진행합니다. 이때 제비뽑기에 당첨된 학생은 무조건 장기자랑 무대에 서야 합니다. A 친구의 경우는 걷는 것 자체를 싫어합니다. 그리고 B의 경우는 남 앞에 서기만 하면 떨려서 아무 말도 못합니다.
이제 오리엔테이션이 시작되었습니다.

[질문1]

만약 친구 A가 등산을 가지 않겠다고 선생님께 이야기한다고 합니다. 당신이 친구 B라고 하면 어떻게 할 것인가?

[질문2]

장기자랑 제비뽑기에 친구 B가 뽑혔습니다. 친구 B는 울기 시작했습니다. 당신이 친구 A라면 어떻게 하겠는가?

사회문제를 통한 인성 확인

[주문제]

최근 애완견 사고가 많이 일어나고 있다. 입마개나 목줄을 안 한 애완견의 주인들은 '우리 개는 순해요.', '물지 않아요.'라고 이야기하지만 애완견에 물려 사망하는 경우가 있었다. 이 시사문제로 토론 주제가 정해지자 한 학생은 반려견과 같이 외출을 할 때는 반드시 입마개와 목줄은 의무화해야 한다는 사실을 법으로 만들어야 한다는 이야기를 했다. 이 학생의 의견은 어떠한가?

[질문1]

반려견도 어느 정도 자유가 있어야 하는데 사람들과 같이 생활하기 위해 반려견은 어디까지 제약을 받아야 할까?

[질문2]
반려견을 키우지 않는 사람들은 반려견을 키우는 사람들을 어느 선까지 배려해 주어야 할까?

[질문3]
반려견 주인은 반려견의 행동에 어느 선까지 책임을 져야 할까?

[질문4]
지원자가 생각하는 사회에서 반려견과 반려견 주인, 그 외 사람들이 어우러져 편하게 살기 위해서 어떤 제안을 할 수 있을까?

소통의 중요성 확인

[제시문]

동아리 다도 교실에서 학생의 에어팟 분실사고가 있었다. 동아리 다도 교실의 학생들은 항상 웃으며 인사하고, 예의 바른 학생들로 구성되어 있어서인지 동아리 부원들은 어쩔 줄 몰라 했다. 그 학생이 에어팟을 잃어버린 시간에 유일하게 한 학생만 동아리실에 있었다. 동아리실에 cctv가 없어 확인은 못 했지만 모두들 그 학생이 가져갔다고 의심했다. 그 후 다들 그 친구를 멀리하는 모습이 보이곤 했다.

[질문1]
지원자가 의심받고 있는 친구와 친한 사이라고 가정을 하면 어떻게 행동하겠는가?

[질문2]
지원자가 의심을 받는 학생의 입장이라면 어떻게 대처하겠는가?

상황제시 면접

[주문제]
다음 상황을 확인하고, 면접관의 질문에 답해 주시기 바랍니다. 답변을 할 때는 반드시 그 이유를 이야기해 주시기 바랍니다.

'의사 A는 지금까지 해결하지 못한 특정한 암을 치료할 수 있는 약을 개발하고 있다. 동물실험까지는 성공했고, 지금은 임상실험 중이다. 현재 효과를 무척 좋은 것으로 확인되고 있다. 어느 날 의사 A와 초등학교 때부터 단짝인 친구 B가 몸이 조금 불편하다며 자신에게 진료를 받으러 왔는데, 의사 A가 연구하고 있는 특정암 말기였다. 의사 A는 고민을 했다. 친구 B를 위해 아직 식약처의 승인이 나지 않은 그 약을 권할지 아님 죽음을 지켜볼지...'

[질문1]

지원자가 '의사 A'라면 어떻게 할 것인가?

[질문2]

'친구 B'는 치료약을 '의사 A'가 연구하고 있다는 것을 알고 있을 때 '친구 B'의 입장에서 어떻게 하겠는가?

[질문3]

'친구 B'의 임신한 딸이 와서 그 약을 꼭 쓰고 싶다면 '의사 A'는 어떻게 해야 현명할까?

의사소통 능력 확인

[제시문]

아버지 A가 사고로 전신마비로 항상 병원에 누워계셔서 어머니 B께서 생활을 책임진다. 어머니는 가정형편상 공부를 많이 못해서 아들 C에게 항상 공부를 열심히 하라고 하고 모든 지원을 해주신다. 그리고 서울대학교에 합격을 해야 병상에 누워있는 아버지 A도 어머니 B도 행복하다고 항상 말씀하신다. 하지만 아들 C는 최근에 계속 내신시험이나 모의고사나 성적이 계속 떨어지고 있었다. 올 1등급이 성적이 2~3등급으로 내려가자 어머니 B는 더 많은 투자를 해주었다. 그러던 하루 공부 스트레스가 너무 심해 아들 C가 노래방에서 노래를 부르는 것을 어머니 B가 목격하고 두 사람의 사이는 멀어졌다. 어머니 B는 올 1등급을 받았던 아들이 공부에만 집중해야 하는데 그렇지 못해 화가 나 있었다.

[질문1]

당신이 아들 C라면 어머니 B와 어떻게 소통하겠는가?

[질문2]

만약 당신이 어머니 B의 친구하면 아들 C에게 소통을 위해 어떤 조언을 하겠는가?

정서적 공감 능력 확인

[주문제]

자정이 넘은 새벽 초등학생과 어머니께서 응급실에 방문했다. 초등학생의 상태는 심하지 않아 응급실 의료진들은 급한 환자들은 먼저 보고 있었다. 그러자 진료는 늦어지고, 간호사와 의사가 늦어서 미안하다는 이야기를 했지만, 차례대로 진료를 해주지 않느냐고 의료진들에게 화를 냈다.

[단계별 문제]

1. 만약 지원자가 의대를 졸업해서 응급실에서 근무하는 인턴이라고 했을 때 화를 내는 어머니께 그 상황을 어떻게 설명할 수 있을까요?
2. 어머니께서 화를 내고 있는 이유는 무엇이라고 생각하나요?
3. 어머니께서는 당직인 지원자에게 어떻게 해주길 원한다고 생각하나요?
4. 이 상황에서 의사로서 어떤 행동을 해야 가장 현명하다고 생각하나요?

공공성 능력 확인

[주문제]

의대 수업 중 실습을 하면서 실습 조원 1명이 의료기기를 몰래 가방에 넣는 것을 보았다. 그 학생에게 왜 가져가냐고 물으니 오늘 한 실습이 너무 어려워 집에서 연습을 하기 위해 가져간다고 했다. 그리고 비밀로 해달라고 했다.

[단계별 문제]

1. 이 상황에서 가장 문제가 되는 것은 무엇인가요?
2. 의료기기를 가져간 실습조원에게 어떻게 할 것인지 설명해보세요.
3. 지원자는 이 상황에서 어떻게 하는 것이 최선이라고 생각하나요?

면접 전날
정리할 사항

1) 지망 대학에 대해 정리한다.

- 교육이념, 건학정신, 교육방침,
- 지원 동기(이 학과를 선택한 이유는 무엇인가?)
- 이 대학에서 무엇을 하고 싶은가?(학업계획)
- 졸업 후 진로에 대해서(희망, 포부)(진로계획)

2) 기본 질문사항에 대해 정리한다.

- 가치관 형성에 도움을 준 독서(책제목, 저자, 독후감)
- 학과를 결정하는 데 도움을 준 독서(책제목, 저자, 독후감)
- 특기, 자격증
- 생활신조, 좌우명
- 존경하는 인물 또는 롤 모델
- 지역과 고등학교 생활 소개
- 고등학교 시절 가장 기억에 남는 추억
- 잘하는 교과목, 부진한 과목

3) 진로와 관련된 최근 시사 관련 질문들 정리한다.

- 최근의 관심사에 대해서 정치, 경제, 사회문제(최근 10대 뉴스 정리)
- 오늘자 신문 중 전공과 관련된 이슈 정리